丛书主编　孙关龙　乔清举

中国传统文化本质上是生态文化

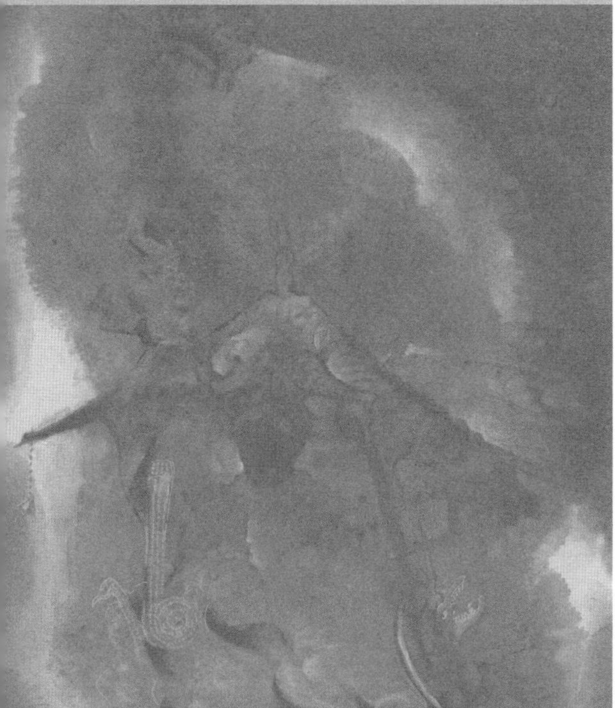

孙关龙　著

『中国传统生态文化丛书』第一辑

ZHONGGUO
CHUANTONG
SHENGTAI
WENHUA
CONGSHU

深圳报业集团出版社

出 品 人：龙建涛
责任编辑：彭春红
责任校对：何杏蔚　杨　杰
封面插图：陈　新
封面设计：陈　新
装帧设计：友间文化

图书在版编目（CIP）数据

中国传统文化本质上是生态文化 / 孙关龙著. —— 深圳：深圳报业集团出版社，2024.5

（中国传统生态文化丛书）

ISBN 978-7-80709-992-5

Ⅰ. ①中…　Ⅱ. ①孙…　Ⅲ. ①哲学—研究—中国　Ⅳ. ①B2

中国国家版本馆CIP数据核字（2024）第070277号

中国传统文化本质上是生态文化

ZHONGGUO CHUANTONG WENHUA BENZHI SHANG SHI SHENGTAI WENHUA

孙关龙　著

深圳报业集团出版社出版发行

（518034　深圳市福田区商报路2号）

中华商务联合印刷（广东）有限公司印制　新华书店经销

2024年5月第1版　2024年5月第1次印刷

开本：889mm × 1194mm　1/32

字数：206千字　印张：12.75

ISBN 978-7-80709-992-5　定价：68.00元

『中国传统生态文化丛书』第一辑

编委会名单

祝贺中國傳统生態文化叢書出版！

努力继承弘揚中國傳统生態文化的理念和踐行！

癸卯夏

樓宇烈

总序

经过九年多的努力，国内外第一套中华传统生态文化研究丛书终于问世了。

近三百年来，工业文明造就了巨大的物质财富，极大地推动了人类社会的发展，但同时也引发了全球性的物种灭绝加速、资源全面短缺、环境严重恶化三大生态危机，严重危害着人类的生存、社会的发展，作为后发工业化国家的中国也深受其害。事实教训我们，西方工业文明的老路是行不通的，必须走新路。

习近平总书记指出："生态兴则文明兴，生态衰则文明衰。"曾经辉煌的古埃及文明、古巴比伦文明因生态环境恶化，尤其是土地荒漠化而败落、中断。中国由于自古强调尊重自然，拥有"天人合一""道法自然”等一系列人与自然和谐的思想；拥有至少三千年的生态环境保护制度——虞衡制度；拥有传统生态农业、生态建筑、生态水利、生态医学等一系列生态科学技术；拥有山水诗、田园诗等传统生态文学，山水画、花鸟画等传统生态美术，以及生态性传统哲学理念、传统思维方式等，保证了中华传统文化的连绵不断，历久弥新，虽屡经王朝更迭，而未曾中断。生态文明之路，是中国五千年历史实践和经验指明的道路，是中华民族伟大复兴的道路，是中国式现代化的道路。

然而，广博深邃的五千年中华传统生态智慧却长期未能得到应有重视。近二三十年来，情况发生了根本改观，研究中华传统生态文化的论文、著作不断涌现。不过，令人遗憾的是，国内外至今仍缺乏一套对中华生态智慧展开全面、系统、深入研究的系列著作。有鉴于此，2014年，我们在编撰“自然国学丛书”的过程中萌发了编撰“中国传统生态文化丛书”的想法。经过多年的酝酿、讨论和作者们的辛苦撰写，目前这套丛书面世了。

这是目前中国和世界第一套全面、系统、深入地挖掘和阐明中华传统生态智慧的学术性研究丛书。在学术上，它追求原创性、开拓性和前沿性；在实践上，它力求为我国和世界生态文明建设提供大量可借鉴的理论、知识和技术；在文字上要求精练，篇幅上要求浓缩，力求易读易懂，具有普及性。

这套丛书包括三个系列：一是通论系列，研究中华传统文化及其各个方面的生态理念，包括《中国传统文化本质上是生态文化》《中国传统生态农业》《儒家生态观》《道家生态观》等；二是诸子系列，研究历史上各个方面代表人物的生态学说和主张，包括《孔子生态观》《苏轼生态观》《徐霞客生态观》等；三是经书系列，研究各种经典古籍中的生态知识和思想，包括《〈周易〉的生态知识和思想》《〈国语〉的生态知识和思想》等。各系列充分展现中华传统生态文化的广度、深度和系统性。

本丛书可供国内外中华传统文化的研究者、爱好者，大专院校的师生，各级政府部门公务人员，各类环保工作人员以及企事业单位管理人员等阅读；亦可供政府部门在全社会普及生态文明理念，进行生态文明建设，推进生态文明实践之用。

作者简介

孙关龙，1941年生。1965年毕业于北京大学古生物专业（六年制）。曾任光明日报社领导小组成员（副总编辑）、党组成员；《中国大百科全书》第二版总编辑委员会委员、中国地区百科全书指导小组组长等职。是中国跨世纪国家重大文化工程、中国第一部综合性大百科全书——《中国大百科全书》第二版（1994～2009）总设计师、体例主要制定者、业务工作总指挥，中国特色地区百科全书的开创者、奠基者；“自然国学”一词提出者，中华自然国学的开创者和奠基者之一等。现为《中国大百科全书》第三版总编辑委员会顾问，中华炎黄文化研究会自然国学分会荣誉会长等。

已完成国家自然科学基金资助项目三项、国家社会科学基金资助项目两项。著（含合著）（含合著）《孙关龙百科全书论集》（4卷）、《中国传统文化的瑰宝——自然国学》《孔子自然观初论》《春秋科学考》等20多部（套）著作，发表《诗经泉水考》《诗经鱼类考》《重读〈论语〉，重识孔子》等论文400多篇。所编著的图书获中国国家图书奖（1994）、中国政府图书奖（2010）、国家教委优秀教材奖（1989）、中国科学院自然科学奖（1994）等国家级和省部级奖项约30项。是国务院授予政府特殊津贴的专家（1993），中国辞书事业终身成就奖的获得者（2011）。

内容简介

本书完全按照《总序》的要求撰写。它较为“全面、系统、深入地挖掘和阐明中华传统生态智慧”；在学术上，无论是全书的标题还是章、节标题及其叙文都“追求原创性、开拓性和前沿性”；在实践上，力求在有限的篇幅内“为我国和世界生态文化的建设提供”尽可能多的“可借鉴的理论、知识和技术”；在文字上，要求精练、浓缩篇幅，“力求易读易懂，具有普及性”。

前言

当今时代，人类文明又一次来到历史转折的关键时期，即从工业文明向生态文明转折的关键时期。

人类社会发展历经渔猎文明（即原始文明）、农业文明、工业文明。中国的农业文明曾是整个世界古代文明的高峰。然而，在农业文明向工业文明转折的关键时期，庞大的中国错失良机。由此1840年至1949年9月的百余年间，中国一直落后挨打、受尽屈辱，国家沦为半殖民地，人民一贫如洗，被称为“东亚病夫”。

历史的教训铭刻在心。今天，历史又一次面临转折的关头，中国再不能重蹈覆辙，而应该乘改革开放的东风，行进在人类转折关头的前列，在生态文明的旗帜下走中华民族永续发展之路，实现中华民族的伟大复兴。

近十多年来，笔者发表《中国传统文化本质上是生态文化——五论生态文明新时代》等文。其中，对中国传统文化中的生态思想和知识有一个逐步认识的过程，大致可概括为五个阶段：大量→丰富→极为丰富→两者是相通的→两者在本质上是同一的。即在《论生态文明新时代》中，认为中国传统文化中有着大量的生态思想和知识①；在《二论生态文明新时代》《三论生态文明新时代》中，先后指出中国传统文化中包含着丰富和极为丰富的生态知识、思想②③；在《四论生态文明新时代》中，提出中国传统文化与生态文化是相通的④；在《五论生态文明新时代》中，更进一步提

① 孙关龙：《从原始文明到生态文明——论生态文明新时代》，天地生人讲座（北京）第758讲，2008年4月13日。

② 孙关龙：《迎接一轮全新的文明革命——二论生态文明新时代》，天地生人讲座（北京）第1102讲，2013年4月13日。

③ 孙关龙：《生态文明新时代的特征——三论生态文明新时代》，天地生人讲座（北京）第1146讲，2014年2月15日。

④ 孙关龙：《从物质观到生态观的哲学革命——四论生态文明新时代》，在生态文明贵阳国际论坛2015年年会（贵阳）上的发言，2015年6月26日。

出中国传统文化本质上是生态文化[①]，且以此作为本书的书名。

笔者在撰写本书过程中，愈加发觉中国传统文化中所含生态思想和知识之丰、之深，犹如发现新大陆似的，整个身心陶醉其中，常常下笔一发不可收。中国传统文化是一个生态宝库，开展深层次的挖掘、整理和研究工作，是中国传统文化研究者尤其是自然国学研究者义不容辞的一项任务。它对于当前中国生态环境治理、进行生态文明建设是大有用处的，对于当今世界各国的生态文明建设亦是极富价值的，乃至于对中国和世界的将来都是一笔十分难得的巨大财富，且它必将有助于推动全人类更好地进入生态文明新时代。笔者一直认为，传统文化的研究贵在对其内容和价值的再发现、再释解、再转化、再创新；贵在古为今用，紧密结合当前社会的现实进行研究、尤其要紧密结合四个现代化的建设和中华民族复兴的实践进行研究。

在本书写作过程中，宋正海教授曾对本书提纲提

① 孙关龙：《中国传统文化本质上是生态文化——五论生态文明新时代》，在全国传统生态文化及其当代价值学术讨论会（即第三次全国自然国学学术年会，北京）上发言，2017年3月18日。

出宝贵意见；中国传统文化与生态文化是相通的、在本质上是同一的等观点，都是与刘长林教授讨论的成果；还曾参阅乔清举教授的《儒家生态思想通论》、乐爱国教授的《道教生态学》等一系列书籍。在此，笔者一并表示感谢。

本书首次正式提出和系统论述中国传统文化本质上是生态文化，首次明确提出和初步论述孔子生态观，首次提出中国传统科学技术富具生态性，首次提出中国传统农业是生态农业，首次提出中国传统建筑是生态建筑，首次提出中国传统水利是生态水利，首次提出生态理念充盈于中国传统文化的神话传说、政治制度、法律规章、诗歌绘画、诸子百家的主张和著述之中，首次提出中国传统文化与生态学在内容上都属于综合性学科，首次提出中国传统文化与生态学在哲学基础上同属于关系哲学等一系列新观点。由于本书涉及面广，有的方面笔者写得很是费力。因此行文一定会有不妥或欠妥之处，恳盼各方专家给予批评指教！

2018年5月12日初稿

2023年11月9日定稿

目录

第五章 “天人合一”是解决人与自然关系的基本准则 / 301

第一章

中国传统文化与生态文化是相通的

中国传统文化是扎根于东方的一门古老学问，生态学是崛起于西方的一门现代学问，然而两者在着眼点上、非线性的思维方式上、整体论观点上等一系列方面，都有相通之处。

第一节 在着眼点上是相通的

中国传统文化，是由一门研究人与自然的关系、人与社会的关系、人与人之间关系的学问所组成的综合性学科，其着眼点是关系。它与西方源于古希腊原子等实体的传统所形成的一套实体性思维、实体性逻辑和实体性哲学迥然不同，有它自己的一整套关系性思维、关系性逻辑和关系性哲学。例如，“天人合一”“道法自然”“阴阳”“五行”“观物、取象、比类、悟道”等。

生态学（Ecology），是一门研究生物与生物之间及其与环境之间相互关系的学科。它由德国著名生物学家、哲学家海克尔，E.于1866年提出[1]。eco源自希腊字oikos，意思是“家”或“生活场所”或“环境”；logy译自希腊文λ'oros，意为“学问”。海克尔在150多年前即将其定义为“研究动物与其有机及无机环境之间相互关系的科学”[2]。再从其最核心的部分或说其基础的部分——个体生态、种群生态、群落生态、生态系统生态、生物圈生态、全球生态系看。个体生态，是研究每一物种个体内各组织、各器官之间及与其环境之间的相互关系；种群生态，是研究同一物种群体（即种群）内生物之间及与其环境之间的相互关系；群落生态，是研究同一群落内不同种群之间及其与环境之间的相互关系；生态系统生态，是研究同一系统内不同群落之间及与其环境之间的相互关系；生物圈生态，是研究生物圈内各生态系统之间及与其生物圈的关系；全球生态是研究地球各圈层之间的生态及与其全球之间的关系。可见，生态学的着眼

① 1991年出版的《中国大百科全书·生物学》卷第1364页“生态学”条，2009年出版的《中国大百科全书》第2版第19卷第571页“生态学”条等，都是说1869年。笔者经过考证，海克尔，E.提出“ecology”（生态学）一词是出自他于1866年出版的《生物体普通形态学》（*Generelle Morphogie der Organijmen*）一书。

② 《中国大百科全书》第2版，北京：中国大百科全书出版社，2009年，第19卷，第571页。

点也是关系。笔者在生态文明贵阳国际论坛2015年年会上发表的《从物质观到生态观的哲学革命——四论生态文明新时代》指出：从物质观到生态观的哲学革命，就是从物质观到关系观的哲学革命，这是21世纪重大的思想革命[①]。

中国传统文化与生态学的着眼点都是研究相互关系，并都是研究动态性关系。它们与近代科学主要研究的是静止性的个体实体，有着本质上的区别。而且，20世纪中叶以来生态学快速发展，引进数理化等多方面的技术手段，融入经济、文化、政治、军事、哲学、法学、民族学、社会学等领域和门类，已由原是生物学的一个分支学科发展成为一门横断自然科学、技术科学、人文和社会科学，包含大小近百个分支学科的综合性学科。故而，生态学（或生态科学，下同）的学科性质及其研究内容的广博性、横断性，与中国传统文化也全都是相通的。

① 孙关龙：《从物质观到生态观的哲学革命——四论生态文明新时代》，在生态文明贵阳国际论坛2015年年会（贵阳）上的发言，2015年6月26日。

第二节 在非线性思维方式上是相通的

中国传统文化是一套非线性的复杂学问。它注重阴阳的相对及其转化，而且是阴中有阳、阳中有阴，复杂多变；注重五行的生克乘侮，五行（木、火、土、金、水）不但有相生、相克以及相生中有相克、相克中有相生的关系，还有“乘”（加倍地“克”），“侮”（反克）的关系，充分体现了中国传统文化非线性、复杂性的特色，最为典型的无疑是中医（详见第三章第二节）。中医不满足于线性的治疗和实行头痛医头、脚痛医脚的简式医治，而是遵循人是一个整体和因时制宜、因人制宜、因病制宜的原则，寻找病征的原因进行非线性的复式治疗、整体性的辨证治疗。例如，医治胃病时往往不局限于治胃，还要考虑从肝、脾、肾等相关器官和人体的阳盛阴衰或阴盛阳衰等角度，实行整体性的综合治疗。

工业文明是线性文明，其生产和消费模式如下图1–1。

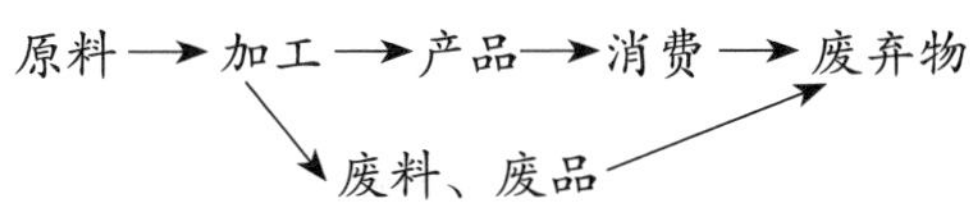

图1–1　线性生产和消费模式

这是一个线性的、非循环的生产和消费模式，以排放大量的废弃物为其特征，造成社会性的极大浪费、全球性生态危机。这样的社会、文明怎么可能是持续的呢？

生态经济学、生态文明都主张循环经济，废弃物的利用和再利用，直至零排放。其生产和消费模式见图1–2。

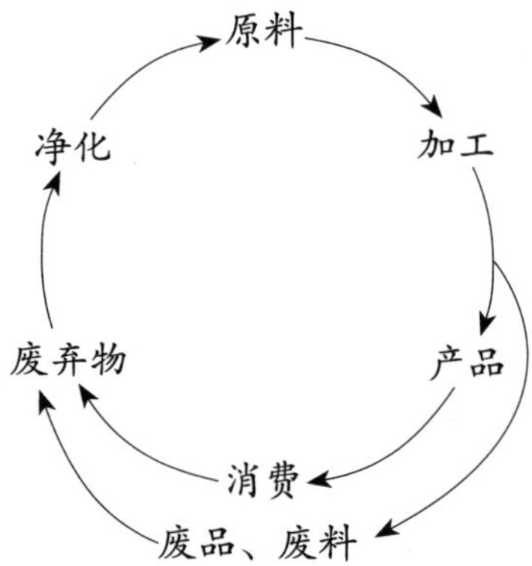

图1–2　循环生产和消费模式

这是非线性的、循环式的生产和消费模式，以没有浪费、没有废弃物的零排放为其特征，能实现资源和物品的循环利用、充分利用，使社会、文明能够永续向前发展。

生态学是天生的非线性科学、复杂性科学。无论是个体生态、种群生态、群落生态，还是生态系统生态、生物圈生态、全球生态等都是非线性的，尤其是生态系统生态、生物圈生态、全球生态及其食物链都已不是一般性的非线性，而是成为非线性的高级形式——网络状，成为“生态系统生态网—食物网”“生物圈生态网—食物网”以及“全球生态网—食物网”。

第三节 在整体论等观点上是共通的

中国传统文化与生态学不但在着眼点上、思维方式方法上是相通的，而且在整体性等一系列观点上也是共通的。

一、整体论

中国传统文化的最大特点是整体论。笔者在2012年出版的《中国传统文化的瑰宝——自然国学》一书中指出：“整体性是中国自然国学的最重要特色，所谓整体性，即整体思维。”“它是一套以《易经》为基础的，先后纳入五行说、气论、干支计时法、河洛理数而形成的理、象、数、图并举，关于世界生成演变的功能性结构的象征模型和符号体系（简称阴阳五行模型或阴阳五行体系）”[①]。例如，中医既是自然医学、生态医学，也是整体论医学。“它认为自然是一个大宇宙，人体是一个小宇宙，两者息息相关、不可分割，人体的健康、疾病离不开天地的影响”[②]；认为人体是阴阳相对又和谐的整体，人体中的一切组织、器官是人体整体的部分，人体的每一个部分又都反映人体整体的状况；“认为人体健康是阴阳的消长、自动调节、达到平衡的结果，人体的一切疾病主要的根源都是因为阴阳的失调……因而，中医防病、治病的原理和方法……无不都是为了调节阴阳，使人体达到新的阴阳平衡，以预防疾病或恢复健康”[③]。

生态学是天生的整体论科学。个体生态强调的是个体整体，研究的是个体整体内各组织、各器官之间及其与环境之间的相互关系；种群生态强调的是种群整体，研究的是该种群内不同个体之间及其与环境之

① 孙关龙、宋正海：《中国传统文化的瑰宝——自然国学》，深圳：海天出版社，2012年版，第37页。
② 孙关龙、宋正海：《中国传统文化的瑰宝——自然国学》，深圳：海天出版社，2012年版，第39页。
③ 孙关龙、宋正海：《中国传统文化的瑰宝——自然国学》，深圳：海天出版社，2012年版，第39页。

间的相互关系；群落生态强调的是群落整体，研究的是群落整体内不同种群之间及其与环境之间的相互关系；生态系统生态强调的是生态系统整体，研究的是系统内不同群落之间及其与环境的关系；生物圈生态强调的是生物圈整体，研究的是生物圈内不同生态系统之间及其与环境之间的相互关系；全球生态强调的是地球整体，研究的是地球各圈（岩石圈、生物圈、大气圈等）之间与全球环境之间的相互关系。它们注重的是不同层次上的整体：渐次为个体、种群、群落、生态系统（或曰生态系）、生物圈、全球。

可见，中国传统文化与生态学在整体论上是共通的。两者在整体论上的共通，还决定了它们在生成论、有机论等一系列观点上的共通。

二、生成论

中国传统文化极具生成论的特色，“认为世界和万物是自然而然地发生的，自然而然地发展、消亡的。这里没有上帝特创论或神创论或目的论，丝毫不见上帝或神的作用；世界万物也不是为了某一个目的而事先安排的，而是生生不息地随机发生、随机演化发展和消亡的”[①]。《周易》（由《易经》《易传》构成）强调“生生不已”[②]。老子继承其生成论思想，提出“道生一，一生二，二生三，三生万物”[③]的生成论模式。孔子总结《易经》、老子的成果，提出“《易》始于太极，太极分而为二，故生天地；天地有春、夏、秋、冬之节，故生四时；四时各有阴阳刚柔之分，故生八卦。八卦成列，天地之道立，雷风水火山泽之象定矣”[④]，形成“太极—两仪—四象—八卦—六十四卦—万物”的生成论模式。这既是宇宙物质的演化系统，又是以自然发生为序的物质生成论系统。此后，生成论理念贯穿中国传统文化的各个方面。

例如，主要内容成于战国末的博物学著作《尔雅》，继承《周易》等的生成论思想，其自然部分的篇目完全按自然界生成演化的系列排序和分类：从《释天》，到《释地》；进而《释丘》《释山》，至《释水》，这为地球上的无机界；然后进入有机界，先为植物（《释草》为释草本植物，《释木》为释木本植

---

① 孙关龙、宋正海：《中国传统文化的瑰宝——自然国学》，深圳：海天出版社，2012年版，第39页。

② ［北宋］张载：《易说·系辞上》。

③ 《道德经·第四十二章》。

④ ［东汉］郑玄注：《周易乾凿度》。

物），以后演进到动物界；动物界由《释虫》（释无脊椎动物）开始，后到《释鱼》（释脊椎动物中最低等的鱼类动物），再至《释鸟》（释鸟类动物）、《释兽》（释哺乳动物，为脊椎动物中最高等的动物）。这是一个以自然生成为序的本体论次序，也是以自然生成为序的分类法，以后的雅学系列著作大都遵循这个本体论的分类体系，或说生成论的分类体系。①

又如，明代药物学家、博物学家李时珍所著的《本草纲目》，继承并发展中国传统的生成论思想，在书中首创"振纲分目"，即"物以类从，目随纲举"的科学分类方法，确定全书"一十六部为纲，六十类为目"。十六部为水、火、土、金石、草、谷、菜、果、木、服器、虫、鳞、介、禽、兽、人，并以此排序作为全书之纲。很显然，它把自然界分为无机界（包括前四类，水、火、土、金石）、植物界（包括中间六类，草、谷、菜、果、木、服器）、动物界（包括后六类，虫、鳞、介、禽、兽、人）三个层次，而且按照"从微到巨"（即从小到大）、"从贱至贵"（即从低等到高等）的有序排列。其中，将

① 孙关龙：《世界现知最早的科学分类著作——〈尔雅〉》，载澳门大学《澳门研究》2007年4月，第39卷。

444种可入药的动物按虫（相当无脊椎动物）、鳞（相当于鱼类动物，包括部分两栖、爬行类动物）、介（相当于两栖类、爬行类动物，包括部分无脊椎的介壳类动物）、禽（相当于鸟类动物）、兽（相当于哺乳动物）、人（指人类）六部（或说六纲）分类排序（图1-3）。这完全是一个从简单到复杂、由低等到

自然分类	十六部（纲）名称	六十目数	分类思想
无机界	水	2	水火为万物之先
	火	1	
	土	1	土为万物之母
	金石	4	金石从土
植物界	草	10	从微至巨 ↓
	谷	4	
	菜	5	
	果	6	
	木	6	
	服器	2	服器从草本
动物界	虫	2	从贱至贵 ↓
	鳞	4	
	介	3	
	禽	4	
	兽	5	
	人	1	

图1-3 《本草纲目》分类系统[①]

① 参考《李时珍研究》（1984）、《中国植物学史》（1994）制成。

高等的演化系列，与200多年后英国生物学家达尔文在《物种起源》（1859）中创立的进化论完全相符。《本草纲目》在中国传统的整体论、生成论思想的指导下，创立了当时中国乃至世界上最为先进的药物分类系统，把中国和世界古代药物学推向高峰。①

生态学的核心或基础部分包括个体生态、种群生态、群落生态、生态系统生态、生物圈生态、全球生态，即是一个从小系统到大系统再到巨系统的系列，或者说从简单系统到复杂系统再到复杂巨系统的系列，亦是一个遵循个体（物种）→种群→群落→生态系统→生物圈→全球生态的自然界的生成系列。

三、有机论

中国传统文化富具有机论。所谓有机论，认为自然界“是一个物质世界，而不是一个虚无缥缈的世界；而且是一个有机的世界，即是一个有生命力的物质世界，是一个‘生生不已’的有机体，是各部分不

① 孙关龙、宋正海：《中国传统文化的瑰宝——自然国学》，深圳：海天出版社，2012年版，第43—44页、第174—179页。

断生长变化的、相互联系的、有生命的整体”[①]。用一句话表达，即“一切万物均含生”[②]。

《周易》提出，“生生谓之易”[③]，易即“生”，易即“变”，易即“用”。它认为包括天、地在内的客观世界不是一个受机械因果律所支配的物理世界，而是一个不断“生”的有机世界，即万物都处在永不停息的生生之中，进而提出“易之为书也……有天道焉，有人道焉，有地道焉”[④]，即知名的天、地、人“三才论”。

天、地、人“三才论”集中体现了中国传统文化的有机论。《周易》提出后，孔子加以继承和发展，说：“有天德，有地德，有人德，此谓三德。三德率行，乃有阴阳”[⑤]（即有此三德，遵行三德，才有阴阳，才有各种事物）；“天政曰正，地政曰生，人政曰辨”[⑥]（上天的职责是让一切归正，大地的职责是哺育万物生长，人的职责是辨明是非，使社会有序）；

① 孙关龙、宋正海：《中国传统文化的瑰宝——自然国学》，深圳：海天出版社，2012年版，第44—45页。

② 冯沪祥：《中西环保哲学》，北京：北京大学出版社，2016年版，第84页。

③ 《周易·系辞上》。

④ 《周易·系辞下》。

⑤ 《大戴礼记·四代》。

⑥ 《大戴礼记·少闲》。

“天作仁，地作富，人作治，乐治不倦，财富时节，是故圣人嗣则治”[①]（上天施仁，大地生财，人类讲治。乐而有治则不会厌倦，又按时节增财添富，这便是圣人的天下有治）；“天事曰明，地事曰昌，人事曰比，两以庆。违此三者，谓之愚民，愚民曰奸。奸必诛”[②]（按天道办事光明正大，按地道办事万物昌盛，人事应参照天、地两道去办，与天地同善、同庆。违此三者，损害民众的利益即为愚民，愚民者为奸。奸者必受惩罚）；“天道以视，地道以履，人道以稽。废一曰失统，恐不长飨国”[③]（天道展示规律，地道践示基础，人道重在准则。三者缺一则是丢失纲纪，一个国家便很难长治久安）；等等，从而为儒学和中国传统文化的“三才论”奠定基础。

生态学的核心也是“生”。所谓“生态”，笔者认为即是生命的状态。无论是个体生态（个体生命及其环境状态）、种群生态（种群生命及其环境状态），还是群落生态（群落生命及其环境状态）、生态系统生态（生态系统生命及其环境状态）、生物圈

① 《大戴礼记·诰志》。
② 《大戴礼记·虞戴德》。
③ 《大戴礼记·四代》。

生态（生物圈生命及其环境状态）、全球生态（全球生命及其环境状态），都强调“生”，都是动态性的“生”、非线性变化的“生”，复杂性变化的“生”，与中国传统文化的“生”或说有机性是完全互通的。

* * *

实际上，中国传统文化与生态学不但在着眼点、非线性思维、整体观等观点上是相通的，而且它们在哲学基础上亦是同一的，都不同于西方传统的实体性哲学，而都属于关系性哲学范畴。在学科性质上亦是同一的，都属于非线性科学、复杂性科学、综合性科学，而不同于西方传统的线性科学、简单科学、分科之学。中国传统文化的天人合一论、三才论、和谐论、阴阳说、中庸说、相生相克说、道法自然说、厚德载物说、经络说、有机建筑论、因地制宜论、因时制宜论、因人制宜论、象数论，乃至医学上的以毒攻毒法、农业上的以虫治虫法……无一不具有生态性。因此，我们提出“中国传统文化本质上是生态文化”的观点，是有足够的事实依据和理论依据的。

第二章

中国儒、道、释三家都富含生态理念

5000多年的中国传统文化的一大特点，是富具生态性。汉武帝以后的2000多年，中国传统文化形成以儒家思想为主干兼有道家、释（佛）家思想的格局。儒、道、释三家的自然观不尽相同，然而在崇尚自然、珍惜生命、富有生态的理念上，却是完全共通相融的。而不是西方一些学者以为的道、释两家富具生态理念，儒家较少探索生态思想[①]。

第一节 儒家生态理念

在这方面，乔清举教授先后著有《泽及草木，恩至水土——儒家生态文化》（2011）、《儒家生态思想通论》（2013），本丛书又有他撰写的《儒家生态观》，故笔者在本书中仅叙述先秦时期原始儒家的生态理念，包括简述孔子、孟子、荀子的生态观和“四书”“五经”中的生态记述。

① 朱晓鹏：《论西方现代生态伦理学的“东方转向”》，载《社会科学》，2006年第3期。

一、孔子生态观

孔子尊重自然，热爱自然；敬天亲地，尊山爱水；珍惜生命，敬畏生命；而且把他的“仁爱”思想扩展到山水万物，从而创立仁爱生态观，为儒家生态观、中国传统生态观奠定基础。

1. 尊重自然，热爱自然

孔子尊重自然，崇尚自然本质，说：“吾思夫质素，白当正白，黑当正黑，夫贲又何也？吾亦闻之，丹漆不文，白玉不雕，宝珠不饰，何也？质有余者，不受饰也”[①]。这一段话的大意是，我认为自然本质是最为纯朴的、最为完美的，白色当为自然白，黑色当为自然黑，贲（bì，《周易》中一卦，为吉卦）卦能算什么呢？我听说过，丹漆不用文色，白玉不用雕琢，珠宝不用整饰，为什么呢？因为自然本色是最为完美的，不用任何雕饰[②]。

有一次孔子病危，弟子们开始为他准备后事，拟

① 《说苑·反质》。

② 孙关龙：《孔子自然观初论》，深圳：海天出版社，2016年版，第161—162页。

给予厚葬。事后孔子听说要进行厚葬，坚决反对说：这是欺天的行为！我死后让我回归自然，选一个不毛之地埋了即可，不建陵园，不树墓碑，唯有那荆棘丛生的荒野是我安生的乐土（“是以夫子病笃，门人欲厚葬之。孔子闻曰：‘吾其欺天乎！当选不毛之地，不封不树，唯荆唯乐’”[①]）。“不封不树，唯荆唯乐”，充分展现孔子从心底里热爱自然的品质。

孔子崇尚自然本色，在弟子中是早有口碑的。有一次，十贤（孔子最优秀的十位弟子）之一的宰予受孔子之命，出使楚国。楚国国君昭王把一辆装饰着象牙的高级车辆（一种当时专供70岁以上政要坐的、装有安全座驾的车，名为“安车”）赠予孔子，请宰予带回去。宰予对昭王说：“自我跟从孔子以来，见他说话不离其道，行动不违仁礼，崇尚道义和品德，喜欢清淡素食，一生俭约节用，当官时（孔子于51岁初仕，任中都宰，一年后升任小司空，后升任大司寇，进而摄相事，55岁时辞官，带着一群弟子离鲁，开始长达14年的颠沛流离的羁旅生涯[②]）有俸禄从不积财；所用马车和

---

① 《广弘明集》第13卷下。

② 林存光：《孔子新论》，北京：人民出版社，2012年版，第366—367页。

物器从不雕饰，其马匹从来不喂小米。”（“楚昭王以安车象饰，因宰予以遗孔子焉。宰予曰：‘自臣侍从夫子以来，窃见其言不离道，动不违仁，贵义尚德，清素好食，仕而有禄不以为积’‘车器不雕，马不食粟’”[①]），即便当了鲁国的司法部部长（大司寇）、代理宰相，孔子仍然坚持“不积财”“车器不雕”“马不食粟”，充分展示了他一生喜好质朴自然和坚持节俭的优秀品质。

当然，孔子崇尚的“质素”“质有余者”的自然，与宇宙间的自然是不完全等同的。但它们在本质上是同一的，而且我们可以有把握地说，它们在本质上都是生态的。正是出于“吾思夫质素”“质有余者”（自然在本质上是最纯朴的、最完美的）的精神，孔子把“仁爱”推广到自然界，创立敬天亲地、尊山爱水、珍惜生命、敬畏生命的仁学生态观。

2. 敬天亲地，尊山爱水

孔子敬天之情的真切、深厚，“可以说达到无

① 《孔丛子》上卷。

以复加的地步”[①]。孔子在肯定天的客观性、物质性的前提下[②]，指出“巍巍乎，唯天为大”[③]（即天道最大、最为重要，天道指上天的客观规律）；“予大者，如天”[④]（最大、最为重要的是天道）；“获罪于天，无所祷”[⑤]（不按天道办事，违背了上天的客观规律，怎么祷告都是没有用的）等。进而提出：“谓天盖高，不敢不蹋”[⑥]（高，莫过于天，我对天不敢不曲身以恭）；要“畏天命”[⑦]“知天命”“不逾矩”[⑧]（要敬畏上天，了解并尊重其客观规律，不违背客观规律）。他赞扬天“无私”，说：“天无私覆，地无私载，日月无私照，奉斯三者以劳天下，此之谓三无私。”[⑨]（上天毫无私心地覆盖一切，大地毫无私心地承载一切，日月毫无私心地普照一切，奉行这三种品德便可以安抚天下，我们称之谓“三无私”）；乃至

① 孙关龙：《孔子自然观初论》，深圳：海天出版社，2016年版，第3页。
② 孙关龙：《孔子自然观初论》，深圳：海天出版社，2016年版，第4—6页。
③《论语·泰伯》。
④《孔子家语·五帝德》。
⑤《论语·八佾》。
⑥《说苑·敬慎》。
⑦《论语·季氏》。
⑧《论语·为政》。
⑨《礼记·孔子闲居》。

说："天之与人，犹父子。"[①]即把天比喻为人之父，要人们像敬重父辈一样地敬重上天。

孔子的亲地之情，丝毫不逊于敬天之真、之深。他在讲天事的同时说地事[②]，在叙天政的同时述地政[③]，在谈天德的同时话地德[④]，在论天道的同时阐地道[⑤]，在颂天无私的同时赞地无私[⑥]，在谓天高的同时曰地厚[⑦]。他高兴地说："山林与，皋壤与，使我欣欣然而乐与。"[⑧]（山林繁盛，沼泽、洼地的草木丰茂，使我高兴得不知说什么好）颂扬"平原大薮，瞻其草之高丰茂者，必有怪鸟兽居之""高山多林，必有怪虎豹蕃孕焉""深渊大川，必有蛟龙焉"[⑨]，三个"必有"，不但充分地显现孔子对三种生态环境的规律性认识，而且又清晰地表达了孔子对大地山川的炽爱之情。他还称赞大地是谦逊地为民众服务的典范：一次，弟子子贡向孔子请教，想谦逊地为他人服务，

---

① 《论衡·雷虚》。
② 《大戴礼记·虞载德》。
③ 《大戴礼记·少闲》。
④ 《大戴礼记·四代》。
⑤ 《大戴礼记·四代》。
⑥ 《礼记·孔子闲居》。
⑦ 《说苑·敬慎》。
⑧ 《庄子·知北游》。
⑨ 《大戴礼记·四代》。

却不知道如何去做。孔子答曰，要谦逊地为民众服务，就应该像大地一样：深挖下去即能获得甘泉，在它上面则能让百谷滋盛、草木繁殖、禽兽丰育。人活着的时候在它上面生活，死后则入其土为安。它做出了众多贡献又从不停息，立下了服务的宏志且宽容大度，从不埋怨。你想真正地为民众服务，大地是最好的榜样。（“子贡问于孔子曰：‘赐，既为人下矣，而未知为人下之道，敢问之？’子曰：‘为人下者，其犹土乎！汩之深则出泉，树其壤则百谷滋焉，草木植焉，禽兽育焉。生则出焉，死则入焉。多其功而不息，宏其志而无不容。为人下者，以此也’”①）。所以，孔子指出：大地对于民众，是可亲可爱的，它不像上天那样位高尊严（“土之于民也，亲而不尊”②）。

孔子对山是非常尊重的。他提出“高山仰止”③（高山，人所共仰）；“高山多林，必有怪虎豹蕃孕焉”④（高山上森林茂密之处，必有珍贵的虎、豹类动

---

① 《孔子家语·困誓》。

② 《礼记·表记》。

③ 《礼记·表记》。

④ 《大戴礼记·四代》。

物生长繁育）；“仁者乐山”[1]“登高必赋”[2]。当弟子子张问：“仁者，何乐于山也？”孔子答：山者，巍然高耸。山，草木在它上面生长，鸟兽在它上面繁殖，财富在它上面产出。它生产财富不带任何私利，四面八方的人都可以去取用，且从不偏袒任何一方。它出于云雨之中，连通天地，使阴阳和谐，雨露润泽，万物生长，以供百姓食用。这就是仁者喜欢山的原因（“夫山者，岂然高。”“夫山，草木生焉，鸟兽蕃焉，财用殖焉。生财用而无私为，四方皆伐，无私予焉。出云雨，以通乎天地之间，阴阳和合，雨露之泽，万物以成，百姓以飨。此仁者之所以乐于山者也”[3]）。

再传弟子孟子曾经这样说过：“仲尼（即孔子）亟称于水”[4]。孔子每临大水都一定要细心地观察，且一再感叹地称颂：“逝者如斯夫，不舍昼夜”[5]（流逝的时间啊！犹如河水一样，不分昼夜）；“大哉，河海乎！下之也。夫河下，天下之川，故广”[6]（大啊，黄河、东海！因为都处于低下之地。黄河，天下

① 《论语·雍也》。
② 《韩侍外传》第7卷。
③ 《尚书大传·略说》。
④ 《孟子·离娄下》。
⑤ 《论语·子罕》。
⑥ 《尸子·明堂》（汪辑本）。

之川，广大也）；“美哉！水，洋洋乎！”[①]（美啊！黄河之水，广大而纯洁）。他还说：君子之交如水一样的无私、纯洁，小人之交则是利害之交（“君子之接如水，小人之接如醴”[②]）；“深渊大川，必有蛟龙焉”[③]等。孔子之所以“亟称于水”，因他认识到：水，养及各种生命，不讲任何条件，品德高尚；水，曲折地向低下处流去，遵循自高至下的规律，讲究义理；水，装在容器中十分平准，象征公平，类似法度；水，柔顺泽软，无微不达，犹如明镜；水，冲洗任何物品，必能鲜明洁净，类如教化；水，历经千折万转，始终不改东流方向，具有坚忍的意志（“夫水，遍与诸生，而无为也，似德；其流也埤下，裾拘，必循其理，似义……主量必平，似法；盈不求概，似正；淖约微达，似察；以出以入，以就鲜絜，似善化；其万折也，必东，似志”[④]）。同时，孔子也看到：水，波涛汹涌，没有穷尽，好像道义；一旦决行，声势浩荡，无所畏惧地奔向万丈深渊，似大无畏的勇士（“其洸洸乎，不淈尽，似道；若有决行之，其应

---

① 《史记·孔子世家》。
② 《礼记·表记》。
③ 《大戴礼记·四代》。
④ 《荀子·宥坐》。

佚若声响，其赴百仞之谷不惧，似勇”[①]）；知悉“水则载舟，水则覆舟”[②]（水既可以载舟，又可以覆舟），“水近于人，而溺人”[③]（水与人们很近、很亲，但有时也会溺死人）；进而提出“知者乐水”[④]的命题，即唯有知者（智慧的人）才能深刻地理解水、保护水，恰当而有效地利用水，才能真正做到“乐水”。

3. 投身自然

孔子不但尊重自然，热爱自然，还积极投身自然。

孔子喜爱爬山，亦经常组织学生参加爬山运动。这既能锻炼学生的身体和意志，又利于培养学生尊重大山、热爱自然的美德，故而孔子提出“仁者乐山”[⑤]的命题。据记载，孔子曾带领学生远足登临泰山，“登泰山而小天下”[⑥]，欣赏一览众山小的胜景。至今，泰山顶上还留有孔子登临处的遗迹。从现有资料看，孔子偏爱大山：当子张问他“仁者，何乐于山”

---

① 《荀子·宥坐》。
② 《荀子·哀公》。
③ 《礼记·缁衣》。
④ 《论语·雍也》。
⑤ 《论语·雍也》。
⑥ 匡亚明：《孔子评传》，济南：齐鲁书社，1985年版，第294页。

时，他最先回答的是因为“夫山者，巍然高”[①]（山者，巍然高耸）。他说过，“高山多林，必有怪虎豹蕃孕焉”[②]；还指出“三尺之岸，而虚车不能登也；百仞之山，任负车登焉。何则？陵迟故也。数仞之墙，而民不逾也；百仞之山，而竖子冯而游焉。陵迟故也”[③]（三尺高的小陡坡，即使是空车也难以爬上去；而高达百丈的大山，即便是载重的车也能自如地爬上去。这是什么原因？因为大山虽高，却有一个斜坡。正如数丈高的一堵墙，成人都爬不上去；但是万丈高的大山，小孩都能登上去游玩。这是因为大山有一个斜坡）。据《韩诗外传》记录，孔子在弟子子路、子贡、颜回的陪同下，还曾登临过“景山”（“景者，大也”），登顶后他要求其弟子“登高必赋”[④]。可见，他对大山的钟爱。而且，从此在中国文人中形成“登高必赋”的传统，使千百年来涌现一系列登高名篇。如1000多年前的唐代，即有崔颢的《黄鹤楼》、王之涣的《登鹳雀楼》、杜甫的《登岳阳楼》《登高》等名作。

---

① 《尚书大传疏证·略说》。

② 《大戴礼记·四代》。

③ 《荀子·宥坐》。

④ 《韩诗外传》第7卷。

孔子也经常带领学生去洙水、汶水（今山东大汶河）、沂水（今山东沂河）游泳、玩耍。在《论语》中记有这么一件事：子路、曾皙、冉有、公西华四位弟子在孔子处谈论各自的志向，其中三位讲的都是怎么治国以及相关的事宜，唯曾皙（即曾点，为曾子之父）表达不同的志向：希望在暮春三月，穿上春天服装，与五六个成人，携带六七个孩童，能在沂水中游泳、玩耍，能在舞雩台上享受吹来的春风，随后一边唱歌一边回家（“莫春者，春服既成，冠者五六人，童子六七人，浴乎沂，风乎舞雩，咏而归”）。面对四位弟子不同的志向，孔子只感叹地说了一句话：“吾与点也。”[①]（我赞同曾点的主张）这句话反映了孔子在诸侯纷争、战事不断的年代对和平安宁生活的向往，同时也是孔子乐水情怀的自然流露。

据记载，孔子足迹至少到过古四渎（指先秦时期四条直达大海的大河）中的三渎，即济水、淮水、黄河。是否到过古四渎之一的“江”（长江），笔者暂不能肯定。

① 《论语·先进》

4. 珍惜生命，敬畏生命

孔子热爱、赞美生命，珍惜且敬畏生命。

他赞美“岁寒，然后知松柏之后凋也”[①]（只有经历了严寒的冬天，才知道松、柏之耐寒、坚强）；“芷兰生于深林，非以无人而不芳”[②]（芳芷、幽兰生长在深山密林之中，不因为无人欣赏而不吐芳香）；“山梁雌雉，时哉！时哉！”[③]（山梁上的母雉见人对它露出贪婪之举，惊恐地腾飞而起，在空中飞翔一段时间后才降落下来。孔子称赞它，飞和落都非常及时，避免了灾难）。他指出：“鲍庄子之知不如葵，葵犹能卫其足。”[④]（齐国大夫鲍庄子耿直地揭发了齐国王室的丑事，因不知道保护自己而受到陷害，孔子对此痛心惋惜，同时批评鲍庄子还不如向日葵能以花蕾和茎叶随太阳的移动而转动，从而保护其根部不受暴晒；也表明孔子对向日葵“能卫其足”保护其生命举动的高度赞颂）孔子还颂扬“尺蠖之屈，以求信

---

① 《论语·子罕》。

② 《荀子·宥坐》。

③ 《论语·乡党》。

④ 《左传·成公十七年》。

也；龙蛇之蛰，以存身也”[①]（尺蠖类昆虫的收缩，是为了伸展生长；龙蛇类动物的冬眠潜藏，是为了保存生命）等。“平原大薮，瞻其草之高而丰茂者，必有怪鸟兽居之……高山多林，必有怪虎豹蕃孕焉；深渊大川，必有蛟龙焉”[②]，这里孔子以三个“必有”，不但颂扬了草木树林、鸟兽蛟龙，也称颂了良好的生态环境。

孔子十分珍惜生命并加以敬畏。他主张“开蛰不杀”“方长不折”[③]（春天不杀刚苏醒开始活动的动物，不折断正在生长的草木）；说诗曰：“采葑采菲，无以下体”[④]（采葑叶、菲叶时，要注意不要伤及其下部的根、茎）；实施“钓而不纲，弋不射宿”[⑤]（钓鱼，不要采用系满钩的长绳；射鸟，不要射鸟巢中及归巢的鸟）；不捕捞小鱼[⑥]；提出要“顺安万物”[⑦]，且要让“人、禽兽、万物、昆虫，各有

① 《周易·系辞下》。
② 《大戴礼记·四代》。
③ 《大戴礼记·卫将军文子》。
④ 《礼记·坊记》。
⑤ 《论语·述而》。
⑥ 《吕氏春秋·审应览》。
⑦ 《说苑·贵德》。

以生”①，让它们“各乐其性”②。他反对剖挖禽兽的胚胎，反对残害禽兽的幼仔，反对淘干池泽的水去捕鱼，反对破坏鸟巢、鸟卵（“刳胎杀夭，则麒麟不至其郊；竭泽而渔，则蛟龙不处其渊；覆巢破卵，则凰凰不翔其邑”③）。并告诫人们，焚烧山林捕兽、破坏巢穴和鸟卵，以及捕鸟的行为，会引起同类鸟兽的厌恶、报复。

孔子反对“断一树，杀一兽，不以其时（不按时节）”④，提出人们应该既知一时之宜的做法，又要掌握百世之利的原则（“既知一时之权，又知百世之利”⑤）。他既反对滥杀无辜（“毋杀不辜”⑥），亦反对不负责的、咎由自取的“非命”，即不珍重自己生命的做法，可以避免的丧命也不去避免：包括寝不时、食不节、劳逸过度等造成重病而死者，贪图权力、居下位而干预上层因而受刑被处死者，好斗又不自量力、在兵战中被杀者（“人有三死而非其命也，行己自取也。夫寝处不时，饮食不节，劳逸过度者，疾

---

① 《大戴礼记·易本命》。

② 《韩诗外传》第7卷。

③ 《孔子家语·困誓》。

④ 《礼记·祭义》。

⑤ 《韩非子·难一》。

⑥ 《说苑·政理》。

共杀之。居下位而上干其君，嗜欲无厌而求不止者，刑共杀之。以少犯众，以弱侮疆，忿怒不类，动不量力者，兵共杀之”[①]）。他严肃指出：“死者不可复生，断者不可复续也。”[②]进而提出，为政要“爱人”[③]，要“好生而恶杀”[④]（要尊重生命，不轻易杀生）；司法上要“毋杀不辜”，主张与其错杀无辜之人、宁可错放有罪之人，与其夸大罪过、宁可漏判罪行而予以赦免（“与其杀不辜，宁失有罪。与其增以有罪，宁失过以有赦”[⑤]）；军事上不应该征用未经训练的人去打仗，那是糟蹋生命（“以不教民战，是谓弃之”[⑥]）；并上升至哲学的高度，提出“不知命，无以为君子”[⑦]的重大命题。

5. 把仁爱、孝悌推广到自然界，创立仁学生态观

在孔子之前，中国已有一系列保护动植物的生态思想和法令。例如，在距今4000多年前的舜帝时期，

① 《孔子家语·五仪解》。
② 《尚书大传·周传》。
③ 《孔子家语·大昏解》。
④ 《荀子·哀公》。
⑤ 《太平御览》第652卷。
⑥ 《论语·子路》。
⑦ 《论语·尧曰》。

已设立生态环境管理和保护机构“虞”[①]，第一个官员为伯益[②]。又如，现知中国最早的与生态保护有关的禁令是距今约4000年前夏禹时期颁布的：“春三月，山林不登斧，以成草木之长。夏三月，川泽不入网罟，以成鱼鳖之长”[③]。再如，现知中国最早与生态保护有关的军令状是距今3000多年前周文王发布的《伐崇令》：“毋坏屋，毋填井，毋伐树木，毋动六畜。有不如令者，死无赦”[④]。还如，春秋第一霸齐国的上卿（主持军政日常工作，相当于后来的宰相）管仲在距今约2700年前主张：不重视生态环境保护工作的君主（“为人君，而不能谨生其山林菹泽草莱”）“不可立为天下王”[⑤]；指出“山林虽广，草木虽美，禁发必有时”[⑥]，“春政不禁，则百长不生；夏政不禁，则五谷不成”[⑦]。因此，他根据春、夏、秋、冬四季不同的条件，提出生态保护的“四禁”（春禁、夏禁、秋禁、冬禁）要求。例如，要求“春禁”“无割大陵、

① ［清］黄本骥：《历代职官表》。
② 《尚书·尧典》。
③ 《逸周书·大聚》。
④ 《说苑·指武》。
⑤ 《管子·轻重》。
⑥ 《管子·八观》。
⑦ 《管子杂篇·七臣七主》。

倮大衍、伐大木、斩大山、行大火、诛大臣、收谷赋”[①]，即“七无”或说“七不能”：不能开挖丘陵，不能焚烧沼泽，不能砍伐大树，不能开凿大山，不能任意烧山、烧庄稼，不能诛杀大臣，不能征收谷赋。而且，还制订了各种惩治条款，如“有动封山者，罪死而不赦。有犯令者，左足入，左足断；右足入，右足断”[②]，可见惩罚力度之大。

孔子继承前人的生态环境保护思想，提出前述的一系列生态环境保护主张；同时，他把他创立的“仁学”推及生态环境保护，即把仁、孝一套理论推广到自然界[③]，从而创立仁学生态观。这是孔子对生态环境保护的最大贡献，也为中国儒学生态观、中国传统生态观奠定基础。

孔子首次明确指出：“开蛰不杀，则天道也；方长不折，则恕也。恕则仁也。”[④]（不伤害春天刚苏醒的昆虫鸟兽，是天道；不折断春天正在生长的青草树木，是厚道，厚道即仁爱）；最早主张“仁厚及于鸟

① 《管子杂篇·七臣七主》。
② 《管子·地数》。
③ 孙关龙：《孔子自然观初论》，深圳：海天出版社，2016年版，第183—201页。
④ 《大戴礼记·卫将军父子》。

兽昆虫”[①]。在中国传统生态史上，这是第一次把生态环境保护提高到“天道”“仁学”的高度。孔子还首次明确提出“断一树，杀一兽，不以其时，非孝也”[②]（砍树、捕杀鸟兽，如果不按时节，损害了树木生长、鸟兽的繁殖，便是不孝的表现）。该主张充分体现孔子对自然的尊重，在中国传统生态史上也是第一次把不按时节砍伐树木、取杀鸟兽，影响树木生长、鸟兽繁殖，提高到是对大自然的不孝行为。

孔子创立的仁学生态观，与他先后创立的仁学政治观、仁学伦理观、仁学经济观、仁学教育观，一起构成了一套完整的仁学体系[③]。孔子的“仁学”，不但爱人，还爱天、爱地，爱山、爱水，爱树、爱草，爱鱼、爱鸟、爱兽，爱护自然、爱护生态。

二、孟子生态观

孟子继承并发展了孔子的仁学生态观，笔者参考

① 《孔子家语·五帝德》。

② 《礼记·祭义》。

③ 孙关龙：《孔子自然观初论》，深圳：海天出版社，2016年版，第188—201页。

罗顺元等人的论述[1]，简述如下。

1. “与天地同流”说

孟子与孔子一样，在肯定天是自然的天、物质的天（如“莫之为而为者，天也”[2]“天不言，以行和事示之而已矣”[3]等）的前提下，提出“顺天者存，逆天者亡”[4]，即顺从自然规律者能生存，违反自然规律者必败亡。为此，孟子主张要“知天”，并“尽其心”，进而“事天”“养其性”[5]，以达到“与天地同流”[6]的目的。孟子的“与天地同流”说宇宙观是对孔子天生论宇宙观（“天何言哉？四时行焉，百物生焉。天何言哉”[7]等）的重大发展，是符合生态学原理的宇宙观。

2. “仁民爱物”说

孟子继承发展孔子的“仁者爱人”说，提出知名

① 参考罗顺元：《中国传统生态思想史略》，北京：中国社会科学出版社，2016年版，第49—55页。
② 《孟子·万章上》。
③ 《孟子·万章上》。
④ 《孟子·离娄上》。
⑤ 《孟子·尽心上》。
⑥ 《孟子·尽心上》。
⑦ 《论语·阳货》。

的“仁民爱物”[1]生态伦理思想。他说，之所以提出“仁民爱物”，是因为“人皆有不忍人之心”[2]，即人人都有同情心，并举了一个实例加以说明：突然看到一个小孩即将掉下井中，每个人都会有惊骇、同情和怜悯的心情。这种心情是自发的，不是为讨好孩子的父母，不是为获得一个好名声，也不是出于周围舆论的压力（“所以谓人皆有不忍人之心者，今人乍见孺子将入于井，皆有怵惕恻隐之心——非所以内交于孺子之父母也，非所以要誉于乡党朋友也，非恶其声而然也”[3]）。“仁民爱物”的“物”，宋代大儒朱熹注释为“禽兽草木”[4]。这样，孟子把孔子的仁爱思想进一步推广到天地万物，并形成“仁民爱物”的名言。从中亦可见儒家的“仁爱”包括爱自然、爱动物、爱植物。

需说明的是，孟子的“仁民爱物”与道家的“天地与我并生，而万物与我为一”[5]及佛（释）家的众人平等思想[6]，是有差别的。孟子原话是这样的：“君子

① 《孟子·尽心上》。
② 《孟子·公孙丑上》。
③ 《孟子·公孙丑上》。
④ 《四书集注·孟子》。
⑤ 《庄子·齐物论》。
⑥ 《大般涅槃经·如来性品》。

之于物也，爱之而弗仁；于民也，仁之而弗亲。亲亲而仁民，仁民而爱物”[①]。即君子对于物，要“爱”，但不要“仁”；对于民众，则要“仁”，但不要“亲”；对于亲人，则既要“爱”，又要“仁”，要“亲”。这样形成孟子对亲人要“亲”、对民众要“仁”、对万物要“爱”三个由高层次到低层次的仁爱观。所以，朱熹对“仁民爱物”的注释，把这个“爱”注释为“取之有时，用之有节”[②]。后人认为此释解：“疏宽恰当，精练准确”[③]。即便如此，笔者仍认为不应抹杀和贬低孟子“仁民爱物”说在中国传统仁学史上的贡献，亦不应抹杀和贬低孟子“仁民爱物”说在中外生态思想上的地位，毕竟他是中外生态学史上第一个明确提出“爱物”主张的人。

3. 时养结合的生态理念

孟子在其著作《孟子》中记述了一起人为的生态灾难——“牛山事件”。牛山曾经是一个很美丽的地方，山上树木葱郁，周围环境优雅。但是由于处在大

① 《孟子·尽心上》。

② 《四书集注·孟子》。

③ 罗顺元：《中国传统生态思想史略》，北京：中国社会科学出版社，2016年版，第52页。

都市的郊外，山上的树木遭到人为无休止地砍伐。本来在雨露的滋润下，牛山经过一段时间的日夜休养，通过树木再生是可以恢复其原有的美好生态环境的。然而，人们又任意地大量地在山上放牛、牧羊，结果美丽的牛山变成秃山。当今人们见到光秃秃的牛山，还以为它从来没有长过树木呢（“牛山之木尝美矣。以其郊于大国也，斧斤伐之。可以为美乎？是其日夜之所息，雨露之所润，非无萌蘖之生焉。牛羊又从而牧之，是以若彼濯濯也。人见其濯濯也，以为未尝有材焉，此岂山之性也哉”[①]）。

在先秦诸子百家文献中，这么全面记述一地生态环境变坏的案例，在先秦时期是罕见的。而这个事件是孟子亲眼看见的，所以他一而再、再而三地强调“不违农时，谷不可胜食也。数罟不入洿池，鱼鳖不可胜食也。斧斤以时入山林，树木不可胜用也”[②]；“食之以时，用之以礼，财不可胜用也”[③]；“苟得其养，无物不长；苟失其养，无物不消”[④]等观点。

① 《孟子·告子上》。
② 《孟子·梁惠王上》。
③ 《孟子·尽心上》。
④ 《孟子·告子上》。

三、荀子生态观

荀子同样继承和发展了孔子仁学生态观，笔者认为主要有以下四点。

1. “天人之分”说

荀子首先充分肯定天的自然性、自然界的客观性，说：“天行有常，不为尧存，不为桀亡”[①]（天有其不以人的意志为转移的客观运动规律，它不会为圣人尧帝而存在，也不会随残暴的夏桀灭亡而消失）；“天不为人之恶寒也，辍冬；地不为人之恶辽远也，辍广”[②]（天不会因为人不喜欢寒冷，而废止冬天；地不会因为人嫌距离之远，而改变其广袤）。正因为荀子充分认识到自然界的客观规律是不以人的意志为转移的，所以他在继承孔子、老子等人的“天人合一”思想的同时，又第一次明确提出“明于天人之分”[③]。荀子清醒地认识到，人类社会的安定、富裕或动乱、贫穷与“天地”无关，都是人类自身造成的。

① 《荀子·天论》。
② 《荀子·天论》。
③ 《荀子·天论》。

他说："治乱，天邪？曰：日月、星辰、瑞历，是禹、桀之所同也，禹以治，桀以乱，治乱，非天也。时邪？曰：繁启、蕃长于春夏，蓄积、收藏于秋冬，是又禹、桀之所同也，禹以治，桀以乱，治乱，非时也。地邪？曰：得地则生，失地则死，是又禹、桀之所同也；禹以治，桀以乱，治乱，非地也"[①]（社会的安定或动乱，是上天造成的吗？日月星辰的运转，在夏朝开国明君大禹与夏朝亡国昏君桀的时候都是一样的，然而大禹时安定、富裕，夏桀时动乱、贫困，说明社会的安定或动乱，与上天无关。社会的安定或动乱，是时令造成的吗？农作物的萌发和育长都在春夏，果实的形成和收获都在秋冬，在夏朝开国明君大禹和夏朝亡国昏君桀的时候也都是一样的，然而大禹时安定、富裕，夏桀时动乱、贫困，可见社会的安定或动乱与时令无关。社会的安定或动乱，是大地造成的吗？有了土地，国家则存；失了土地，国家则亡，这对夏朝开国明君大禹和夏朝亡国昏君桀也是一样的，然而大禹时安定、富裕，夏桀时动乱、贫困，可见社会的安定或动乱，与大地无关）。因此，荀子主

---

① 《荀子·天论》。

张人“不可以怨天”[1]，也不能怨时、怨地；“怨天者无志”“知命者不怨天”[2]。进而指出“天有其时，地有其材，人有其治”[3]“君子者，天地之参也”[4]“君子大心，则敬天而道”[5]（即人要按天道、地道办事，君子更应该如此，这样天下就有“治”）。可见，他是在孔子、老子“天人合一”基础上提出的“天人之分”说，是高明之说，亦是符合生态学原理的。

需要注意的是，荀子的“天人之分”说不同于西方的“天人相分”说。它既不是西方的“天人对立”说，也不是西方的“天人两元”说，而是建立在中国先秦时期“天人合一”说基础上，科学地指出天、人两者在功能上是有差异的，分工上也是不同的。所以，荀子紧接着又提出“不与天争职”说。

2. “不与天争职”说

荀子在《荀子·天论》第一章最后阐述：“故明于天人之分，则可谓至人矣”（明于天、人在功能

① 《荀子·天论》。
② 《荀子·荣辱》。
③ 《荀子·天论》。
④ 《荀子·王制》。
⑤ 《荀子·不苟》。

上和分工上是不同的人，为高明者也）。接着在第二章提出了“不与天争职”说。什么是“天职”？荀子说：“不为而成，不求而得，夫是之谓天职”[1]。认为自然界产生万物是“不为而成，不求而得”的，是自然而然的事，也是包括上帝、神在内“为”之和“求”之都不可能成之、得之的。接着说“天有其时，地有其材，人有其治，夫是之谓能参”[2]（天的职责是管理四季、寒暑、昼夜、风雨、水旱等变化，地的职责是生产财富和资源，人的职责是治理，与天地相互配合）。最后指出：人若放弃了应有的责任职责——治理社会，而去与天地争职，则是大错特错的（“舍其所以参，而愿其所参，则惑矣”[3]）。因此，“明于天人之分”“不与天争职”，按生态规律办事，就能使天下太平，人们安居乐业。反之，就会导致各种天灾人祸，民不聊生。

3. “万物皆得其宜”思想

荀子对自然界的万物（包括人在内）有一个颇

---

① 《荀子·天论》。
② 《荀子·天论》。
③ 《荀子·天论》。

具进化论色彩的层阶式叙述和分类："水火有气而无生，草木有生而无知，禽兽有知而无义，人有气有生有知，亦且有义，故最为天下贵也"[①]（水火有气，但没有生命，其为无机物；草木有生命，但没有知觉，指植物；禽兽有知觉，但没有理义，代表动物；人类则有气、有生命、有知觉、有理义，故在万物中是最高级的）。"这个分类的特点是，既肯定了人的'优越性'，又保持了人与万物的连续性。人以其有'义'而不同于禽兽，但除此之外，人与其他万物亦有共同之处"[②]。在荀子看来，人之"义"或说人之"贵"体现在两个方面：一是人以其能"群"而"胜物"（"人能群，彼不能群也"[③]），故而能利用自然、利用万物。比如，人的力量不如牛大，走路不如马快，但能使牛、马为人所用（"力不若牛，走不若马，而牛马为用"[④]）。二是人以其有"义"，而有责任使"万物各得其宜"。荀子的原话是这样讲的："群道当，则万物皆得其宜，六畜皆得其长，群生皆

---

① 《荀子·王制》。
② 蒙培元：《人与自然——中国哲学生态观》，北京：人民出版社，2004年版，第179页。
③ 《荀子·王制》。
④ 《荀子·王制》。

得其命"[①]（人类社会的各种原则、措施都很恰当，使自然万物"皆得其宜"，猪、狗、牛、羊、马、鸡六畜"皆得其长"，一切生命"皆得其命"，都能健康、快乐地生长发育）。荀子的这个思想是继承并发展了孔子的"顺安万物"[②]"各乐其性"[③]说。在"万物皆得其宜""六畜皆得其长""群生皆得其命"思想指导下，荀子提出了一系列生态保护的具体原则和措施，限于篇幅，笔者不在此处展开叙述了。

4. "节用御欲""长虑顾后保万世"的可持续发展思想

首先，对自然资源和一切物品，荀子强调要莫不尽"其美"、莫不尽"其用"，说："天之所覆，地之所载，莫不尽其美，致其用。上以饰贤良，下以养百姓，而安乐之。夫是之谓大神"[④]（天所覆盖的所有资源，地所栽培的所有物品，都要看到它们的优点和用处，给予充分利用。这样，上可满足贤良之人的用途，下可供养百姓，使国家安定、人民幸福，此可称

① 《荀子·王制》。
② 《说苑·贵德》。
③ 《韩诗外传》第7卷。
④ 《荀子·王制》。

之为大治）。荀子的莫不尽“其美”“其用”主张，与当代“物尽其用”的思想是一脉相随的，完全符合生态经济循环生产、消费，甚至“零排放”的思想。

在物尽“其美”“其用”的基础上，荀子又提出“节用御欲”“长虑顾后保万世”的主张[①]。其节用思想是继承并发展了孔子“政在于节用”[②]的思想。他严肃指出：“不知节用裕民，则民贫”[③]。“御欲”，即节制欲望，这在中国历史上是荀子第一次提出的。他认为，人有欲望是本能（“饥而欲食，寒而欲暖，劳而欲息，好利而恶害，是人之所生而有也，是无待而然者也，是禹、桀之所同也”[④]），“不知足，是人之情也”[⑤]，关键是要节制。“偷生浅知”者，“不顾其后”者，挥霍浪费者，会“俄则屈安穷矣”（很快陷于穷困），乃至成为“操瓢囊为沟壑中瘠者也”[⑥]（拿着讨饭的器具饿死在山沟中）。而那些节用御欲者，思考“天下之大虑”，则能“为天下生民之属，长虑

---

① 《荀子·荣辱》。
② 《说苑·政理》。
③ 《荀子·富国》。
④ 《荀子·荣辱》。
⑤ 《荀子·荣辱》。
⑥ 《荀子·荣辱》。

顾后而保万世也”[①]。

四、“四书”“五经”中的生态思想

“四书”指《论语》《孟子》《大学》《中庸》；“五经”指《周易》《诗经》《尚书》《礼记》《春秋》，为先秦儒家著作，也是中国传统文化的元典之作。它们含有不少的生态思想和生态知识，尤其是《周易》《诗经》本于自然、尊重自然，有一系列记述自然、顺其自然、研究自然、呵护自然的生态记录。

1. 《周易》生态思想初探

笔者认为，《周易》不仅是中国传统文化的元典，也是中国最早的生态哲学著作，它奠定了中国传统文化本质上是生态文化的基础。在此，笔者做一个简要的探讨。

第一，《周易》“是一部系统思维之书”，它创造了“较完整的、颇有中国特色的易思维系统”“至

① 《荀子·荣辱》。

少包括整体思维、变异思维、阴阳思维、太和思维、创新思维”五个方面[①]。这是一个富含生态理念的思维系统，其五个方面的每一个方面都富含生态性思维。

（1）整体思维。《周易·系辞上》曰：“易有太极，是生两仪，两仪生四象，四象生八卦。”充分展现了它的太极整体观。《周易》的“八卦”是指八种自然景象，它来自“仰则观象于天，俯则观法于地，观鸟兽之文与地之宜”[②]，是从“本乎天者亲上，本乎地者亲下，则各从其类也”[③]的自然法则中概括出来的。乾卦为天，巽卦为风，离卦为火，艮卦为山，兑卦为泽，坎卦为水，震卦为雷，坤卦为地，这就是天地之间的八种自然景象（包括天、地）。而且，乾为天象，代表宇宙；巽、离为气象，象征大气圈；艮、兑代表山、泽，为草木果蔬、鸟兽虫鱼生长栖息之地，象征着生物圈；坎为水象，象征水圈；坤为地（地壳、地核），为地象，象征岩石圈[④]。可见，八卦自上而下有序地展现了我们人类所居住的地球这一整体。

① 孙关龙：《复兴、光大中华传统整体论是我国科教界当前的一项紧迫任务》，载《自然国学评论》，第5号，2022年。
② 《周易·系辞下》。
③ 《周易·文言传》。
④ 参考商宏宽：《〈周易〉的科学理念》，深圳：海天出版社，2016年版，第108页。

《周易·序卦》则在八卦的基础之上，以严整的象数符号系统演变为六十四卦和三百八十四爻，展示了更为恢宏、详尽的宇宙整体图景。

前面已述生态学是天生的整体论。无论是个体生态、种群生态、群落生态，还是生态系统生态、生物圈生态、全球生态，强调的前提都是整体，包括不同层次的从小到大的整体：个体、种群、群落、生态系统、生物圈、全球等。因此，《周易》所强调的太极整体观，包括不同层次的八卦整体观、六十四卦整体观和三百八十四爻整体观，与生态学的整体观完全是一脉相承的。

（2）变异思维。变异是《周易》的核心，也是不同生态系统共有的特征。两者都包括：线性变化、非线性变化，简单性变化、复杂性变化，渐进性变化、突变性变化，相互性变化、循环性变化等一系列变易思想；两者都是无限发展的、动态的开放系统，都可以用一句话加以概括："生生之谓易"[①]。

（3）阴阳思维。它深刻揭示世界万事万物的普遍联系，千变万化的规律和本质。阴（－－）和阳（－）

① 《周易·系辞上》。

是易思维体系中最为基本的要素，是中国古人的伟大发明和创造。它用世界上最简单的符号表达了世界上万事万物都具有的普遍性规律，对大千世界复杂多变的问题给予了最为简洁、最为基本的回答。

阴和阳这一对一待，双方相比而生、相济而化、相辅相成、相互转化、对待流行、和谐共生。所谓相比而生，是指对待双方都以对方的存在作为自己存在的依据，即以对方的存在而存在，正如没有天高就不显地卑，不知炎夏便难显冬寒。所谓相济而化，是指对待双方是相互需要、相互帮助、相互沟通、相互影响而生存的，犹如孤阴不生、单阳不长，唯阴阳和合才能生生不息。所谓相辅相成，是指双方恰到好处地取长补短，而成完美、而成事业。双方各有个性，各有闪光点，能统合各方之长便能不断进步、发展，这就是“和实生物”；如果只认为自己好，只认同一种声音、一种性格，排斥异己，听不得不同意见，这就是自我封闭，便会“同则不继”[①]。所谓相互转化，是指双方你中有我、我中有你，在一定条件下能互相转化。例如，热可变冷、冷可变热，高可变低、低可变

① 《国语·郑语》。

高，阴盛而生阳、阳盛而生阴。所谓对待流行，是指双方差异的自身就是运动的根源与动力，如高低之间有位能差、冷热之间有温度差、轻重之间有比重差、张（力）压（力）之间有应力差等，位差、温差、比重差、应力差等能产生各种各样的运动，有线性的、也有非线性的，有简单性的、也有复杂性的，有渐变的、也有突变的……充分展现阴阳之间自动、自流、自生、自化的自组织体系①。所有这些《周易》中的阴阳思维都本于自然，在这里不需要所谓的“第一推动力”，更不需要“上帝之手”的推动，与各类生态系统天然相通。

（4）太和思维。《周易·彖传》指出，“乾道变化，各正性命，保合太和乃利贞。首出庶物，万国咸宁”。“太和”即大和，在《周易》中至少包括爻位之间的小和、卦与卦之间的象和、阴阳之间的应和，以及天与人之间、社会与人之间、人与人之间乃至于人体内部各组织和各器官之间的和谐。在当今社会，它自然而然地包括自然与人的持续的长久的和谐发展。这是人类生态保护、生态研究的终极目标，亦是

① 参考商宏宽：《〈周易〉的科学理念》，深圳：海天出版社，2016年版，第120—121页。

易系统思维和中国传统文化所追求的最高理想。

（5）创新思维。《周易》不但提出“生生之谓易”“日新之谓盛德”[①]“革故鼎新”论，而且提出“道器说”（“形而上者谓之道，形而下者谓之器”[②]），《周易》把“器”提高到与“道”相提并论的地位；主张“唯变所适”。《周礼》有“苟日新，日日新，又日新”[③]的记录。《尚书》有“器非求旧，惟新”[④]的记载。孔子也指明：“工欲善其事，必先利其器”[⑤]。器求“惟新”“革故鼎新”“唯变所适”，就是求创造、创新，因而在中国传统文化中形成创新的思维，使中国传统科技在古代世界上长时期地居于领先地位。《周易》的“生生”与生态的“生”是相通的，“生”的思维在一定程度上就是创新思维。

第二，《周易》的生成论整体观，既奠定了中国传统科学观或说中华自然国学观，也奠定了中国传统生态观。《周易·系辞上》记载：“易有太极，是生两仪，两仪生四象，四象生八卦。”此种生成论的

① 《周易·系辞上》。
② 《周易·系辞上》。
③ 《礼记·大学》。
④ 《尚书·盘庚》。
⑤ 《论语·卫灵公》。

太极整体观与《老子》说的“道生论”（“道生一，一生二，二生三，三生万物”[①]）是一脉相承的。以后，公元前3世纪成书的《尔雅》，其自然篇从《释天》开始，到《释地》；然后是《释丘》《释山》至《释水》，以上是无机界。进而为有机界，先为植物界，有《释草》《释木》；再演化到动物界，由《释虫》（无脊椎动物）至脊椎动物；脊椎动物则有《释鱼》→《释鸟》→《释兽》。这是一个按自然生成为序的雅学本体论分类体系[②]。直到明代李时珍于16世纪末成书的巨著《本草纲目》，将药物来源分为无机界、植物界、动物界三大类；将动物界分为虫（无脊椎动物）、鳞（主要是鱼类）、介（包括两栖类、爬行类）、禽（即鸟类）、兽（即哺乳类）、人（即人类）等六大纲。动物界六纲由简单到复杂、低级到高级排列，完全符合生物的生成次序或说演化次序（见第一章图1-3），继承并发展了《周易》的生成论整体观。相比较而言，西方由于缺乏这种系统的生成论整体观，从古希腊最为博学的学者之一亚里士多

---

① 《老子·第四十二章》。

② 孙关龙：《世界现知最早的科学分类著作》，载《澳门研究》（澳门大学主办），第39卷，2007年4月。

德（Aristotle，前384—前322）的《动物志》开始直到18世纪著名的瑞典博物学家、现代生物分类学奠基人卡尔·冯·林奈（Carl von Linne，1707—1778）的名著《自然系统》（*Systema Naturae*）第10版（1758年出版）中，都将动物从高级到低级、由复杂至简单排列。如《自然系统》第10版中把动物分为六大类，依次为哺乳类、鸟类、两栖类（包括爬行动物及鲨鱼、河豚等）、鱼类、昆虫类、蠕虫类。直到19世纪初，法国进化论学者J.B.拉马克（Jean Baptiste Lamarck，1744—1829）于1809年发表名著《动物学哲学》，提出生物进化学说，才纠正西方2000多年中一直流行的各类动物从高等至低等、由复杂到简单的排列顺序，改为从低等至高等、由简单到复杂的演化序列。[①]

第三，《周易》制定了两条根本性的生态保护原则。《周易·系辞上》曰："与天地相似，故不违；知周乎万物而道济天下，故不过。"这是在告诫人们，做任何事情一定要符合天地之道，千万不可违背；一定要周通万物之性，且从利于天下百姓出发，这样便不会发生任何过错。这两条做事原则也是生态

① 孙关龙：《位居世界前列的中国古代进化观》，载《大众时报》，2015年5月20日。

保护的原则，而且是根本性的原则。

以上充分说明：《周易》的易思维，是系统思维，也是生态性思维；《周易》的易生成论，是有机论，也是生态论；至于《周易》制定的两条做事的原则，也是生态保护的原则，且是根本性原则，等等。由上可见，《周易》是部生态著作，且是中国第一部生态著作。在它的影响下，中国传统文化本质上必然表征为生态文化。

2. 《诗经》中的生态知识

据统计，《诗经》中记载了252种生物（其中动物109种，植物143种）①。又据笔者统计，它们“出现在约250首诗篇中，约占整个305篇诗的82%；以动植物为篇名的诗篇，约有110篇，占整个诗篇的三分之一多”②。而且《诗经》是现实主义诗篇，即纪实的诗篇，古文字研究家、历史研究家等都认为它所说的事实是可靠的。如郭沫若说：《诗经》是“我国文献

① 《中国大百科全书》第2版，北京：中国大百科全书出版社，2009年版，第29卷，第181页。

② 孙关龙：《孔子自然观初论》，深圳：海天出版社，2016年版，第91页。

中一部可靠的古书”[1]；梁启超指出：“现存先秦古籍，真赝杂糅，几乎无一书无问题，其精金美玉、字字可信可宝者，《诗经》其首也”“《诗经》为古籍中最纯粹可信之书”[2]。因此，《诗经》中所记载的大量生态知识是可信的，包括植物生态知识、动物生态知识、生态环境变迁知识等。限于篇幅，下面仅围绕《诗经·豳风·七月》诗篇展开一些阐述。

《诗经·豳风·七月》是《诗经》中记述植物最多的诗篇，至少有22个种类：桑、蘩（白蒿）、萑苇（芦苇）、葽（远志）、郁（郁李）、薁（山葡萄）、葵（冬葵）、枣、稻、瓜、壶（瓠瓜）、苴、荼（苦菜）、樗（臭椿）、黍、稷（粟）、禾、麻、菽（豆）、麦、茅、韮（同韭）。记述的动物也有10多个种（类）：仓庚（黄莺）、蚕、鵙（伯劳）、蜩（蝉，又名知了）、貉、狐狸、豵（小野猪）、螽斯（又名蚂蚱、蚱蜢，蝗虫的一种）、莎鸡（纺织娘）、蟋蟀、鼠、羊、兕（犀牛）。它以时系物、以物缀时，运用诗歌手法，朗朗上口、富有韵味地直叙

① 郭沫若：《中国古代社会研究》第2版，北京：人民出版社，1964年版，第77页。
② 梁启超：《要籍解题及其读法》，长沙：岳麓书社，2010年版，第71页、第78页。

表2-1 《诗经·豳风·七月》中的农事和物候

豳历	周历	农历	物候	农事
一之日	十一月	一月	觱发（寒风猛吹）	于貉（狩貉）
二之日	十二月	二月	栗烈（寒气凛冽）	其同（同猎） 凿冰冲冲
三之日	一月	三月		于耜（修理农具） 纳于凌阴（冰块入窖）
四之日	二月	四月	摆韭菜	举趾（开始动锄耕田） 其蚤（祭祀天地）
蚕月	三月	五月	有鸣仓庚（黄莺在鸣）	条桑（采摘嫩桑叶）
四月	四月	六月	秀葽（苦葽结果实）	
五月	五月	七月	鸣蜩（知了鸣叫） 斯螽动股（蚂蚱跳动）	
六月	六月	八月	莎鸡振翅（纺织娘展翅）	食郁及薁（食郁李、山葡萄）
七月	七月	九月	鸣鵙（伯劳叫鸣） 在野（蟋蟀在野外）	亨葵及菽（食冬葵、豆子）、食瓜
八月	八月	十月	在宇（蟋蟀在屋檐下）	萑苇（割芦苇） 载绩（织麻） 其获（收庄稼） 剥枣 断壶（采摘瓠瓜）

（续表）

豳历	周历	农历	物候	农事
九月	九月	十一月	在户（蟋蟀进入房间） 肃霜（下霜）	叔苴（收获苴麻） 筑场圃
十月	十月	十二月	陨萚（草枯叶落） 蟋蟀入我床下	获稻 纳禾稼 涤场（打扫场圃）

上古时代豳地（今陕西西北部一带）一年12个月的农事和物候（表2-1），充分地展示了豳地3000多年前的生态环境和动植物生态。其中，第二、第三章是写农妇蚕桑、织染之事，说："春日载阳，有鸣仓庚。女执懿筐，遵彼微行，爰求柔桑"（春天来了暖洋洋，黄鹂飞来飞去地歌唱。姑娘们背着高竹筐，行走在桑园的小道上，去采摘喂蚕的嫩桑）；"蚕月条桑，取彼斧斨，以伐远扬，猗彼女桑"（养蚕的季节去理桑，手持亮闪闪的斧儿，把杂长的枝条砍个光，在矮桑树前采叶忙[①]）。后一诗句中出现了"蚕月"一词，十分形象地表明了该地生态环境的变迁。此词现知限用于豳历，代表豳历三月。豳历为先周历法，一种古老而奇特的历法，蚕月相当于周历三月、农历（即

① 参考金启华：《诗经全译》，南京：江苏古籍出版社，1988年版，第326页、第327页。

夏历）五月，现行公历四月。意指一年中开始采桑养蚕之月，故名“蚕月”。它是豳历中唯一一个不按数字命名的月份，表明采桑养蚕在豳地已有相当长的历史，且在豳地经济中占据相当重要的地位，已成为豳地百姓一年中的一件大事。

桑（*Morus*）是亚热带植物。最适宜的生长温度是20~25℃，气温20℃以下进入缓慢生长期，12℃以下则停止生长，因而我国现代栽桑养蚕业最发达的地区是处于亚热带的浙江北部、江苏南部[①]。豳地为现陕西西北一带，属于温带，3000多年前能大量栽桑，说明那时候此地的气候比现在暖和得多。又，其第六章有诗句：“八月剥枣，十月获稻，为此春酒，以介眉寿”（八月收获大枣，十月收割晚稻。用枣和稻米酿酒，冬酿春熟，以健身延寿）。3000多年前，豳地能种植在“十月”收割的晚熟水稻，也证明当时不但比现在暖和，且比现在湿润得多。豳地3000多年前的生态环境比现在温暖湿润，更宜于人类居住。

“桑”在《诗经》其他21首诗篇中，共出现33次，是笔者统计的《诗经》经济类植物中出现次数最多的一

① 孙关龙：《〈诗经〉中的经济树木和竹类》，载《植物》，1989年第3期。

种植物，亦是《诗经》植物中出现次数最多的一种[①]。分别出现在鄘风、卫风、郑风、魏风、唐风（即晋地之风）、秦风、曹风、鲁风和二雅（指小雅、大雅，多为今陕西西安及其附近的诗歌）等，可见当时桑树广布黄河中下游地区，西至今甘肃中东部（秦风之地），北到陕西西北部（豳风之地）、山西中北部（唐风之地），东至山东中东部（鲁风之地）[②]。而且，这些地区当时已育有桑林、桑田。《鄘风·桑中》篇的第一、第二、第三章都有诗句“期我采桑中”（约会我于桑中），“桑中”即桑树林之中。《鄘风·定之方中》篇第二、第三章都云“星言夙驾，说于桑田”（晴天早晨驾车出行，停于桑田）。桑田，笔者认为是指大片桑树林。《魏风·十亩之间》篇被誉为“采桑者之歌”[③]，诗曰：“十亩之间兮，桑者闲闲兮”“十亩之外兮，桑者泄泄兮”。闲闲，为从容不迫状；泄泄，为欢乐热闹状。诗句是说：十亩之间呀！采桑者宽闲自如；十亩之外啊！采桑者也兴高采烈。诗句充分说明魏地桑田之

① 孙关龙：《〈诗经〉中的经济树木和竹类》，载《植物》，1989年第3期。

② 高亨：《诗经今注》，上海：上海古籍出版社，1980年版，第6—10页。“经诗简述”。

③ 陈子展：《诗经直解》，上海：复旦大学出版社，1983年版，第142—143页。

大，不止“十亩之间”，而到了“十亩之外”；而且，当时在魏国采桑似已专业化，有了专称“桑者”。魏地（指西周时封的魏国，公元前661年，即春秋之时为晋国所灭。它不是“三家分晋”后形成的战国时期的魏国），位于今山西西南部[①]。鄘风为卫国的诗篇，卫地在今河北南部、河南北部，鄘城在今河南新乡西南[②]。鄘风、魏风都说桑树成林、成田，说明当时的桑树不但大面积分布于陕西西北部的豳地，也大面积地分布于山西南部、河南北部。进而表明，不但陕西西北部当时气候比现在暖和，黄河中下游的其他一些地区，如山西南部、河南北部等地的当时气候亦比现在暖和，类同于现在的浙江北部、江苏南部[③]。

为深入了解诗经时代的生态环境，我们再探讨一下水稻的分布。当时不但豳地种有水稻（《豳风·七月》篇有“十月获稻”的诗句），唐地（即晋地，《唐风·鸨羽》篇有“不能蓺稻粱”的诗句）、鲁地（《鲁颂·閟宫》篇有“有稻有秬”的诗句）、京城镐京

---

① 高亨：《诗经今注》，上海：上海古籍出版社，1980年版，第8页。“经诗简述”。

② 高亨：《诗经今注》，上海：上海古籍出版社，1980年版，第7页。

③ 孙关龙：《〈诗经〉中的经济树木和竹类》，载《植物》，1989年第3期。

（《周颂·丰年》篇有“丰年多黍多稌”的诗句，稌指稻[①]）也种，即今山西、山东、陕西西安周围皆有。而且从《唐风·鸨羽》篇的诗句“王事靡盬，不能蓺稻粱。父母何当？悠悠苍天！曷其有常？”［王事没完没了，服役的人不能种稻、种粱（高粱），年老的父母吃什么呢？青天啊青天，什么时候才能正常？[②]］得知，当时一般劳苦人民在正常年份已能吃上稻米，不然他们不会喊出因为劳役过多而种不上稻、粱，没有吃的呼喊声。《周颂·丰年》篇有诗句“丰年多黍多稌，亦有高廪，万亿及秭”（稌为稻，诗句是说丰年小米多、大米多，高大的粮仓一座又一座，万呀、亿呀、亿亿呀，数也数不完[③]）。可见，当时在黄河中下游地区稻的种植已有相当大的面积，而且有相当高的产量，已到劳苦大众也能吃上稻米的程度。以上都说明，当时黄河中下游地区的气候不但比现在暖和，而且比现在湿润。

《诗经》中还有大量反映一定生态环境下生长相应植物的记载。例如“山有扶苏，隰有荷华”“山有

① 高亨：《诗经今注》，上海：上海古籍出版社，1980年版，第489—490页。

② 孙关龙：《〈诗经〉中的粮食》，载《植物》，1986年第1期。

③ 参考金启华：《诗经全译》，南京：江苏古籍出版社，1988年版，第825页。

桥松，隰有游龙”的诗句[①]（高山上长有扶苏大树，洼地里生长有荷花；山上有高大的松树，洼地里生长有水红）。“山有枢，隰有榆”“山有栲，隰有杻”“山有漆，隰有栗”的诗句[②]（山上有刺榆，洼地生白榆；山上长山樗，洼地有檍树；山上产漆树，洼地长栗树），等等。

《诗经》中也有动物生态的记载。例如《诗经·豳风·七月》篇中，有“七月在野，八月在宇，九月在户，十月蟋蟀入我床下”（七月蟋蟀鸣于野地，八月移至屋檐下，九月来到屋中，十月藏至床下）的诗句，讲述蟋蟀随气候的冷暖、季节的变迁，栖居环境的变化，等等。

第二节
道家生态理念

因已有乐爱国教授的《道教生态学》（2005），本丛书作者又正在编写《道家生态观》一书，故笔

① 《诗经·郑风·山有扶苏》。
② 《诗经·唐风·山有枢》。

者在本书中仅仅叙述先秦时期原始道家的生态理念，包括简述老子、庄子生态观和《文子》《列子》中的生态思想。

一、老子生态观

老子在中国传统文化史上第一次明确提出“自然”这一个重要范畴，并以“回归自然”为其学说的根本宗旨。《老子》（又称《道德经》《道德真经》）一书深刻地论述了道法自然、万物和谐、知足寡欲等生态思想，为中国传统生态文化做出重大贡献。

1. “道法自然”

老子继承《周易》的生成论思想，在中国思想史上第一次建立起以道为核心的哲学体系。他提出道生论（“道生一，一生二，二生三，三生万物”[①]）。《老子》一书共81章，其中37章直接论“道”，“道”字出现共74次[②]。老子认为道是宇宙万物之本

① 《老子·第四十二章》。

② 胡化凯：《道家自然观发凡》，深圳：海天出版社，2016年版，第4页。

始，“先天地生”“为天下母”[①]，是存在的本体。并在此基础上，强调“人法地，地法天，天法道，道法自然”[②]。老子不仅提出了“自然”这个重要概念，而且把“自然”置于“道”之上，成为“道”所效法的“原则”。那么，“自然”指的是什么？

老子所指的自然，不同于西方近代哲学中机械的、没有生命的、在人之外并与人相对立存在的自然界。其含义是，本来如此、自来如此、永远如此，没有什么东西能够决定它、主宰它，它就是存在本体（道）的本来状态，也是自然界万物的本来状态[③]。“‘道’法自然就是‘道性’自然，‘自然’是自己原本如此的意思”[④]。“道法自然”，即“道”要以“自然”为法则，也就是老子所强调的“道常无为而无不为”[⑤]，“是以圣人无为故无败……以辅万物之自然而不敢为”[⑥]。所以，自然实际也是“无为”的原则。“无为”是说自然界不存在上帝或神一般的主宰

---

① 《老子·第二十五章》。
② 《老子·第二十五章》。
③ 蒙培元：《人与自然——中国哲学生态观》，北京：人民出版社，2004年版，第194页。
④ 陈鼓应：《老庄新论》，上海：上海古籍出版社，1992年版，第72页。
⑤ 《老子·第三十七章》。
⑥ 《老子·第六十四章》。

者，是讲天地万物一切都是自然而然地生成的，一切都是自然而然地发育成长直至衰亡的，一切都是自然造化的结果。故而“无为”不是不作为，而是在自然的法则下不妄为，即要“法自然”，也就是遵照本来的规律办事。“无不为”则是指这种自然而然、自然造化的客观规律，实际上它是没有一处“不为”的，即没有一处不发挥它的作用的。以上是说，天地万物是道生成的，但“并不是道有意识、有目的地产生出来的，而是自然而生、自然而变化、自然而灭的”①。因此，“道法自然”实质是尊重自然、顺从自然。

“人法地，地法天，天法道，道法自然”还清楚地表明老子思想的主旨：“道法自然”的根本意旨是“人法自然”，尊重自然、崇尚自然、效法自然，应成为人类活动的根本法则。人不能与自然相分离、相对立，更不能凌驾于自然之上，奴役自然、蹂躏自然。这是老子为道家生态说奠定的根基，也为现代人指明了生态文明的方向。

① 俞田荣：《中国古代生态哲学的逻辑演进》，北京：中国社会科学出版社，2014年版，第50页。

2. “万物和谐”

《老子》说：“道生一，一生二，二生三，三生万物。万物负阴而抱阳，冲气以为和”[①]。可见老子的道生论引入了“气”的观念、“和”的思想。此段话是讲：（1）无形的道生出“一”，“一”即是气，处于原始状态，或说处于有形与无形之间，亦是有形之始。（2）“二”为阴阳两气，由“一”即原始状态的气分化生成，它代表一切物质的基本要素或基本构成。（3）“二生三”，则是由阴阳两气相互作用生成第三种气，即为“冲和之气”。（4）“三生万物”，指冲和之气生出万物。（5）“万物负阴而抱阳”，是强调一切物质均由阴阳构成。（6）“冲气以为和”，“冲气”是生命的本质，它按照“和实生物”[②]的规律生出万物。

老子“和”的思想贯穿于他的道生论的始终：首先，“道法自然”，自然本身即是一个和谐的整体。其次，“道生一、一生二、二生三”都犹如“三生万物”，有和才有生。最后，老子认为万物组成自

① 《老子·第四十二章》。
② 《国语·周语》。

然界，人也是万物之一，是自然界的一部分；万物都有其存在的权利，有其自身的价值，人与万物是平等的，没有什么高贵、低贱之分。同时，他认为，人是“域中四大”之一（“道大、天大、地大、人亦大。域中有四大，而人居其一焉”[①]），人的特殊性在于责任大。故而在“四大”之后，老子紧接着说“四法”（“人法地，地法天，天法道，道法自然”[②]），即人不但要“法自然”，遵循自然法则，善待万物，尊重万物，同时应该负起责任，构建和谐生态环境，使万物各得其所、各遂其生。

3. “知足”“寡欲”

《老子》指出：“祸莫大于不知足，咎莫大于欲得。故知足之足，常足矣”[③]（祸害之深莫过于不知足，灾难之大莫过于贪得无厌。唯有知道满足之人，才能知足常乐也）。“知足不辱，知止不殆，可以长久”[④]（知道满足的人不会受屈辱，知道适可而止的人不会有危险，这样的人可以长久平安），并主张“见

① 《老子·第二十五章》。
② 《老子·第二十五章》。
③ 《老子·第四十六章》。
④ 《老子·第四十四章》。

素抱朴，少私寡欲”[①]。

“自然”的一个特性是素朴，即自然在本质上是素朴无华的，这与孔子主张的“吾思夫质素……质有余者，不受饰”[②]（见本章第一节）是一致的。《老子》还进一步指出：“五色令人目盲，五音令人耳聋，五味令人口爽，驰骋畋猎令人心发狂，难得之货令人行妨”[③]。这是讲美色、美音、美味、珍宝、游乐等外在的诱惑人的东西，容易使人眼花缭乱，让人心永不知足，让人丧失那种素朴无华的自然本性，从而发生异化，破坏人与自然的和谐统一[④]。

当前，享乐主义风靡全球，人类对自然资源的掠夺到了无以复加的地步，全球生态环境恶化的趋势至今没有根本好转，这一切都是出于人类的贪婪和不知满足。因而，老子的“知足”“寡欲”思想实是一服良药。英国著名历史学家A.J.汤因比等早就指出：“在所谓发达国家的生活方式中，贪欲是作为美德受到赞美的。但是我认为，在允许贪婪肆虐的社会里，前途

---

① 《老子·第十九章》。

② 《说苑·反质》。

③ 《老子·第二十一章》。

④ 俞田荣：《中国古代生态哲学的逻辑演进》，北京：中国社会科学出版社，2014年版，第54页。

是没有希望的。没有自制的贪婪将导致自灭”[1]。

二、庄子生态观

庄子在肯定老子的道学基础上，提出“人与天一”“顺物自然”“无欲”“无为”以及变“无用之用”为“有用之用”等生态主张和思想，至今具有现实的生态价值。

1. “人与天一”

庄子在“物无贵贱”，物之所以有各种各样的差别，是在于“以物观之”“以俗观之”“以差观之”“以功观之”“以趣观之”[2]等观察角度的不同；并在这个基础上，提出“万物一齐”的平等观。进而在“以道观之”“万物一齐”[3]的前提下，明确提出“天地与我并生，而万物与我为一”的主张[4]（天地与我并存，万物与我合为一体）。在高扬“物我为一”

① ［英］A.J.汤因比、［日］池田大作著：《展望二十一世纪——汤因比与池田大作对话录》，荀春生等译，北京：国际文化出版公司，1985年版，第57页。

② 《庄子·秋水》。

③ 《庄子·秋水》。

④ 《庄子·齐物论》。

主张中，庄子又提出“人与天一”[①]的命题，为中国传统文化的核心学说“天人合一”做出重要贡献。

庄子明确地指出：人是天地万物这个整体中的一小部分，犹如大山中的一粒小石子、一棵小树木，是自然界万物中的一物（“吾在天地之间，犹小石小木之在大山也”“号物之数谓之万，人处一焉”[②]）。因而人不能仅从自身的需要、自身的利益出发对待万物，更不能把自然界的万物分为贵贱高下。在中国哲学史上，庄子是“第一个将人与万物拉平”，“打破主客、内外的界限，消除人的主体性和优越性”，并“提出‘万物一齐’”平等观的哲学家[③]。

2. “顺物自然”

庄子一再强调人是自然界的产物、天地的儿子，万物都是自然界产物（“天地者，万物之父母也”[④]“人之生，气之聚也。聚则为生，散则为死”[⑤]），提出不应为追求私利而毁坏自然，损害

---

① 《庄子·山木》。

② 《庄子·秋水》。

③ 蒙培元：《人与自然——中国哲学生态观》，北京：人民出版社，2004年版，第224—225页。

④ 《庄子·达生》。

⑤ 《庄子·知北游》。

生命。只有遵循自然法则，才能把握真正的“道”（“无以人灭天，无以故天命”“谨守而勿失，是谓反其真”[①]）；万物各有其“常”，均按各自的客观规律生长变化（“天地固有常矣，日月固有明矣，星辰固有列矣，禽兽固有群矣，树木固有立矣”[②]）。在这个基础上，他总结：“顺物自然而无容私焉，则天下治矣”[③]。

他认为“知天之所为，知人之所为者，至矣”[④]（知道天应该做什么，不应该做什么；知道人应该做什么，不应该做什么的，那是高人）。高人之所以高，在于他们立足于自然，一切按自然之道办事（“本乎天，位乎得”[⑤]）。故而，庄子提倡“顺物自然”，认为人真正的归宿是回归大自然。

3. “无欲”“无为”

庄子继承老子的无为、寡欲思想，提出“无欲而天下足，无为而万物化”[⑥]。他主张“无欲”，反

---

① 《庄子·秋水》。
② 《庄子·天道》。
③ 《庄子·应帝王》。
④ 《庄子·大宗师》。
⑤ 《庄子·秋水》。
⑥ 《庄子·天地》。

对“嗜欲”；主张“无为”，反对“天人相胜”。也就是说，他“反对人对自然界的一切宰割和破坏行为，反对通过各种技巧改变万物的本性以满足人类的需要。在这个问题上，庄子比中国哲学史上的任何一位哲学家都更加彻底”[①]。他赞赏“常自然”“和静”“不忧”“不伤”“不夭”“四时得节”（“阴阳和静，鬼神不忧，四时得节，万物不伤，群生不夭……莫之为而常自然”[②]）。这样的人，不好生，不恶死，不会感到死亡的恐惧，不为“益生”去追求各种各样的欲望，能过上平静的生活，成为“其寝不梦，其觉无忧，其食不甘，其息深深”的“真人”[③]。他提倡“鱼处水而生，人处水而死，彼必相与异其好恶，故异也。故先圣不一其能，不同其事”[④]，即要尊重万物不同的特点和习性，犹如鱼与人的特点、习性均不相同，要以先圣“不一其能，不同其事”的态度对待万物。庄子在2000多年前便提倡“无欲”“无为”，且能“跳出人间是非、好恶、美丑，而能‘一视同仁’地对待动

---

① 蒙培元：《人与自然——中国哲学生态观》，北京：人民出版社，2004年版，第241页。

② 《庄子·缮性》。

③ 《庄子·大宗师》。

④ 《庄子·至乐》。

物，这在古今中外哲学家中是少见的”[1]。

4. 变“无用之用”为“有用之用”说

在2000多年前，庄子对万物的使用即提出了充满生态智慧的超前主张。他首先按当时人们的习惯把万物分为“有用之用”和“无用之用”两大类，然后提出“人皆知‘有用之用’，而莫知‘无用之用’也”[2]。接着，他将“有用之用”类的物质或资源分为两个小类：（1）日月之光、雨水等整体上是无限的、可再生的资源。对这类资源，庄子提出要充分利用，“日月出矣，而爝火不息，其于光也，不亦难乎！时雨降矣，而犹浸灌，其于泽也，不亦劳乎”[3]（太阳、月亮已经出来，可是蜡烛还不熄灭，其亮度不是很难显现了吗？好雨已适时而降，可是人们还要去打水灌溉，润泽禾苗，这不是徒劳无功吗）。可见，对日月之光、雨水等资源，庄子主张要充分利用，以节省其他能源，节约劳力。（2）对桂树、漆树、楸树、柏树、桑树等“有用之用”的资源，庄子提出可以采伐使用，

① 蒙培元：《人与自然——中国哲学生态观》，北京：人民出版社，2004年版，第245页。

② 《庄子·人间世》。

③ 《庄子·逍遥游》。

但前提是一定要让它们“尽天年”；要砍伐有时，不能“中道之夭于斧斤”（即在生长时期被斧斤砍伐而亡）。不然，砍伐无时，必然导致“材之患也”[①]。

更可贵的是庄子对人们“莫知‘无用之用’”的物质，提出了可以变为“有用之用”物的主张。他在《庄子·人间世》篇讲了“无用之用”的栎树。栎树属于散木，为不成材之木：“用它造船，太重，船就会沉；用它做棺材，会很快腐朽；用它做器具，会很快毁坏；用它做门窗，会冒出汁液；用它做柱子，会招虫蛀最终导致房屋倒塌”[②]。面对这种“无用之用”的散木树（栎树等），庄子高明地看到它的另一方面：正是其“无用可用，故能若是之寿”（正是因为无所可用，故而避免了有用之树“中道之夭于斧斤”的遭遇，从而得以长寿，“终其天年”）。所以，庄子提出可以将栎树作为供观赏、祭祀用的社树，于是栎树变“无用”为“大用”[③]。

《庄子·逍遥游》篇中，还记载有一段庄子与惠子关于特大葫芦有用与无用的对话。惠子说：魏王赠

---

① 《庄子·人间世》。

② 赵沛霖：《庄子超前的生态智慧》，载《大众时报》，2014年4月9日。

③ 《庄子·人间世》。

他一颗大葫芦的种子，他种下后结出的葫芦非常大，能容五石之多。用它盛水，其坚固程度经受不住；剖开做瓢，舀的水太多，没有相应的容器可以盛下。因为葫芦大而没用，就把它砸了。庄子说：“你太不善于使用这个大家伙了……这么大的葫芦，为什么不把它挖空做成‘腰舟’，变‘无用’为‘有用’”[①]。2000多年前，庄子便有“物尽其用”的生态思想，提出变“无用”为“有用”的主张，难能可贵。

三、《文子》《列子》中的生态思想

《文子》（又称《通玄真经》）、《列子》（又称《冲虚真经》或《冲虚至德真经》）为先秦道家著作，已为学术界所认同。《汉书·艺文志》收录《文子》，称文子为“老子弟子，与孔子并时”；收录《列子》，称列子“先庄子，《庄子》称之”。今本《文子》12卷、《列子》8卷，都继承《老子》思想，其中有不少值得吸取的生态思想。[②]

① 赵沛霖：《庄子超前的生态智慧》，载《大众时报》，2014年4月9日。

② 詹石窗：《新编中国哲学史》，北京：中国书店，2002年版，第50—52页。

1. 《文子》中的生态思想

第一，强调天道、自然、无为的思想。

《文子》弘扬《老子》的思想，较多地论述天道、自然、无为的思想。如“天致其高，地致其厚，日月照，列星朗，阴阳和，非有为焉，正其道而物自然”①等。

第二，和生万物思想。

《文子》强调和谐，指出“阴阳和，万物生”②，“天地之气，莫大于和。和者，阴阳调，日夜分，故万物春分而生，秋分而成。生与成必得和之精”③，“天地之所覆载，日月之所照明，阴阳之所煦，雨露之所润，道德之所扶，皆同一和”④。

第三，主张合理保护和开发自然资源。

《文子》总结先王之法，提出保护动植物资源的十二个“不”：“先王之法，不掩群而取麸䴠，不涸泽而渔，不焚林而猎。豺未祭兽，罝罘不得通于野；獭未祭鱼，网罟不得入于水；鹰隼未挚，罗网不得张

① 《文子·精诚》。
② 《文子·精诚》。
③ 《文子·上仁》。
④ 《文子·微明》。

于皋；草木未落，斤斧不得入于山林；昆虫未蛰，不得以火田。育孕不杀，彀卵不探，鱼儿不长尺不得取，犬豕不期年不得食”[①]。如能按十二个“不”的规定做，按季节的不同、动植物的生长规律合理地开发和保护自然资源，则“万物之发生若蒸气出”[②]（万物生机如同蒸气一样，欣欣向荣）。如果破坏了生态节律和环境，“刳胎焚郊，覆巢毁卵”“焚木而畋，竭泽而渔”[③]等，“则阴阳缪戾，四时失叙，雷霆毁折，雹霜为害，万物焦夭，处于太半，草木夏枯，三川绝而不流”[④]，必然导致严重的生态灾难。

2. 《列子》中的生态思想

第一，首创元气本体论。

《列子》发展了《老子》的道生说，并把《老子》等的元气自然论推向更高思维水平的元气本体论。

《列子》强调“道”是万物存在的根据，说：道“往复，其际不可终”“疑独，其道不可穷”[⑤]，

① 《文子·上仁》。
② 《文子·上仁》。
③ 《文子·上礼》。
④ 《文子·上礼》。
⑤ 《列子·天瑞》。

在永恒的循环运动中化生万物。认为宇宙创生之初，经历“太易”“太初”“太始”“太素”四个阶段；在这个时候，气、形、质尚未分离，又称“浑沦”；尔后，“清轻者上为天，浊重者下为地。冲和气者为人”[①]；万物由天地间的精气化育生成，提出元气本体论。又说：“天，积气耳”“地，载气而浮”；日月星辰、云雾虹霓都是“积气之成乎天者”[②]。《列子》肯定了世界的和谐统一性，主张“道”即“气”，“道”是体，“气”是其运动状态。

第二，“天地万物与我并生”思想。

《列子》明确提出，“天地万物与我并生，类也。类无贵贱”[③]，认为人与万物是同类，是平等的，不分贵贱的。这种平等观蕴含着保护天地万物、自然本体的思想。

第三，保护和利用自然资源思想。

《列子》在这方面提出了“盗”的概念，认为自然资源“皆天之所生”，人的财富都是从自然界中“盗”来的（“盗天地之时利”“陆盗禽兽，水盗鱼

---

① 《列子·天瑞》。
② 《列子·周穆王》。
③ 《列子·说符》。

鳖”）。并提出要“善为盗”，把握好“盗之道”，须出于公心，遵循自然规律。否则，就会“盗之而获罪”，遭受惩罚。[①]

*　　*　　*

道家生态观崇尚自然，倡导回归自然，融入自然，和谐共生，慈俭济人，蕴涵着深刻的生态哲理。美国著名学者F.卡普拉说：“在各种伟大的传统中，在我看来，只有道家提供了最深刻而且最完善的生态智慧”[②]。美国生态哲学家J.B.科利考特则将道家的生态思想称为“传统的东亚深层生态学”[③]。

第三节 释（佛）家生态理念

中国传统文化博大精深，其中一个重要原因是它勇于并善于吸收外来文化，释家就是一个典型的事

① 《列子·天瑞》。

② ［美］F.卡普拉著：《物理学之道》，朱润生译，北京：北京出版社，1999年版，第10—11页。

③ J.Baird Callicott. *Earth's Insights:A Multicultural Survey of Ecological Ethics from the Mediterranean Basin to the Australian Outback*. University of California Press, 1984: 67.

例。佛教自公元前后由印度传入中国，业经几百年的磨合，到唐朝形成中国佛教[①]。自此广泛而深入地浸入中国人的血液，成为中国传统文化不可或缺的一个组成部分。

在中国历史上，传入中国的宗教远不止佛教一家。例如，琐罗亚斯德教（波斯教，又称祆教、拜火教）[②]、摩尼教（又称明教、牟尼教）[③]、景教和也里可温教（唐代与元代先后传入中国的基督教派别）[④]、一赐乐业教（中国古代对河南开封犹太教的称谓）[⑤]等教先后传入中国，但都没能像佛教那样广泛而深入地融入中国人的血液。笔者认为，主要原因是佛教所持的整体观、慈悲观、和谐观等都与儒家、道家的学说有相通之处，且是互补互融的。

释（佛）家，无论是汉传佛教（汉语系），还是藏传佛教（藏语系）、云南地区上座部佛教（巴利

---

① 《中国大百科全书》第2版，北京：中国大百科全书出版社，2009年版，第28卷，第542页。

② 《中国大百科全书·宗教》卷，北京：中国大百科全书出版社，1988年版，第382—385页。

③ 《中国大百科全书·宗教》卷，北京：中国大百科全书出版社，1988年版，第272—275页。

④ 《中国大百科全书·宗教》卷，北京：中国大百科全书出版社，1988年版，第212—213页、第448—449页。

⑤ 《中国大百科全书·宗教》卷，北京：中国大百科全书出版社，1988年版，第449—450页。

语系），它们所持的整体观、众生观、慈悲观、戒律观、和谐观等都富有生态理念，对解决当前人类面临的生态危机和当代中国在发展过程中遭遇的一系列生态方面问题都具有现实的价值。

一、释（佛）家整体观

释家或说佛教主张“依正不二”[①]，它与儒家“天人合一”、道家“万物一体”一样，都把人与自然看成一个整体，重视两者之间的统一性、一体性，揭示了生命与生存环境互为因果，处于不可分割、不断运动的同一系统之中。释家认为时间是无始无终的，虽有前世、现世、来世“三世”之分，然而时间总是毫不间断地向前流逝的；认为空间则是无边无际、无穷无尽的。释家还主张世界上的一切物质都由“四大”（地、水、火、风）基本元素构成。地，以坚为性，能承受万物；水，以湿为性，能使物摄聚不散；火，以热为性，能使物受热成熟；风，以动为性，能使物发育成长。《金光明最胜王经》说：“地水火风共成

① 《十不二门》。

身，随彼因缘招异果”[1]。《梵网经菩戒本》则云：“一切地水是我先身，一切火风是我本体”[2]。动物是由地水火风构成，大至鲸、象，小至蜜蜂、蚊子。人也由地、水、火、风构成。每一块佛土，包括净土（极乐世界）也都是由地、水、火、风组成的。四者在任何情况下都能保持各自的形态、特性和功能，不相紊乱；四者又缺一不可，自始至终保持着它们的整体。

释（佛）家这种整体性宇宙观，打破了人们非此即彼的思考方式，否决了二元对立思维模式，有助于人们突破当前流行的西方传统的天人相分观。

二、释（佛）家众生观

释家（佛教）强调“众生”“无我”，提出“一切众生，悉有佛性”[3]，即众生佛性。主张众生利乐，普度众生，超越欲、色、无色三界，脱离生死轮回，立地成佛。佛，为宇宙间通达一切事理者。《摩诃般若经》曰：“通达实义，故名为佛”“如实知一切

① 《金光明最胜王经》第5卷。
② 《大正藏》第24卷。
③ 《大般涅槃经·如来性品》。

法，故名为佛”[①]。《大般若波罗蜜多经》说：“上从诸佛，下至傍生，平等平等，无所分别”[②]。众生是平等的，这里不但包括人，还包括动物，包括一切“生”（释家认为一切物质都是有生命的）。在人间，则不分贵贱，不分贫富，只要努力，人人都可以成佛。

释家（佛教）主张“无我”（即非我、非身）。认为世界上一切事物都没有独立、实在的自体，即没有一个主宰“自我”（灵魂）的存在。提出“无常是苦，是苦者皆无我”“此形非自作，亦非他作，乃由因缘而生，因缘灭则灭”[③]；“有因有缘集世间，有因有缘世间集；有因有缘灭世间，有因有缘世间灭”[④]，认为世间万物皆由因缘相聚而出现，也由因缘离散而消失。人亦是如此，故要“无我”，着眼于众生。“无我”包括两类：一是人无我（人空），意为没有常恒自在的主体——我（灵魂）；二是法无我（法空），即一切法都是由种种因缘和合而生，不断变迁，没有常恒的主宰者[⑤]。释家的无我观，与他们主

① 《摩诃般若经·道行品》。

② 《大藏经》第6册，第961页。

③ 《相应部经典》。

④ 《杂阿含经》第2卷。

⑤ 《中国大百科全书·宗教》卷，北京：中国大百科全书出版社，1988年版，第418页。

张的众生观是一致的。

释家的众生观是彻底的、无差别的平等观，核心是“无我”“利他”。这对根治当前流行的人类中心主义、利己主义是一服良药。

三、释（佛）家慈悲观

释家强调菩萨心，把有否善恶之分、有否慈悲之心作为伦理的最基本准则。《华严经》曰：“欲修菩萨一切行愿，先当发菩提心”“发菩提心者，所谓发大悲心”①。《大集经》说：“菩提心是安一切佛法的根本”②。《大智度论》云：“一切佛法中，慈悲为大”“大慈悲为根本”③。大慈大悲是菩萨行为的纲领，是释家的精神象征。“慈”是慈爱众生，给予快乐：“悲”是悲悯众生，拔除痛苦，体现了对生命、对他人的尊重和关怀。而且它是一种人与万物之间无等级差别的同体慈悲，显示普度众生的无差别的大爱。释家以慈悲为本，认为离开了慈悲，就没有菩萨、没有佛，

---

① 《华严经·人法界品》。

② 《大集经·虚空藏菩萨品》。

③ 俞田荣：《中国古代生态哲学的逻辑演进》，北京：中国社会科学出版社，2014年版，第184页。

也没有佛法，甚至认为一切佛法离开了慈悲则是魔法。

无论是过去或现在，有慈悲情怀的人是不可能漠视自然、征服自然、蹂躏自然的。据史载，西晋、后赵时僧人佛图澄曾用佛教教义先后劝导当时的统治者石勒、石虎施行“德化”“不为暴虐”“不害无辜”[①]。

四、释（佛）家戒律观

释家不但提倡菩萨心，还要求其信徒做善男善女，为此有一系列的戒律。有三戒、八戒、十戒等，所有戒律都离不开重要的一条：“不杀生”，即不杀同类、异类。也就是说，不但不杀人、不杀动物，还包括不损害自然界的一切，如不踩踏小草、不攀折树枝、不无故焚烧山林等。其他一系列的戒律则可概括为一句话，即不做不善之事。进而，要求人们消除不善之心，摒除一切“不善”之杂念和欲望，做到禅定，成为善男、善女，专心致志于四谛，获得智慧解脱，到达涅槃的境界。

释家的“不杀生”戒律、做善人的一系列规定，

① 《中国大百科全书·宗教》卷，北京：中国大百科全书出版社，1988年版，第122—123页。

都有利于动植物与生态环境的保护。

五、释（佛）家和谐观

释家还强调和谐，提倡“六和精神”：身和同住，见和同解，口和无争，利和同均，戒和同修，意和同悦[①]。

“六和精神”源自寺院僧侣团体内待人处事的规则，后推而广之成为释（佛）家理想社会的行为准则。它要求人们互助互让、互敬互爱，兼顾自利和他利等。六和精神与释家主张的菩萨心、大慈大悲、众生平等一系列原则是一脉相承的，与儒家的融“小我”为“大我”、“和为贵”等，与道家的“人与天一”“无欲”“无为”等，也是相辅相融的。

*　　*　　*

释家的生态思想极其丰富，无论是其整体观、众生观、慈悲观、戒律观、和谐观都富有生态伦理价值。笔者认为，毫无疑问，释家生态思想是“传统的东亚深层生态学”的一个重要组成部分。

① 刘元春：《共生共荣——佛教生态观》，北京：宗教文化出版社，2012年版，第107页。

第三章 中国传统科学技术富含生态性

在中国传统文化中，不但儒、释、道三家富含生态理念，传统的科学技术也富含生态性。中国传统科学技术，包括天学、地学（即舆地之学）、律学、算学、农学、工艺学（含有冶金、建筑、水利、纺织、陶瓷等）、兵学、医学等学科，简称天、地、律、算、农、工、兵、医，都富含生态性。例如，中国传统农业是生态农业，中国传统医学是生态医学，中国传统建筑是生态建筑，中国传统水利是生态水利。

第一节 中国传统农业是生态农业

中国是世界三大农业发源地（另两个为西亚、南美）之一，“在中国湖南道县玉蟾岩遗址、江西万年县仙人洞遗址和吊桶环遗址、广东英德市牛栏山遗址、浙江浦阳县上山遗址，先后出土1.2万至1万年前的栽培稻遗存；河北武安市磁山遗址发现距今1万年前驯化的旱作农作物黍”等[1]。笔者在《论〈诗经〉中的农

① 孙关龙、宋正海：《中国传统文化的瑰宝——自然国学》，深圳：海天出版社，2012年版，第3—4页。

业》一文中指出："周族始于农业，兴于农业，在建立周朝后又以发展农业来巩固政权，使农业生产出现了一个前所未有的大发展"[①]。具体表现如下：（1）"农作物品种增多，开始出现'百谷'一词"；（2）"农业生产工具有了很大改进"；（3）"农业生产技术有很大提高，包括水利灌溉、田间管理、耕作制度等方面"；（4）"园圃业的出现"；（5）"饲养业的发展"；（6）"农业收获量大大增高，即农业生产力有了很大提高"。它为"中国以后数千年农业"的发展奠定了基础[②]。

中国传统农业富有一整套遵从天时、地利、人和的"三才（天、地、人）论"和"三宜（因时、因地、因物制宜）论"，相应地又有一整套符合生态原则的充分利用阳光和地力的耕作论（包括复作、间作、混作、套作、轮作等）、时气论（包括二十四节气、三伏、数九等），兼有一套养地的粪田论（公元前的《氾胜之书》中已记有用蚕屎、麋屎、鹿屎、羊粪、蛹汁、腐熟的人粪尿等作为肥料返还农田的记录）、保墒论（公元3—4世纪在黄河流域已形成一套

① 孙关龙：《论〈诗经〉中的农业》，载《古今农业》，1992年第3期。
② 孙关龙：《论〈诗经〉中的农业》，载《古今农业》，1992年第3期。

“耕—耙—耖”的抗旱保墒技术；在南方水田栽种地区于1127—1163年形成一套“耕—耙—耱”作业体系等），还有一套选种论（北魏的《齐民要术》记有粟86个品种[①]；牡丹在唐代欧阳修的《洛阳牡丹记》中记有24个品种，在宋代周师原的《洛阳花木记》中增为109个品种，在明代王象之的《群芳谱》中又增至185个品种）等。其中的“三才论”“三宜论”充分体现了中国传统哲学的天人合一思想；耕作论、时气论、粪田论、保墒论、选种论都以阴阳气化为基础，蕴涵系统的生态能量的利用和转化的观念。在中国，农耕的实质是农人参天地、赞化育的天人一体化的生态过程。而且，延存至今的富有生态价值的农业遗产则是大量的，例如稻田养鱼系统、梯田农业系统、桑基鱼塘系统、旱作农田系统、农田灌溉系统等。

一、丰富多样的耕作论

春秋战国时期，铁器、牛耕的出现和普及促使农业生产巨大发展，“耕作制度由休闲制发展到连年种

① 《中国大百科全书·农业》卷，北京：中国大百科全书出版社，1990年版，第1691页。

植……精耕细作农业开始萌芽”[①]。当时及以后传统的耕作方式或说种植方式遵从三才论、三宜论、时气论等，丰富多样，主要有单作（又称单种，指一年内一块田地上只种一种作物的种植方式，现在中国已越来越少，故不单列阐述）、复作、间作、混作、套作、轮作等。

（1）复作。指一年内于同一块田地上种两种或两季及其以上作物的种植方式，又称复种。主要出现在中国南方，尤其是人多地少的地区。它们地处亚热带、边缘热带，作物生长的季节长，降水丰富或灌溉便利。它在有限的土地面积上通过延长对光能、热量的利用时间，使绿色植物合成更多的有机物质，以提高单位面积产量和年总产量。

这是中国传统农业精耕细作、集约栽培的重要方式之一。在公元前5至前3世纪的战国时期，已“出现轮作复种技术”[②]。《荀子》一书中，记有“一岁而再获”[③]。汉代，杨孚的《异物志》指出“交趾稻，夏冬

① 《中国大百科全书·农业》卷，北京：中国大百科全书出版社，1990年版，第1682、1795页。

② 《中国大百科全书·农业》卷，北京：中国大百科全书出版社，1990年版，第1795页。

③ 《荀子·富国》。

又熟，农者一发再种”[①]，说明当时两广地区已有双季稻生产[②]。郑玄注的《周礼·稻人》中有粟收获后复种小麦的记录，也有小麦收成以后分别复种粟、豆的记载[③]。公元3世纪西晋郭义恭的《广志》中，记载稻田收割后复种苕子植物（为野豌豆属的一年生或越年生蔓生草本植物，可做绿肥和饲草），指出“苕，草色青黄，紫华，十二月稻下种之，蔓延殷盛，可以美田”。公元335—349年，桂阳郡耒阳县（今湖南耒阳市[④]）利用温泉即地热种稻，一年三熟[⑤]。唐宋时，河南南阳一带出现“麦—稻”二熟制，福建、浙江一带出现双季稻[⑥]，长江流域形成“稻—麦”一年两熟制[⑦]。明清时，出现“绿肥—稻—豆”三熟制、“麦—

① ［汉］杨孚：《异物志》（又称《交州异物志》）。

② 《广东百科全书》，北京：中国大百科全书出版社，1995年版，第865页。

③ 《中国大百科全书·农业》卷，北京：中国大百科全书出版社，1990年版，第251页。

④ 魏嵩山主编：《中国历史地名大辞典》，广州：广东教育出版社，1995年版，第379页、第800页。

⑤ 《中国大百科全书·农业》卷，北京：中国大百科全书出版社，1990年版，第1797页。

⑥ 《中国大百科全书·农业》卷，北京：中国大百科全书出版社，1990年版，第251页、第1690页。

⑦ 《中国大百科全书·农业》卷，北京：中国大百科全书出版社，1990年版，第251页。

稻—稻”三熟制[①]。1776年，陕西出现谷、麦、菜、蓝轮作、复种、间作、套作的“二年十三收”技术[②③]。

（2）间作。又称间种，指同一块田地上同时成行或成带（指多行或多带）种有两种及其以上作物的种植方式。公元前1世纪（为西汉初）成书的《汜胜之书》已有瓜、豆间作的记载[④]。公元6世纪北魏贾思勰的《齐民要术》，记有桑与绿豆、桑与小豆、葱与胡荽的间作，指出桑园中间作豆类可以“润泽益桑”。明清时，麦与豆间作、棉花与甘薯的间作较为普遍[⑤]。清代蒲松龄在《春蚕经》中提及豆、麻间作有益于麻类增产和防治豆虫。

间作时，不同作物对于阳光、水分、养分等的争夺是相当激烈的。故而，对作物株型高矮不一、生长期长短的搭配要合理，对田间行距宽窄的配置亦要恰当，以有利于不同作物对阳光的获取和吸收，减少光

① 《中国大百科全书·农业》卷，北京：中国大百科全书出版社，1990年版，第1799页。

② 《中国大百科全书·农业》卷，北京：中国大百科全书出版社，1990年版，第1799页。

③ ［清］杨屾：《修齐直指》。

④ 《中国大百科全书·农业》卷，北京：中国大百科全书出版社，1990年版，第457页。

⑤ 《中国大百科全书·农业》卷，北京：中国大百科全书出版社，1990年版，第457页。

能的浪费。它有利于不同作物之间的互补、互促，提高田地的利用率，增加总产量。

（3）混作。又称混种，指在同一块田地上将两种及其以上生长期相近的作物按一定比例进行混种的种植方式。多不分行，或在同行内混播，可提高光能和土地的利用率，还能减轻自然灾害和病虫害的影响，但是不利于田间管理，故不适合密植栽培。混作在中国已有2000多年历史，西汉初的《氾胜之书》中已记有桑和黍混播兼收的方法，多在北方旱作区流行。还有小麦与豌豆混作、高粱与黑豆混作、大豆与芝麻混作、棉花与芝麻混作、棉花与豆类混作等记录[①]。

（4）套作。又称套种，指在同一块田地上前季作物的生长后期内播种后季作物的种植方式。其特点是两种及其以上作物的共同生长期都只占每种作物生长期的一部分，它在时间上提高光能和田地的利用率，以解决前后季作物与季节之间的矛盾。北魏贾思勰的《齐民要术》中已有大麻套种芜菁的记载。明代时，麦棉套种、早稻套种晚稻等都有发展[②]。《番禺县志》

---

① 《中国大百科全书·农业》卷，北京：中国大百科全书出版社，1990年版，第418页。

② 《中国大百科全书·农业》卷，北京：中国大百科全书出版社，1990年版，第1182页。

记有棉花地套种甘蔗，以提高土地利用率，而且甘蔗可以荫蔽田地、抑制杂草。清代，人们已认识到旱作棉田套作芝麻“能利棉”[①]。

（5）轮作。又称轮种，指在同一块田地上于不同季节或年间有序地轮换种植不同的作物的种植方式。它是一种用地与养地相结合的种植方式，我国在战国时期已出现“轮作复种技术”[②]。北魏《齐民要术》明确指出“谷田必须岁易”，否则“莠多而收薄矣”，又进一步指出“凡谷田，绿豆、小豆底为上，麻、黍、胡麻次之，芜菁、大豆为下”。即认为谷田即种粟的田，应该每年换种一次，否则会杂草多、收成少。并总结提出：上一年种植绿豆或小豆的田，当年种谷最好；上一年种植麻、黍、胡麻的田，当年种谷次好；上一年种植芜菁的田，当年种谷则为下策。在这里，《齐民要术》不仅指出了作物轮作的必要性，而且明确提出粟宜轮作，切忌连作，以及当时轮作的最佳作物、次佳作物、不佳作物等，这是对长期轮作实践的科学总结。经现代科学测试，谷类作物对氮、

① 《中国大百科全书·农业》卷，北京：中国大百科全书出版社，1990年版，第1704页。

② 《中国大百科全书·农业》卷，北京：中国大百科全书出版社，1990年版，第1795页。

硅的吸收量较多，而对钙的吸收量较少；豆类作物对钙的吸收量较多，对硅的吸收量较少，对氮的吸收量不少，但同时能制造并释放出氮。因此，谷类与豆类作物轮作有助于均衡大田的养分，避免养分的片面消耗，保证轮种作物的产量。

我国古代北方旱地，还有谷类作物与绿肥作物轮种，经济作物与豆类作物或绿肥作物轮种，以及水稻田与旱作物的水旱轮作[①]。在清代，人们认识到“稻田获稻后种麻最宜”，麦后可种粟[②]。在南方“为了保持稻地肥力”，“早在4世纪时已实行冬季种植苕草，后发展为种植紫云英、蚕豆等绿肥作物。沿海棉区从明代起提倡稻、棉轮作，对水稻、棉花的增产和减轻病虫害都有益处”[③]。

历史上逐步形成的上述耕作制度，是中国传统农业“复种指数增加、粮食持续增产，而土壤肥力始终不衰的重要原因”[④]。在宋代，南方已利用冬闲稻田栽种油

---

① 《中国大百科全书·农业》卷，北京：中国大百科全书出版社，1990年版，第604—605页。

② 《中国大百科全书·农业》卷，北京：中国大百科全书出版社，1990年版，第1704页。

③ 《中国大百科全书·农业》卷，北京：中国大百科全书出版社，1990年版，第1690页。

④ 《中国大百科全书·农业》卷，北京：中国大百科全书出版社，1990年版，第1690页。

菜；明清时人们认识到稻田冬闲种油菜，不仅能提高土地利用率，获得油料，还有培肥田地、促进水稻增产的作用[①]。这种用地与养地紧密结合的轮作等耕作制度，使江南自唐以来直至明清成为中国一座千年不衰的粮仓，即“苏湖熟，天下足”“湖广熟，天下足”。

二、“变恶为美”的粪田论

我国传统的生态农业除前述的耕作论外，还突出地表现在粪田论上。

粪田论又称粪土论。我国古代文献称肥料为“粪”，如土粪、人粪等，乃至把野生绿肥称为草粪，把栽培绿肥称为苗粪，把施肥称为粪田。美国农学家富兰克林·H.金在1911年的著作中便惊叹：利用人粪等养田，是中国农民“最伟大的农业措施之一”[②]。我国传统的粪肥特点鲜明：（1）为废弃物还田的有机肥（或称生态肥），包括秸秆、落叶、人畜粪便、草粪、苗粪、泥粪、渣粪、灰粪、骨粪等都

① 《中国大百科全书·农业》卷，北京：中国大百科全书出版社，1990年版，第1705页。

② ［美］富兰克林·H.金：《四千年农夫：中国、朝鲜和日本的永续农业》，上海：东方出版社，2011年版。

是农业废弃物或生活垃圾，它们返还农田“变恶为美”[①]，增加了土地肥力，维护了农田生态系统的物质循环，同时减少了环境污染，利于清洁人居环境。（2）肥源广，数量大。（3）养分全，但含量少。有构成生命的重要物质氮、磷、钾，次要养分钙、镁、铁，微量养分铜、锌、铁、锰、钼、硼等元素，一应俱全，然而含量均比较少。（4）肥效期长，作用缓慢。这些养分多以有机化合物形态存在，都需经微生物分解转化后才会被作物所吸收，故而作用缓慢，然而肥效期长。（5）改良土壤效果好，不会引起土壤板结、土壤污染、地力衰退等副作用，能够持续地使用。（6）有益于环境卫生。明朝袁黄在《了凡杂著劝农书》中即十分严肃地批评：北方“猪羊皆散放，弃粪不收，殊为可惜”“不收粪，故街道不净，地气多秽，井小多盐，使人清气日微，而浊气日盛”[②]。

中国粪田论历史久长，粪种多样且形成一定的系统，粪田的技术日益发展达到精细化的程度，充分展示了用田与养田相结合的高超生态智慧。《诗经》中

① ［元］王祯：《王祯农书·粪壤》。
② ［明］袁黄：《了凡杂著劝农书·粪壤》。

有“荼蓼朽止，黍稷茂止”的诗句[①]，说明当时（西周时期）已认识到杂草（荼、蓼）腐烂后有肥田作用，使黍、粟作物都得以茂繁。这表明我国粪田的历史至少有3000年。西汉初的《氾胜之书》已将农肥分为溷肥（指人粪尿）、厩肥（指牲畜粪肥）、蚕矢（即蚕粪）和其他排泄物等种类。施肥技术在黄河流域于公元前32—前7年已有基肥、种肥、追肥之分，并已出现溲种法技术[②]。魏晋南北朝时期绿肥出现。唐、宋、元时期粪肥种类增至60多种[③]。南宋农学家陈旉提出“地力常壮论”和“用粪犹用药”的“粪药论”，把施肥以改良土壤提高到一个前所未有的高度；还对火粪、沤粪、堆粪、草粪四类肥料的制法和用途详以论述，把中国传统肥料的理论和实践推进到一个新的阶段[④]。元代农学家王祯则提出“粪壤论”“惜粪如惜金论”[⑤]。明、清时期粪肥种类发展到100多种，且已系列化。例如，清代杨屾的《知本提纲》将粪肥分为

① 《诗经·周颂·良耜》。

② 《中国大百科全书·农业》卷，北京：中国大百科全书出版社，1990年版，第1797页。

③ 《中国大百科全书·农业》卷，北京：中国大百科全书出版社，1990年版，第1650页。

④ ［宋］陈旉：《陈旉农书·粪田之宜》。

⑤ ［元］王祯：《王祯农书·粪壤》。

十大类：人粪、畜粪、草粪、火粪、泥粪、蛤灰粪、苗粪、油粕粪、黑豆类和皮毛粪①；粪田技术则精细化，《知本提纲》明确提出粪田要合乎时宜、土宜、物宜②，进一步发展了南宋陈旉提出的粪田理论。

中国农史专家指出："几千年来中国粮食产量得以逐步上升（表3-1），与施肥量的增加、施肥方法的不断改进从而保持了土壤肥力有一定关系"③。从表3-1中可见，北方小麦的增长自秦汉至两宋时期时有起伏，这与那时北方的战事频繁有关，到元、明、清三代才有显著增长；南方水稻的增长则显著，且历代稳定增长，明、清时的亩产已接近于两汉时的五倍。

实践是检验真理的唯一标准。南方稻作农耕的历代产量稳定增长的事实充分说明，我国数千年来实施的耕作论、粪田论等理论和措施，使中国农田常壮常新，能够数千年地持续增产、发展。事实证明，中国传统农业是持续发展的农业，是生态农业。早在100多年前，时任美国农业部土壤管理所所长、农学家富兰克林·H.金在《四千年农夫》（1911）一书中指

① ［清］杨屾：《知本提纲·修业·农则》。
② ［清］杨屾：《知本提纲·修业·农则》。
③ 《中国大百科全书·农业》卷，北京：中国大百科全书出版社，1990年版，第235页。

表3-1　中国古代稻、麦亩产情况表[①]

年份	朝代	麦（北方）			稻（南方）		
		市石／市亩*	千克／亩	百分比/%	市石／市亩*	千克／亩	百分比/%
前221—前206	秦	0.732	54.9	100			
前206—24	西汉（含王莽的新朝）	0.804	60.3	109.8	0.516	38.7	100
220—316	魏、西晋	0.791	59.3	108.0	0.791	59.3	147.6
317—581	东晋、南朝				1.111	83.3	207.3
386—581	北朝	0.686	51.5	93.7			
581—907	隋唐	0.757	56.8	102.9	1.136	85.2	211.9
960—1279	两宋	0.694	52.1	94.8	1.387	104.0	258.8
1279—1368	元灭南宋之年至元亡	0.964	72.3	131.7	1.927	144.5	359.5
1368—1911	明、清	1.302	97.7	177.9	2.604	195.3	485.8

*1市石／市亩相当于今75千克／亩。

① 参考《中国大百科全书·农业》卷，北京：中国大百科全书出版社，1990年版，第235页。

出：中国传统农业长盛不衰的秘密，是中国农民善于利用时间和空间提高土地利用率，并以人畜粪便和一切废弃物、塘泥等还田培养地力。他赞赏中国传统农业是“永续农业”[①]。

三、农业生态遗存

中国传统农学悠久而博大，据王毓瑚的《中国农学书录》所载，中国古农书约有542种，现存约300种[②]；北京图书馆主编的《中国古农书联合目录》收录643种[③]；南京农学院张芳、王思明主编的《中国农业古籍目录》载有2084种（另载佚书284种）[④]。但近两三百年来，在西学的冲击下，中国传统农学奄奄一息，得不到支持和发展。然而在民间因为它具有实用性、生态性等特点，能持续地增产，故而至今还存有大量农业遗存。

① ［美］富兰克林·H.金：《四千年农夫：中国、朝鲜和日本的永续农业》，上海：东方出版社，2011年版。

② 王毓瑚：《中国农学书录》，北京：农业出版社，1964年版。

③ 北京图书馆主编：《中国古农书联合目录》，北京：北京图书馆印，1959年版。

④ 张芳、王思明主编：《中国农业古籍目录》，北京：北京图书馆出版社，2003年版。

“农业文化遗产”的概念由联合国粮农组织于2002年提出。2005年，我国浙江青田稻鱼共生系统被联合国粮农组织列入首批“全球重要农业文化遗产”，中国农业文化遗产的系统发掘和保护工作由此开始。2013年，中国在世界上率先开展国家级重要农业文化遗产的发掘和保护工作。截至2023年年底，我国已公布七批“中国重要农业文化遗产”，共计189个项目入选（表3-2）。世界上则由联合国粮农组织负责，组织专家评审并批准授牌的“全球重要农业文化遗产”，截至2022年底已达65项，中国有18项（表3-3），约占全球重要农业文化遗产总数的27.7%，在世界各国中遗产项目最多。①②

表3-2　中国重要农业文化遗产
（189项，截至2023年底）

批次（年份）	数量（项）	编号	名称
第一批（2013）	19	1	河北宣化传统葡萄园
		2	内蒙古敖汉旱作农业系统
		3	辽宁鞍山南果梨栽培系统

① 胡彬彬、吴灿：《释放农业文化遗产的能量与红利》，载《光明日报》，2020年6月22日。
② 《我国全球重要农业文化遗产数量居世界首位》，载《光明日报》，2022年5月25日。

（续表）

批次（年份）	数量（项）	编号	名称
第一批（2013）	19	4	辽宁宽甸柱参传统栽培系统
		5	江苏兴化垛田传统农业系统
		6	浙江青田稻鱼共生系统
		7	浙江绍兴会稽山古香榧群
		8	福建福州茉莉花种植与茶文化系统
		9	福建尤溪联合梯田
		10	江西万年稻作文化系统
		11	湖南新化紫鹊界梯田
		12	云南红河哈尼稻作梯田系统
		13	云南普洱古茶园与茶文化系统
		14	云南漾濞核桃–作物复合系统
		15	贵州从江侗乡稻鱼鸭复合系统
		16	陕西佳县古枣园
		17	甘肃皋兰什川古梨园
		18	甘肃迭部扎尕那农林牧复合系统
		19	新疆吐鲁番坎儿井农业系统
第二批（2014）	20	1	天津滨海崔庄古冬枣园
		2	河北宽城传统板栗栽培系统
		3	河北涉县旱作梯田系统
		4	内蒙古阿鲁科尔沁草原游牧系统
		5	浙江杭州西湖龙井茶文化系统
		6	浙江湖州桑基鱼塘系统
		7	浙江庆元香菇文化系统
		8	福建安溪铁观音茶文化系统
		9	江西崇义客家梯田系统
		10	山东夏津黄河故道古桑树群
		11	湖北赤壁羊楼洞砖茶文化系统
		12	湖南新晃侗藏红米种植系统

（续表）

批次（年份）	数量（项）	编号	名称
第二批（2014）	20	13	广东潮安凤凰单丛茶文化系统
		14	广西龙胜龙脊梯田系统
		15	四川江油辛夷花传统栽培体系
		16	云南广南八宝稻作生态系统
		17	云南剑川稻麦复种系统
		18	甘肃岷县当归种植系统
		19	宁夏灵武长枣种植系统
		20	新疆哈密市哈密瓜栽培与贡瓜文化系统
第三批（2015）	23	1	北京平谷四座楼麻核桃生产系统
		2	北京京西稻作文化系统
		3	辽宁桓仁京租稻栽培系统
		4	吉林延边苹果梨栽培系统
		5	黑龙江抚远赫哲族鱼文化系统
		6	黑龙江宁安响水稻作文化系统
		7	江苏泰兴银杏栽培系统
		8	浙江仙居杨梅栽培系统
		9	浙江云和梯田农业系统
		10	安徽寿县芍陂（安丰塘）及灌区农业系统
		11	安徽休宁山泉流水养鱼系统
		12	山东枣庄古枣林
		13	山东乐陵枣林复合系统
		14	河南灵宝川塬古枣林
		15	湖北恩施玉露茶文化系统
		16	广西隆安壮族“那文化”稻作文化系统
		17	四川苍溪雪梨栽培系统
		18	四川美姑苦荞栽培系统
		19	贵州花溪古茶树与茶文化系统

（续表）

批次（年份）	数量（项）	编号	名称
第三批（2015）	23	20	云南双江勐库古茶园与茶文化系统
		21	甘肃永登苦水玫瑰农作系统
		22	宁夏中宁枸杞种植系统
		23	新疆奇台旱作农业系统
第四批（2017）	29	1	河北迁西板栗复合栽培系统
		2	河北兴隆传统山楂栽培系统
		3	山西稷山板枣生产系统
		4	内蒙古伊金霍洛农牧生产系统
		5	吉林柳河山葡萄栽培系统
		6	吉林九台五官屯贡米栽培系统
		7	江苏高邮湖泊湿地农业系统
		8	江苏无锡阳山水蜜桃栽培系统
		9	浙江德清淡水珍珠传统养殖与利用系统
		10	安徽铜陵白姜种植系统
		11	安徽黄山太平猴魁茶文化系统
		12	福建福鼎白茶文化系统
		13	江西南丰蜜橘栽培系统
		14	江西广昌莲作文化系统
		15	山东章丘大葱栽培系统
		16	河南新安传统樱桃种植系统
		17	湖南新田三味辣椒种植系统
		18	湖南花垣子腊贡米复合种养系统
		19	广西恭城月柿栽培系统
		20	海南海口羊山荔枝种植系统
		21	海南琼中山兰稻作文化系统
		22	重庆石柱黄连生产系统
		23	四川盐亭嫘祖蚕桑生产系统

（续表）

批次（年份）	数量（项）	编号	名称
第四批（2017）	29	24	四川名山蒙顶山茶文化系统
		25	云南腾冲槟榔江水牛养殖系统
		26	陕西凤县大红袍花椒栽培系统
		27	陕西蓝田大杏种植系统
		28	宁夏盐地滩羊养殖系统
		29	新疆伊犁察布查尔布哈农业系统
第五批（2019，于2020年1月20日发布）	27	1	天津津南小站稻种植系统
		2	内蒙古乌拉特后旗戈壁红驼牧养系统
		3	辽宁阜蒙旱作农业系统
		4	江苏吴中碧螺春茶果复合系统
		5	江苏宿豫下嘴金针菜生产系统
		6	浙江宁波黄古林蔺草–水稻轮作系统
		7	浙江安吉竹文化系统
		8	浙江黄岩蜜橘筑墩栽培系统
		9	浙江开化山泉流水养鱼系统
		10	江西泰和乌鸡林下生态养殖系统
		11	江西横峰葛栽培生态系统
		12	山东泰安汶阳田农作系统
		13	河南嵩县银杏文化系统
		14	湖南安化黑茶文化系统
		15	湖南保靖黄金寨古茶园与茶文化系统
		16	湖南永顺油茶林农复合系统
		17	广东佛山基塘农业系统
		18	广东岭南荔枝种植系统（增城、东莞）
		19	广西横县茉莉花复合栽培系统

（续表）

批次（年份）	数量（项）	编号	名称
第五批（2019，于2020年1月20日发布）	27	20	重庆大足黑山羊传统养殖系统
		21	重庆万州红橘栽培系统
		22	四川郫都林盘农耕文化系统
		23	四川宜宾竹文化系统
		24	四川石渠扎溪卡游牧系统
		25	贵州锦屏杉木传统种植与管理系统
		26	贵州安顺屯堡农业系统
		27	陕西临潼石榴种植系统
第六批（2021）	21	1	山西阳城蚕桑文化系统
		2	内蒙古武川燕麦传统旱作系统
		3	内蒙古东乌珠穆沁旗游牧生产系统
		4	吉林和龙林下参—芝抚育系统
		5	江苏启东沙地圩田农业系统
		6	江苏吴江蚕桑文化系统
		7	浙江缙云茭白—麻鸭共生系统
		8	浙江桐乡蚕桑文化系统
		9	安徽太湖山地（位长江北岸，皖西南）复合农业系统
		10	福建松溪竹蔗栽培系统
		11	江西浮梁茶文化系统
		12	山东莱阳古梨树群系统
		13	山东峄城石榴种植系统
		14	湖南龙山油桐种植系统
		15	广东海珠高畦深沟传统农业系统
		16	广西桂西北山地稻鱼复合系统（柳州市三江侗族自治县，融水苗族自治县，桂林市全州县，百色市靖西市、那坡县）
		17	云南文山三七种植系统

（续表）

批次（年份）	数量（项）	编号	名称
第六批（2021）	21	18	西藏当雄高寒游牧系统
		19	西藏乃东青稞种植系统
		20	陕西汉阴凤堰稻作梯田系统
			扩展项目
		21	广东岭南荔枝种植系统（茂名市）
第七批（2023）	50	1	北京怀柔板栗栽培系统
		2	北京门头沟京白梨栽培系统
		3	河北赵县古梨园
		4	河北涿鹿龙眼葡萄栽培系统
		5	河北泊头古桑林
		6	山西浑源恒山黄芪栽培系统
		7	山西长治党参栽培系统（长治市平顺县、壶关县）
		8	内蒙古库伦荞麦旱作系统
		9	辽宁西丰梅花鹿养殖系统
		10	吉林长白山人参栽培系统（通化市集安市、白山市抚松县、延边朝鲜族自治州安图县）
		11	上海金山蟠桃栽培系统
		12	江苏吴中传统水生蔬菜栽培系统
		13	江苏吴江基塘农业系统
		14	浙江吴兴溇港圩田农业系统
		15	浙江东阳元胡水稻轮作系统
		16	浙江天台乌药林下栽培系统
		17	安徽义安凤丹栽培系统
		18	安徽青阳九华黄精栽培系统
		19	安徽歙县梯地茶田系统
		20	福建长乐番薯种植系统
		21	福建武夷岩茶文化系统

（续表）

批次（年份）	数量（项）	编号	名称
第七批（2023）	50	22	江西湖口大豆栽培系统
		23	山东昌邑山阳大梨栽培系统
		24	山东平邑金银花—山楂复合系统
		25	山东临清黄河故道古桑树群
		26	河南宁陵黄河故道古梨园
		27	河南林州太行菊栽培系统
		28	湖北秭归柑橘栽培系统
		29	湖北京山稻作文化系统
		30	湖北咸宁古桂花树群
		31	湖南洪江山地香稻栽培文化系统
		32	广东增城丝苗米文化系统
		33	广东南雄水旱轮作系统
		34	广东饶平单丛茶文化系统
		35	广西永福罗汉果栽培系统
		36	广西苍梧六堡茶文化系统
		37	海南白沙黎族山兰稻作文化系统
		38	重庆江津花椒栽培系统
		39	重庆荣昌猪养殖系统
		40	四川北川苔子茶复合栽培系统
		41	四川高坪蚕桑文化系统
		42	四川筠连山地茶文化系统
		43	贵州兴仁薏仁米栽培系统
		44	西藏芒康葡萄栽培系统
		45	西藏工布江达藏猪养殖系统
		46	陕西府谷海红果栽培系统
		47	青海三江源曲麻莱高寒游牧系统
		48	宁夏平原引黄灌溉农业系统（石嘴山市平罗县、吴忠市利通区、青铜峡市、中卫市沙坡头区）

（续表）

批次（年份）	数量（项）	编号	名称
第七批（2023）	50	49	新疆叶城核桃栽培系统
		50	新疆昭苏草原马牧养系统

表3-3　全球重要农业文化遗产
（18项，截至2022年年底）

编号	名称（正式批准年份）	备注
1	浙江青田稻鱼共生系统（2005）	已有1200多年历史
2	江西万年稻作文化系统（2010）	在万年仙人洞发现距今1万年前的古栽培稻。它和东乡野生稻、荷桥贡米、现代水稻，构成野生稻—人工栽培野生稻—栽培稻—现代水稻这一完整而特有的水稻演化链
3	云南红河哈尼稻作梯田系统（2010）	分布于云南省红河州元阳等4县，面积达18万公顷（约270万亩），开垦历史1300多年，形成江河、梯田、村寨、森林为一体的农业生态循环系统
4	贵州从江侗乡稻鱼鸭复合系统（2011）	已有上千年历史，形成“种植一季稻、放养一批鱼、饲养一群鸭”的农业生态系统
5	云南普洱古茶园与茶文化系统（2012）	面积达117.8万亩的野生茶树群落，包括树龄2700年的古茶树、栽培千年以上的古茶园等

（续表）

编号	名称 （正式批准年份）	备注
6	内蒙古敖汉旱作农业系统（2012）	此处是中国古代农业文明与草原文明的交汇处，发现距今8000年的栽培粟和黍，证明此处是世界旱作农业的发源地
7	浙江绍兴会稽山古香榧群系统（2013）	有香榧树10.5万株，其中百年以上的有7.2万余株，千年以上的有数千株。这些古香榧树至今硕果累累
8	河北宣化城市传统葡萄园系统（2013）	已有1300年历史，以庭院式栽培为主
9	福建福州茉莉花种植与茶文化系统（2014）	茉莉花源于印度，汉朝时传入福州，已有2000年栽培历史，培育出著名的福州茉莉花茶
10	江苏兴化垛田传统农业系统（2014）	因湖荡沼泽而生，由荒滩草地堆积成岛状耕地，面积达6万多亩
11	陕西佳县古枣园系统（2014）	核心区有枣树1100多株，胸围1米以上有300多株，最大一株高13米、胸围3.45米、树龄1300多年
12	甘肃迭部扎尕那农林牧复合系统（2018）	形成于吐谷浑时期（4—9世纪），有1000多年历史。是藏族游牧文化与汉族农林文化的融合，平均海拔近3000米
13	浙江湖州桑基鱼塘系统（2018）	中国现有面积最大、保存最完整的桑基鱼塘系统。面积达21万亩，一种“鱼—桑—蚕”相结合循环的人工生态生产系统，能实现零排放

（续表）

编号	名称（正式批准年份）	备注
14	山东夏津黄河故道古桑树群（2018）	现有世界上规模最大的古桑树群。有1500多年历史，最大规模时达8万多亩，现占地6000亩，百年以上古桑树有1.2万株
15	中国南方山地稻作梯田系统（2018）	包括江西崇义客家梯田、福建龙溪联合梯田、湖南新化紫鹊界梯田、广西龙胜龙脊梯田
16	福建安溪铁观音茶文化系统（2022）	位于福建省泉州市安溪县，地处福建南部、晋江上游。居山近海。茶园面积达0.67万公顷。10世纪开始产茶，宋元时期其茶叶已通过丝绸之路走向世界。是中国乌龙茶之乡，世界名茶铁观音的发源地
17	内蒙古阿鲁科尔沁草原游牧系统（2022）	位于内蒙古自治区赤峰市。是全球可持续牧业的典范。拥有森林、草原、湿地、河流等多样的生态景观。在新石器时代，当地居民就过着狩猎和游牧生活，如今坚持传统游牧生活，通过不断地转场游牧，使植被得到保护，水资源合理利用、畜牧产品和多样化食物得到保障

（续表）

编号	名称（正式批准年份）	备注
18	河北涉县旱作石堰梯田系统（2022）	位于河北省邯郸市。始建于元朝。总面积21万亩，石堰总长近万里，被誉为“第二个万里长城”。是山区旱作农耕文化典型。数百年以来，在沟、坡、岭、峧、垴等多种地貌上修筑石堰梯田，梯田景观多样，作物多样，生态功能多样，确保山区恶劣条件下的农业生产的持续发展

这些农业文化遗产，长的达千年、数千年，短的也有数百年的历史，它们都是持续发展而来，亦都构成一定的大小不同的系统，实质上它们都是生态的系统。为此，笔者把它们作为“农业生态遗存”列入本书。下面列举几例加以阐述。

1. 云南红河哈尼稻作梯田系统

梯田是指在山坡地上分段沿等高线建造的梯式农田。它是治理坡地水土流失的有效手段，蓄水、保土、增产的作用十分显著。中国是世界上最早修筑梯田的国家之一，在西汉时期（前206—8）已出现梯田的雏形。“梯田”一词首见于北宋范成大的《骖鸾录》一书（成书于1173年）[①]。在云南红河南岸哈尼族区形成中国最为集中、最为壮观的梯田农田稻作系统。

它横跨红河哈尼族彝族自治州的元阳、红河、绿春、金平四县，面积约18万公顷（约270万亩），开垦历史已有1300多年[②]。该地属于横断山纵谷区的哀牢山区，山高谷深，沟壑纵横，多为被切割的中山地类型。众山被红河等水深度切割，中部突起，两侧低下，鸟瞰全境，山地连绵，层峦叠嶂。境内最低点海拔144米，最高峰为2939.6米，山脚至山顶最大的高差达2795.6米，因此立体气候鲜明。平坝区年平均气温25℃，最高气温42℃；高的山区年平均气温11.6℃。两区年平均温差为13.4℃，从平坝区经下半山、上半山到高的山区，经历热带、亚热带、温带、寒温带的变化，即为“一山分四季，十里不同天”的气候。平坝酷热干旱，蒸发量大，为干热河谷区；高的山区低温多雨，云雾密度大，为阴湿高寒区。该系统的核心地段元阳，年平均雾天为180天，年平均雨量为1421.4

---

① 《中国大百科全书·水利》卷，北京：中国大百科全书出版社，1992年版，第438页。

② 中华人民共和国农业部：《中国重要农业文化遗产》，北京：中国农业出版社，2014年版，第106页。

毫米[①]。山上森林茂密，蕴涵巨量水分，构成巨大的天然绿色水库。在充沛的天然降水支撑下，水流从高的山上源源不断地向下流，形成无数条（个）小溪、清泉、瀑布、龙潭，供给梯田、人畜用水，形成“山有多高，水有多高”的奇观。哈尼先民在隋唐之际进入该地区，开垦梯田种植水稻。在1300多年间，他们发挥巨大的智慧、天才的创造力，在大山上挖筑了成千上万条水沟、干渠，其中骨干沟渠4653条，包含可灌溉面积50亩梯田以上的沟渠662条。同时有分渠将水引入田间，解决了梯田稻作的命脉——水。而且，哈尼先民因地制宜，在缓坡地上开垦大田，在陡坡地上开垦小田，甚至在石头隙间开出小小田。大者数亩、数十亩，最大田块2828平方米；小者不到1分地，最小田块仅有1平方米[②]。一个山坡上往往有数十块、数百块梯田，构成举世瞩目的梯田奇观，让元阳赢得“梯田甲天下，云海美名扬”的赞语。因而先后被评为中国国家级和全球重要农业文化遗产。

当地特产哈尼梯田红米（一种只能生长在哈尼梯

① 《中国大百科全书》第2版，北京：中国大百科全书出版社，2009年版，第27卷，第319页。

② 中华人民共和国农业部：《中国重要农业文化遗产》，北京：中国农业出版社，2014年版，第106页。

田海拔1400米以上的红米），富含微量元素，已从原来每公斤的5元攀升至20余元，精包装的红米每公斤可卖到100元以上。梯田中养殖的鱼、鸭、黄鳝、泥鳅等亦因其“绿色原生态”的特质而受到众多消费者的青睐。[①]

2. 贵州从江侗乡稻鱼鸭复合系统

稻田养鱼，早在公元前400年左右的战国时期已有出现[②]。稻田中杂草较多，昆虫类等动物也较多，还包括很多危害水稻的害虫，如稻飞虱等，再加上土壤中有微生物等，因此稻田中鱼的饵料十分丰富。稻田中常储有较深的水，又有水稻遮阳，利于鱼类生长、繁殖。鱼儿在稻田中能起到除草、祛虫的作用，而且鱼身能分泌黏滑物质，可有效控制水稻纹枯病（一种世界性病害，中国水稻三大病害之首）；鱼儿在水中活动起到松土、增氧，以及促进稻根生长的作用；鱼排出的粪便可以肥田，据测定“亩产25公斤鱼一般可排40公斤鱼粪”[③]。

① 中国重要农业文化遗产保护与扶持政策研究课题组：《中国重要农业文化遗产保护实践评估》，《古今农业》，2016年第3期。

② 《中国大百科全书》第2版，北京：中国大百科全书出版社，2009年版，第4卷，第463页。

③ 詹全友、龙初凡：《贵州从江侗乡稻鱼鸭系统的生态模式研究》，载《贵州民族研究》，2014年第3期。

闵庆文教授等研究指出：与水稻单作系统相比，稻鱼共生系统的生态优势明显：太阳能转化效率较高，自然资源投入较少，投资回报率较高，对环境压力较小，系统富有发展潜力[①]。稻田养鱼提高了土地利用率，降低了农业生产成本，增加了水稻和鱼的产量。正如俗话所说，稻田养鱼是“一亩面积，二亩产量，三亩效益”。

贵州从江侗乡稻鱼鸭复合系统是侗乡民众世代传承的生产方式，已有上千年历史。这种“种植一季稻，放养一批鱼，饲养一群鸭”的种养复合系统，是生态农业的瑰宝，因而于2011年、2013年先后被评为全球重要农业文化遗产、中国重要农业文化遗产。该系统具有以下鲜明的生态优势：

（1）隐形水库。该系统最基础的条件是要有足够的水，才能保障鱼不死、稻不枯、鸭不渴，维持该系统的生态运转。从江侗乡稻田多位于低山区，地处贵州省黔东南苗族侗族自治州东南边缘，与广西接壤，处于亚热带暖湿性山地季风型气候区，夏无酷热，冬无严寒，年平均气温为18.5℃；雨量丰沛，年降雨

---

① 杨海龙，等：《稻鱼共生系统与水稻单作系统的能值对比——以贵州省从江县小黄村为例》，载《资源科学》，2009年第1期。

量为1214毫米[①]，保证了稻田的基础水源。日蒸发量小，水稻土又能蓄水，加上森林覆盖率高，21世纪初即达61%[②]，是全国十大重点林业县之一[③]，森林储存水的能力强，使稻田的水位一般保持在30厘米以上。从江侗乡稻田具有巨大的水资源储备能力，既有蓄洪功能，又有储养水源的功效，犹如一座座“隐形水库”，从基础上保证了稻鱼鸭系统的正常运转。

（2）生物品种的多样性。侗乡人保留了水稻品种的多样性，据从江县文字记载就有261个品种[④]。侗乡稻田多位于阴冷的低山区，蓄有深水，一般的水稻品种无法生存，但是侗乡的糯稻不怕水淹，且耐阴冷，能保持稳产、高产。而且，良好的稻田生态环境和对水体不同生态层次的巧妙布局，保持了丰富的生物多样性：高出水面的水稻、长瓣慈姑、矮慈姑等挺水植物，为生活在水中的鱼、鸭等动物提供遮阳的栖息场所；从这些植物上掉落的茎、叶、昆虫等则是鱼、鸭

① 《中国大百科全书》第2版，北京：中国大百科全书出版社，2009年版，第4卷，第110页。
② 《贵州百科全书》，北京：中国大百科全书出版社，2005年版，第127页。
③ 《中国大百科全书》第2版，北京：中国大百科全书出版社，2009年版，第4卷，第110页。
④ 詹全友、龙初凡：《贵州从江侗乡稻鱼鸭系统的生态模式研究》，载《贵州民族研究》，2014年第3期。

的重要饵料；水面上的眼子菜、槐叶萍、满江红等漂浮植物依靠挺水植物所形成的日照、温度等条件生长、繁殖，亦为鱼、鸭等动物提供食物；水体中部、底部是鱼的生活空间，水体底层则聚集螺、蚌、虾、泥鳅、黄鳝等小型野生动物和黑藻等沉水植物。数十种动植物围绕着稻、鱼、鸭构成一个更大的食物链网络，呈现繁盛的生物多样性景象[①]。

（3）有效控制病虫害。稻瘟病在该系统中的发病率和病情指数明显低于水稻单作田地；鱼、鸭捕食稻纵卷叶螟、稻飞虱等害虫，减轻了其危害；鱼、鸭的干扰和摄食，使田中的杂草密度也明显低于水稻单作田地。[②]

（4）增加土壤肥力。鱼、鸭、螺、蚌等动物的粪便和鱼、鸭摄食多余的杂草还田，增加土壤的有机质含量；鱼、鸭翻土替代传统牛耕，增大土壤的孔隙度，有利于肥料和氧气深入土壤深层，提高了肥效与土壤肥力；鱼、鸭扰动水层，降低水中甲烷的排放量，改善了水中的氧气含量。

2015年，从江全县5万亩“稻鱼鸭种养殖系统示范

① 吕慎、吴德军：《稻花香里有鱼鸭——贵州从江稻鱼鸭共生的水乡智慧》，载《光明日报》，2017年3月17日。

② 吕慎、吴德军：《稻花香里有鱼鸭——贵州从江稻鱼鸭共生的水乡智慧》，载《光明日报》，2017年3月17日。

推广田”，“测产每亩增产稻谷5%～15%，平均亩产稻谷669.5公斤；每亩生产鲜活田鱼24.3公斤、鸭44.7公斤；平均亩产值在6000元以上”[①]。

3. 新疆吐鲁番坎儿井农业系统

吐鲁番是一个盆地。其最低点为艾丁湖底，海拔-154.31米，是中国大陆最低点、世界第二洼地。盆地北缘博格达山（为天山东段），最高峰为4388米。自北向南，依次为北部山前戈壁滩地，中部为低洼平原，南部为戈壁荒漠。在100千米内，北缘高山与艾丁湖之间的高差达到4542米，这也为坎儿井地下水自北向南自流灌溉创造了条件。吐鲁番为极端干旱气候，极端最高气温达47.6℃，每年有100多天气温高于35℃，是中国夏季最炎热地区，有“中国的火洲”之称；年平均降水量仅为16.4毫米；蒸发量极大，年平均蒸发量为2837.8毫米。吐鲁番又是新疆著名的“三十里风区”，有“陆地风库”之称[②③]。如此恶劣的气候条

① 吕慎、吴德军：《稻花香里有鱼鸭——贵州从江稻鱼鸭共生的水乡智慧》，载《光明日报》，2017年3月17日。

② 《中国大百科全书》第2版，北京：中国大百科全书出版社，2009年版，第22卷，第432—433页。

③ 《辞海》1999年三卷本，上海：上海辞书出版社，1999年版，第2054页。

件下，吐鲁番能成为绿洲，生产葡萄、瓜果、粮食、棉花等富有特色的农作物，全靠当地民族人的生态智慧所创造的坎儿井。

坎儿井意为“井穴”，《史记》《汉书》都称为“井渠”[①②]，当地维吾尔族人称为“坎儿孜”。它已有2000多年历史，总长约5000千米，几乎赶上黄河、长江的长度，是世界上最大的地下水利灌溉系统，被誉为地下万里长城，中国古代三大工程（另两大工程为长城、大运河）[③]之一。它是荒漠地区特殊的灌溉系统，依靠北部博格达山、西部喀拉乌成山上的大量积雪和雨水自流至山谷，潜入戈壁滩下，利用当地北高南低的地形坡度形成自流灌溉的水利工程。其主体工程是竖井和暗渠，辅助工程是明渠（暗渠出口处）、涝坝（一种小型蓄水池，见图3-1）。竖井又称“工作井”，在开挖暗渠时用以定位、进人、出土、通风，平时则供检查维修使用。暗渠深埋地下，能减少渠水的蒸发，避免风沙的掩埋；又能自流灌溉，免除了动力提水等设备问题，节省了大量人力和设备投资；而

① 《史记·河渠书》。

② 《汉书·沟洫志》。

③ 中华人民共和国农业部：《中国重要农业文化遗产》，北京：中国农业出版社，2014年版，第150页。

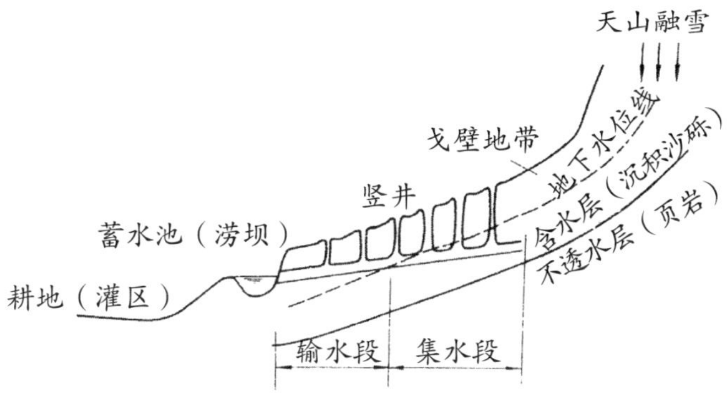

图3-1　坎儿井示意图[①]

且水质优良，不仅可供农田灌溉之用，还能供人畜饮用，形成了人工绿洲。

20世纪50年代最多时全疆拥有1800多条坎儿井，暗渠总长5200多公里，灌溉面积约35万亩。因人口增长、缺乏管理，坎儿井遭受严重破坏，数量锐减，2003年普查时已减少到405条，灌溉面积减至13万亩[②]。平均每21天就有一条坎儿井干涸废弃，按这个速度，20多年后中国的坎儿井将全部消失。保护坎儿井，留住绿洲之源，已成为当务之急。2005年，《新疆坎儿井保护利用规划报告》实施。2006年，坎儿井

① 《中国大百科全书·水利》卷，北京：中国大百科全书出版社，1992年版，第203页。

② 中华人民共和国农业部：《中国重要农业文化遗产》，北京：中国农业出版社，2014年版，第150页。

入选全国文物保护名单。2009年，全国首次大规模的坎儿井保护工程正式启动。2013年，坎儿井成为中国首批国家级重要农业文化遗产[1]。

4. 浙江湖州桑基鱼塘系统

湖州位于浙江省北部、太湖之南，与江苏省苏州、无锡隔湖相望。它是一座以丝绸业著称的水乡城市，丝绸业历史悠久且十分发达，素有“丝绸之府”之称[2]。在其南浔区西部，现存有一片中国传统桑基鱼塘系统最为集中、面积最大、保存最为完整的区域，面积达21万亩，其中桑地6万亩，鱼塘15万亩[3]。

桑基鱼塘是开塘填基、塘中养鱼、基面栽桑、以桑养蚕，所形成的一种鱼、桑、蚕相结合循环的人工生态农业生产系统[4]。它实施以塘泥和鱼粪肥桑、桑叶养蚕、蚕沙（蚕粪）和蚕蛹饲鱼的良好生态循环。在该生态系统中，鱼塘底部肥厚的淤泥深挖叠置于四

---

① 尚杰，等：《坎儿井，仍在“讲述”着润疆的故事》，载《光明日报》2023年6月21日。

② 《中国大百科全书》第2版，北京：中国大百科全书出版社，2009年版，第10卷，第54—55页。

③ 中华人民共和国农业部：《中国重要农业文化遗产》，北京：中国农业出版社，2014年版，第50页。

④ 《中国农业百科全书·蚕业》卷，北京：中国农业出版社，1987年版，第165页。

周的塘基上，既成为基上所栽桑树的土壤，又为这些桑树提供了充足的肥料；桑树的叶，用于养蚕。塘基有一定的坡度，桑基上的植物、昆虫等物质和土壤中的多余营养元素都随着雨水的冲刷源源不断地流入鱼塘，成为鱼的饲料和塘泥的肥料；养蚕过程中的蚕蛹、蚕沙（即蚕粪）既是鱼儿的食物，又是塘泥的肥料。该系统中多余的营养物质、废弃物质周而复始地在系统内进行循环利用（图3-2）[1]，实现对外部生态环境的“零”污染。

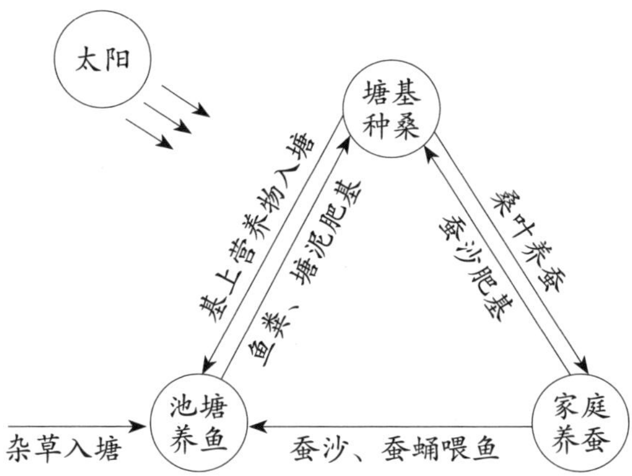

图3-2　桑基鱼塘生态循环示意图

① 罗顺元：《中国传统生态史略》，北京：中国社会科学出版社，2016年版，第272页。

桑基鱼塘系统不但促进了种桑、养蚕、养鱼业发展，还保护了池塘及其周边生态环境，而且经济效益显著，能“十倍禾稼”[①]（10倍于种植庄稼的收益），保证了该地的可持续发展。这是中国南方水乡一种典型的水陆物质和能量交换的生态循环系统，是种桑（或种果树、种甘蔗，称为果基鱼塘、蔗基鱼塘）与养鱼相辅相成，桑地与鱼塘相连相倚的生态系统，是中国古人的一项伟大创造。

关于桑基鱼塘起源的时间，许多专家认为是明代。例如，有专家说：“我国的基塘农业最初出现于明代中后期，最早见于明李诩《戒庵老人漫笔·谈参传》”[②]；“桑基鱼塘发端于明朝中叶，由当时江苏常熟地区一个名叫谈参的人发明”[③]。然而，农业部从事农业文化遗产研究的专家考证提出：湖州桑基鱼塘系统“起始于春秋战国时期”[④]；20世纪80年代出版的《中国农业百科全书》则说：珠江三角洲“早在

---

① 《高明县志》（清光绪二十年本）。

② 闵宗殿：《古代桑基鱼塘与今日生态农业》，载宋正海、孙关龙主编《中国传统文化与现代科学技术》，杭州：浙江教育出版社，1999年版，第282—283页。

③ 李丽娜：《我国生态农业对传统农业的继承及其新发展》，载《农史考古》，2013年第6期。

④ 中华人民共和国农业部：《中国重要农业文化遗产》，北京：中国农业出版社，2014年版，第50页。

9世纪以前，已在低洼地建有果基鱼塘”[①]。笔者认为：桑基鱼塘、果基鱼塘、蔗基鱼塘古已有之，不是始于明代，但仍应肯定明代谈参（又名谭晓）对基塘农业的贡献。当时，今江苏常熟一带低洼地区常被水淹，当地农民大量弃耕而以捕鱼为生。谈参收购这些水淹地，在最低洼地挖池养鱼，挖出洼泥将池边堆高，上种果树、桑树、蔬菜等作物；又在池塘上建圈养猪，这样养猪不仅不占用耕地，而且由于靠近水边得到阴凉，小猪容易长肥；猪粪和猪吃剩的食物残渣供鱼食，鱼也容易长肥。基外的农田种水稻，通过池塘进行排灌，解决了过去水多无处可排、天旱无处取水的问题，实现旱涝保收。谈参对荒芜的水淹地进行因地制宜的空间改造，建成用地少而获利多、科学合理的人工生态农场。该人工系统没有输出任何垃圾或污染物，相反还吸纳与消化人畜粪便和生活垃圾，而且养分物质在系统内循环使用，能保持地力常新，实现农业生产的持续发展。更为突出的是，该系统的经济效益十分可观，其种植业收入为一般种植户的“三倍”，其养猪、养鱼的副业收入又是种田收入

① 《中国农业百科全书·蚕业》卷，北京：中国农业出版社，1987年版，第86页。

的"三倍"["乡之民逃农而渔，田之弃弗辟者以万计。参薄其直（值）收之""凿其最洼者池焉，周为高塍，可备坊泄，辟而耕之，岁之入视平壤三倍。池以百计，皆蓄鱼，池之上为梁为舍，皆蓄豕，谓豕凉处，而鱼食豕下，皆易肥之……视田之入，复三倍"[①][②]]。谈氏因而成为当地有名的富翁。于是，明代中叶以后，桑（果）基鱼塘的农业模式在地势低洼的太湖流域、珠江三角洲迅速地推广和发展起来。

第二节 中国传统医学是生态医学

中国传统医学博大精深，源远流长，是世界上唯一存续数千年、当今依然"活着"的学科[③]。它是一门按照中国传统文化对于自然规律的领悟而形成的、有一整套独特的术语系统和特有的理论体系所构成的医

① 《戒庵老人漫笔·谈参传》。

② ［清］郑钟祥，等：《光绪常昭合志稿》，南京：江苏古籍出版社，1991年，第48卷。

③ 孙关龙：《中医，当今世界上唯一活着的古老学科》，载《大众日报》，2016年4月6日。

学。中国传统医学包括汉族医学（简称中医）、藏族医学（简称藏医）、蒙古族医学（简称蒙医）、维吾尔族医学（简称维医）、朝鲜族医学（简称朝医）、壮族医学（简称壮医）、苗族医学（简称苗医）、傣族医学（简称傣医）、彝族医学（简称彝医）等民族医学。它们的生态性特色都十分的鲜明。例如，中医的生态性突出地表现在治疗过程中自始至终贯穿着的整体性原则、相关性原则及其个性化原则。

一、中医整体性原则

中医是整体性医学，从其理论基础，到辨证诊断和用药治疗都贯穿着整体性原则。

中医的理论基础是中国传统哲学，即“气—阴阳—五行”哲学。中医哲学认为，包括人体在内的整个宇宙是由气构成的；气分为阴、阳两大部分，阴气与阳气；阴阳两气在四季循环中消长变化，呈现为木、火、土、金、水五种状态，并形成中医气说、中医阴阳说、中医五行说。三个学说都遵循整体性原则，且彼此之间相互渗透；互补、互证、互融、互转，构成统一的中医“气—阴阳—五行”说。

1. 中医气说

遵循中国传统哲学的气论，中医气说认为气是构成人体并维持人体生命活动的最基本物质。可分为有形与无形之气，正与邪之气，先天与后天之气等。从整体上说，人体之气由先天之气和后天之气交融而成，遍布全身，无处不到。

以来源来分，气有先天之气与后天之气。先天之气，即为元气，又称原气、真气，是人体中最为重要、最为基本之气。气既是组成人的生命体的原始物质，又是人体生命活动的原动力。它来自父母，由父母之精气和合而成，存在于人体的肾与命门，并通过三焦运布全身，内至五脏六腑，外达肌肤腠理，无处不在。人一出生，元气还能从后天之气不断地得到培育和充养。后天之气包括两类：水谷之气和呼吸之气。水谷之气是指人体饮食之后消化过程中所形成的能营养人体的精微物质，由脾、胃化生；呼吸之气是指人体的肺脏经呼吸而吸入自然界之清气（氧气），由肺吸入形成。水谷之气与呼吸之气在人体胸部和合聚积形成宗气，维持全身的气血运行、肺脏呼吸、心脏搏动、四肢运动等。

从形态上分，气分有形之气与无形之气。人体脏腑、诸窍、津、血、液等都由有形之气聚积而成；元气、宗气、卫气等为无形之气，具有推动脏腑的活动等作用（如通过呼吸与自然界交换气体），推动血、津、液运行输布全身，促进食物的消化、吸收，排出糟粕等。

从部位上分，气分脏腑之气和经络之气。脏腑之气是构成人体各脏腑实体并维持其正常功能的本原物质，即为元气；存在各个脏腑之中，分别称为肝气、心气、脾气、肺气、肾气、胆气、胃气、大肠之气、小肠之气、膀胱之气、三焦之气等。经络之气是形成经络并维持其正常功能的本原物质，亦为元气，存在于各经络之中，十二经脉、奇经八脉都各有其气。脏腑之气与经络之气均源于先天之气，是先天之气充盛于脏腑、经络之间而成，在生命的过程中，又不断地得到后天之气的充养。

从作用上分，气有营气和卫气之分。营气，因具有营养人体各组织器官、化生血液的功能而得名，又称“荣气”。与卫气相对，属阴，故又称为“营阴”。与血液并行于脉中之气，合称为“营血”。它由水谷之气被人体吸收后行进于脉中生成，属后天之气。卫气，因运行于脉外，具有护卫功能而得名。与营气相对，属阳，故又称为“卫阳”。它运行于皮肤、肌肉之间，布散于全身内外上下，具有温养脏腑、肌肉、皮毛等组织器官，调节腠理的开合、汗液的排泄、护卫肌表、防御外邪入侵等功能。卫气根于先天元气，并依赖于后天水谷之气的充养。“营在脉中”“卫在脉外”，营气守内而属阴，卫气外卫而属阳，两者协调运行才能发挥正常的生理作用，如果营卫失和便会导致一系列病理现象。

从病理上分，气有正气、邪气。维持人体正常生理功能的气，统属正气。元气、宗气、营气、卫气、脏腑之气、经络之气都为正气，它们是人体生命活动过程中不可或缺的六大类气。导致人体产生各种疾病的致病物质，统称为邪气。包括人体内存在的内寒、内热、瘀血、水湿、食积、虫积等致病因子，都属于邪气。正邪之气在一定条件下，是可以相互转化的。正六气之间在一定条件下也可以相互转化。例如，行进于脉中的营气，若运行于脉外则转化成为卫气；同样，行运于脉外的卫气若行于脉中，又可转化成为营气。营气营养于脏腑各器官，便成为脏腑之气，等等。因而实际上是人体一气，充分体现了中医气说的整体性。[①]

2. 中医阴阳学说

遵循中国传统哲学的阴阳论，中医阴阳学说认为：诸凡人体之禀赋、结构、功能以及疾病之病因、病机、诊断、治疗、用药等莫不有阴阳之分，并以阴阳学说的相对制约、互根互用、消长平衡、相互转化等阐释人体生命现象的基本矛盾和生命活动的客观规律，以及自然与人体“天人相应”的整体联系。2000多年前的《黄帝内经》（又称《内经》，下同）指出：“阴阳者，天地之道也，万物之纲纪，变化之父母，生杀之本始，神明之府也”[②]。

（1）阴阳相对制约说。阴阳之间的相对（包括对立），主要体现在它们彼此之间的相互制约、相互对立乃至相互斗争上。正是阴阳两个方面的制约、斗争，并取得统一，才推动了人体和万物的动态平衡、相互转化、不断发展。就人体而言，阴阳之间的相对制约关系正常，即是正常的生理状态，或说健康状态。如果自然

① 参考《中国大百科全书·中医》卷，北京：中国大百科全书出版社，2000年版，第238—239页。

② 《黄帝内经·素问·阴阳应象大论》。

因素或社会因素或个人心理因素，导致阴阳相对制约关系失常，则阴阳的动态平衡被打破，必然出现阴阳失调而产生病理状态，暴发疾病。

（2）阴阳互根互用说。阴阳相对制约的一个重要体现，是阴阳双方之间存在相互依存、相互为用的关系。即阴阳任何一方都不能脱离对方而单独存在，每一方都是以另一方作为其存在的条件和前提，且两者之间相互发生作用。《内经》深刻地指出："阳根于阴，阴根于阳"①。清代徐大椿在《医贯砭》中更进一步指明：阴阳"各互为其根……无阳则阴无以生，无阴则阳无以化"②。阴阳之间互根互用、关系正常，则人体健康；反之，人体就会发生多种疾病。中医认为，阴阳互根互用在人体上主要体现在如下三个方面：一是体现在组成人体和维持人体生命活动的最基本物质气和血的关系上，气属于阳，血属于阴，两者是气为血之帅，血为气之母，互根互用。二是体现在机体相对功能之间的相互依存、相互为用的关系上，例如人体生理功能的兴奋和抑制，兴奋属阳，抑制属阴，兴奋与抑郁两者之间互根互用。三是体现在物质

① 《黄帝内经·素问·阴阳应象大论》。

② 《医贯砭·阴阳论》。

形体与功能作用之间的相互依存、相互为用关系上，功能作用是物质运动的表现，属阳；物质形体则是功能作用的基础（母体）或结果，属阴，两者之间同样存在着互根互用的关系。诚如《内经》所言："阴在内，阳之守也；阳在外，阴之使也"[①]。内守、外使的相互关系正是阴阳互根互用说对于机体物质与物质之间、功能与功能之间、功能与物质之间生理生化关系的高度概括。[②]

（3）阴阳消长平衡说。阴阳两个交互的相对制约、互根互用都不是处于静止不变的状态，而是处于不断的消长运动之中。事实上，阴阳的消长变化，乃是人体阴阳运动的基本形式之一。明代张景岳在《类经图翼》中指出：太极（指物质性的气，宇宙变化之本始）分为阴阳，"阴气流行则为阳，阳气凝聚则为阴，消长进退，千变万化"。在正常情况下，阴阳的消长运动是在一定幅度之内进行的，保持着阴消阳长、阴进阳退的动态平衡状态。我们以人体生理功能为例，白昼阳盛，机体生理功能以兴奋为主；黑夜阴

① 《黄帝内经·素问·阴阳应象大论》。

② 参考《中国大百科全书·中医》卷，北京：中国大百科全书出版社，2000年版，第426页。

盛，机体生理功能以抑制为主。自子夜至晨起，则是“阴消阳长”的过程，即阴气渐衰，阳气渐盛，机体生理功能由抑制转向兴奋；自日中至黄昏，即是“阳消阴长”的过程，阳气渐衰，阴气渐盛，机体生理功能又从兴奋逐渐转向抑制。这是一个此消彼长、此进彼退的动态平衡，只要保持此种平衡，人体便健康无病。一旦阳过亢、阴过衰，就必然打破这个消长平衡，机体生理功能失常，便会染上各种疾病。

（4）阴阳相互转化说。指阴阳相对的双方在一定条件下可以向各自相反的方向转化，即阴可以转化为阳，阳可以转化为阴。这是阴阳运动的又一表现形式。前面说的“阴阳消长”，这是一个量变的过程；阴阳转化则是指量变基础上的质变，它会出现在事物变化的“物极”阶段。因而《内经》指出：“物之极由乎变”[①]，“重阴必阳，重阳必阴”“寒极生热，热极生寒”[②]，“寒甚则热，热甚则寒，故曰寒生热，热生寒，此阴阳之变也”[③]。转化是需要条件的，没有一定的条件，阴阳之间不可能发生转化。运用上述《内

① 《黄帝内经·素问·六微旨大论》。
② 《黄帝内经·素问·阴阳应象大论》。
③ 《黄帝内经·灵枢·论疾诊尺》。

经》的话，“极”“重”“甚”即是转化的条件。

在临床病症中，常见的阴阳由实变虚或由虚转实，由表入里或由里出表等病情的变化，都是阴阳的转化。这些转化取决于机体抗病能力的强弱、病邪的性质、毒力的大小，以及抢救治疗是否及时与恰当等条件。

在中医中，阴阳是应用得最为广泛的一个概念。用之来概括人体的组织结构，表示不同的部位、功能，例如人体上部为阳、下部为阴，体表为阳、体内为阴；五脏功能中心，肝为阳，肺、脾、肾为阴。用来阐释人体的生理功能，例如人体气化功能活动的基本形式是升降出入，阳主升，阴主降；阳主出，阴主入等。用来诊察、辨证疾病，《内经》说，“善诊者，察色按脉，先别阴阳”[①]。例如，色泽鲜明为病在阳分，色泽晦暗为病在阴分；脉见浮、大、洪、滑为阳，脉见沉、小、细、涩为阴。用来说明人体的病理变化，包括阴阳偏盛，或偏衰，或互损，或格拒（指一方偏盛至极，将另一方排斥格拒于外的病理状态），或亡失（指阴液或阳气突然大量亡失，形成病危的病理状态）等。用来确定治疗方案和用药，中医临床治疗的基本原则是：调整阴

① 《黄帝内经·素问·阴阳应象大论》。

阳，泻其有余，补其不足，恢复人体阴阳的相对平衡。例如，阴阳偏盛病症，则应用“损其有余”或“实则泻之”，“寒者热之”或“热者寒之”之法治疗，并兼顾其不足，配以扶阳或益阴之疗法。药性也分阴阳，寒凉药属阴，温热药属阳；酸、苦、咸味药属阴，辛、甘、淡味药属阳；沉、降药为阴，升、浮药为阳，等等[①]。犹如《内经》所述，“阴阳者，数之可十，推之可百；数之可千，推之可万；万之大，不可胜数”[②]。可以说，中医离开了阴阳就不成为中医。

3. 中医五行学说

“五行”指以木、火、土、金、水五种物质的典型属性为代表的五个基本范畴。五行学说，是以木、火、土、金、水五个基本范畴的生克循环动态系统为基本模式，阐释自然界一切事物演化规律的学说。中医五行学说，是通过取象比类等方法将人体结构和现象一一按五行配属，以人与自然界的统一性说明人体

① 参考《中国大百科全书·中医》卷，北京：中国大百科全书出版社，2000年版，第425—428页。

② 《黄帝内经·素问·阴阳离合论》。

的生理活动、病理演变，并指导医疗实践[①]。它的基本内容为以下两个方面：

（1）人体结构和现象的五行配属

以自然界的季节和人体的五脏为例：春季，肝脏属木；夏季，心脏属火；长夏，脾脏属土；秋季，肺脏属金；冬季，肾脏属水。详见表3–4。

表3–4　五行配属表[②]

自然界				五行	人体			
五季	五方	五味	五气		脏	腑	五官	形体
春	东	酸	风	木	肝	胆	目	筋
夏	南	苦	暑	火	心	小肠	舌	脉
长夏	中	甘	湿	土	脾	胃	口	肉
秋	西	辛	燥	金	肺	大肠	鼻	皮毛
冬	北	咸	寒	水	肾	膀胱	耳	骨

（2）五行生克乘侮法则

“生”又称“相生”，是一行对另一行的促进、助长和滋生关系，即为助益关系。“克”，又称

① 参考《中国大百科全书·中医》卷，北京：中国大百科全书出版社，2000年版，第365页。

② 参考《中国大百科全书·中医》卷，北京：中国大百科全书出版社，2000年版，第366页。

“相克”，表现一行对另一行的克胜、制约关系（图3-3）。相生、相克关系意味着自然界的生态平衡和人体的生理平衡，属于正常状态。相生、相克关系的规律是“比相生，间相胜”。“比相生”，是指比邻各行之间的关系是相生；“间相胜”，是指间相各行之间的关系是相克。五行，以木、火、土、金、水之序排列，它们首尾相连，循环不已，相生相克。五行“比相生”，即相生之序，是木生火、火生土、土生金、金生水、水生木，并循环不已（见图3-3的外圈）。五行“间相胜”，即相克之序，是木克土、土克水、水克火、火克金、金克木，并循环不已（见图3-3的圈内）。可见，每一行都具有我生、生我、我

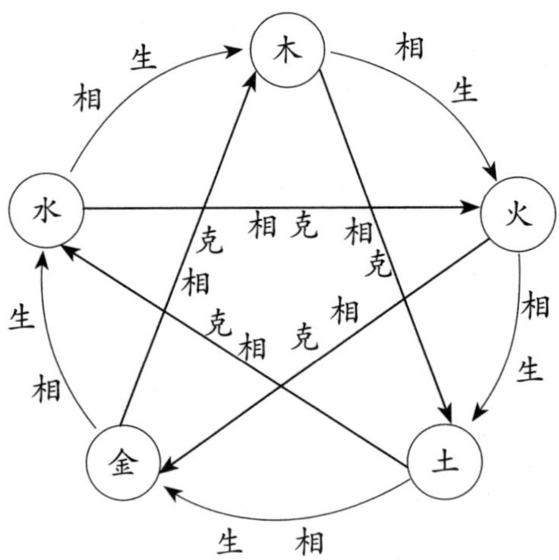

图3-3　五行生克关系图

克、克我四个方面的功能和关系。以木为例，我生者为火，生我者为水，我克者为土、克我者为金。相生、相克是事物不可分割的两个方面，在相生中必寓有相克，相克之中也必寓有相生，没有生就没有事物的发生和发展，没有克就没有事物的协调和变化。

五行除“生”“克”关系外，还有“乘”“侮”的关系。“乘”“侮”是指五行之间的生克制化遭到破坏后出现的反常现象。“乘”，指乘虚侵袭之意，为“加倍克”；“侮”，指恃强凌弱之意，即“反克”。例如，火过于强盛了，可以加倍地克金，称为“火乘金”。一般情况下，水可以将火浇灭，故称“水克火”；但当火势太强、太大时，水不但浇不灭火，反而会助长火势，这就是强火制弱水，水被火“反克”，称为“火侮水”。“乘”“侮”在自然界往往同时出现，当某一行过于强盛时，它可能因亢而无制，加倍乘袭它所克的一行，使该行更加虚弱；同时也可能凭借其强势，反侮克其的一行。例如木过于强盛，则可能加倍克土，称为“木乘土”；同时也可能反克金，称为“木侮金”。当某一行过于虚弱时，克其的一行可能加倍对其克制，使其更加衰弱；同时其克的一行，则可能乘虚反克。例如木过于虚弱，则金可能加倍对木克制，称为“木虚金乘”；同时也可能土乘机反侮木，称为“木虚土侮”。

五行的“乘”“侮”法则，打破了事物相克之间的正常关系，揭示了非正常情况下事物相克力量的变化、失衡以及复归平衡等现象，可以说它进一步揭示了事物的复杂性原理、非线性关系。[①]

五行学说在中医中得到了广泛的应用，应用于解释人体的生理、病理现象，指导中医临床实践。例如，中医学的核心理论——脏象学说，是在阴阳五行学说指导下以五脏为中心的学说。它以肝配木，心配火，脾配土，肺配金，肾配水；又以五脏为中心，将其五脏、五体、五液、五官、五志等人体组织器官和生理功能联系起来，进而将自然界的事物和现象归纳为五季、五气、五味等，构成一个“五脏整体联系表”（表3-5）[②]，以认识、诊断、治疗疾病。例如，平时说的“怒伤肝”。怒是人在情志激动时的一种不良刺激，怒气人人皆有，且有时控制在一定的限度之内发泄一下对人体是有利的。但无节制地发怒，

① 参考《中国大百科全书·中医》卷，北京：中国大百科全书出版社，2000年版，第365—366页。

② 参考《中国大百科全书·中医》卷，北京：中国大百科全书出版社，2000年版，第368页。

表3-5　五脏整体性联系表

五脏	五季	五气	五腑	五体	五液	五官	五志	五味
肝	春	风	胆	筋	泪	目	怒	酸
心	夏	暑	小肠	脉	汗	舌	喜	苦
脾	长夏	湿	胃	肉	涎	口	思	甘
肺	秋	燥	大肠	皮毛	涕	鼻	悲	辛
肾	冬	寒	膀胱	骨	唾	耳	恐	咸

会使气血逆乱，导致全身气机不畅、消化吸收失常、水液代谢失调，而肝主藏血，负责调畅气机、促进消化吸收、调节气血运行和水液代谢等疏泄功能，所以必然伤肝，从而导致人体疏泄失常而致病，可见面红耳赤、心烦易怒，甚至吐血、衄血等。又如，平时说的“恐伤肾”。恐是一种惊惧害怕的情志，使精气下走，而肾主藏精气（包括先天之精，秉承父母生殖之精、构成胚胎发育的原始物质；后天之精，维持人体生命活动的营养物质）、主水液（涉及津液代谢、尿液代谢）的器官，故使肾气失常，气泄于下，呈现尿屎失控等病症。又如，人们常说的“肺病者，喘息鼻张；肝病者，眥青；脾病者，唇黄；心病者，舌卷下

短”[①]，这是因为“五脏不和，则七窍不通”[②]，内在的五脏各与外在的五官七窍在生理功能上息息相关。局部可以影响全身，全身也可以反映在某个局部；外部可以传变入里，内部也可以映射于外，所以五官七窍的功能变化和色泽形态能反映五脏六腑的常态与变态，“五官者，五脏之阅也”[③]。

中医认为，人体是一个有机的整体，其各个组成部分在结构上是不可分割的，在功能上是相互协调、互为补充的，在病理上则相互影响、互为呼应。人体不但体内一体、体表一体，而且表里也是一体的。

中医气说，中医阴阳学说，中医五行学说，这三个学说不仅仅是每一个学说都贯穿着整体性原则，而且它们之间相互渗透、互为补充、彼此印证、构成一体。明代张景岳在数百年前即提出：“五行即阴阳之质，阴阳即五行之气。气非质不立，质非气不行。行也者，所以行阴阳之气也”[④]。在实际诊治之中，言气必论阴阳与五行，论阴阳必涉及气与五行，讲五行离不开阴阳与气。例如，五脏分属五行，同时又分

① 《黄帝内经·灵枢·五阅五使》。
② 《黄帝内经·灵枢·脉度》。
③ 《黄帝内经·灵枢·五阅五使》。
④ ［明］张景岳：《类经图翼》。

阴阳，无论言其阴阳、论其五行则又都离不开脏腑之气（具体说是肝气、心气、脾气、肺气、肾气）。因此，在探讨人体的生理活动和病理状况时，必须把中医气说、中医阴阳学说、中医五行学说结合起来，才能真正地从整体上正确地认识人体的各种生命活动。

二、中医相关性原则

中医是相关性医学，从其理论基础到辨证诊断和用针灸、中药等治疗都贯穿相关性原则。

中医把人放在天地、社会之中，来看待和诊治人的疾病、健康，认为人与天地具有相关性，人与社会具有相关性，人体各组织器官之间也具有相关性。

1. 人与天地的相关性

人是自然界之人，是自然界这个整体的一个组成部分。人生活在天地之中，天地的存在是人类生存的必备条件。天地的变化，必然直接或间接、明显或不明显地影响人体，人的机体会相应地产生大小不等的反应。所以，《内经》说："人以天地之气生，四时之法成”“人与天地相应也”[①]。人的机体反应，属于生理范围之内的，则为生理的适应性反应，这是健康的显示；超过生理范围的，则为病理性反应，会导致各种相应的疾病。

日月星辰的变化，四季冷热的交替，昼夜阴阳的消长，地域水土的不同，都会或大或小地影响人体。例如，风、寒、暑、湿、燥、火本是自然界六种不同的气候或环境状态，在中医中合称“六气”。若六气太过、不及或与季节时间不符，超过人体所能适应的限度，便成为致病因素，六气变成为“六淫”或“六邪”。六气或六淫是相对的。同样的气候或环境条件，对不发病的人体而言是六气，对发病的人体而言则是六淫。六淫邪气多经口、鼻或体表皮毛侵袭人体，其病多与季节、气候以及居住环境有关。一般来说，春季多风，多风证病，症状为头痛、发热、恶风、畏寒、咳嗽等（俗称伤风、感冒）；夏季潮湿，久居潮湿环境，多患湿证病，症状为恶寒发热、头重胸闷、腰酸、肢体困重；秋季干燥，易患燥证病，症状为口、鼻、唇、目干燥，干咳少痰，胸痛；冬季寒冷，多寒证病，症状为发热怕冷，

① 《黄帝内经·灵枢·邪客》。

头、身疼痛，脘腹冷痛泄泻等。六淫中任何一种邪气既可以单独使人发病，也可以两种及其以上的邪气同时使人发病（如风热感冒、风寒湿痹证等）；而且，六淫中的每一种邪气在一定条件下可以转化，寒邪可以转化为暑邪，燥邪可以转化为湿邪。

中医认为，人与天地或说与自然界息息相关、密不可分，相互构成一个统一体。它继承并发展了我们先辈早在先秦时期已有“天人合一”的思想。

2. 人与社会的相关性

中医是人学。它不但认为人是天地之人、自然界之人，还认为人是社会之人，是社会整体的一个组成部分。社会的变化必然对人体产生影响，其中最为显著的影响是社会的进步与落后、社会的安定与动乱，以及人的社会地位的变化。一般来讲，社会进步、安定，人们吃住有保障、生活有规律，机体的抵抗力强，不易得病；发生了疾病也不易流行，且利于人们恢复健康。社会动乱、落后，人们的生活动荡，身体的抵抗力下降，各种疾病便容易发生并流行。例如，中国自1949年10月以来，社会安定、进步，经济不断发展，人们的生活水平和卫生医疗条件不断改善，健康水平也同步不断提高，人均预期寿命已由1949年的35岁提高到2018年的77岁，提高1倍多[①]。个人社会地位的转变，包括失业就业、职务升降、收入高低，势必给人带来物质生活上、精神生活上的一系列变化，影响人的健康。人的心情好，人体的抵抗力就强，不易患病，患了病也好得快；人的心情不好，人体的抵抗力便低，容易得病，得了病也不容易好。这即是中医的“内伤七情”，包括“怒伤肝”“喜伤心”“思伤脾”“悲伤肺”“恐伤肾”等。

中医认为，人与社会紧密相连、相互影响，两者是一个不可分割的整体。

3. 人体组织器官的相关性

中医认为，人体组织器官各有其不同的功能，但是它们在生理上、病理上又都不是孤立的，而是紧密相关、相互影响的。它们彼此制约、互为消长、相互转化、构成一体。我们以人体的中心——五脏为例加以说明。

五脏为心、肝、脾、肺、肾，其藏精、藏气、藏

① 光明日报评论员：《人均预期寿命：35到77的嬗变背后》，载《光明日报》，2019年9月15日。

神的功能早在《内经》中已有阐述：五脏者，“藏精气而不泻也”[①]，“藏精神魂魄者也”[②]。精、气、神是人体生命活动的根本，所以五脏在人体生命活动中起着极为关键的作用。心主血脉和神志，为全身血液的总枢纽，通过血脉将气血输至全身；心又为精神、意识和思维活动的中心（相当于现代认识的大脑的主要功能），在人体内处于主导地位。肝主疏泄、主藏血：所谓主疏泄即为主疏通，具体而言是调畅全身气机（使它在体内升降协调），调节人体情绪，协助脾、胃消食运化；所谓主藏血，即肝脏具有储藏血液、防止出血和调节血量的功能。脾主运化和统血，促进食物消化吸收并运送养分，统摄血液使之循环于经脉之中而不溢于脉外（出血）。肺主气，调节呼吸功能，是人体气体交换的场所；又主宣和肃降，把卫气、津液宣发全身，排出浊气（把代谢后无用的水液下输膀胱排出）。肾藏精，主导人体生殖、生长和发育；又主水，调节人体水液（水和津液）平衡。

五脏之间彼此又紧密相关，构成心与肝（或肝与心）、心与脾（或脾与心）、心与肺（或肺与心）、

① 《黄帝内经·素问·五脏别论》。

② 《黄帝内经·灵枢·卫气》。

心与肾（或肾与心）、肝与脾（或脾与肝）、肝与肺（或肺与肝）、肝与肾（或肾与肝）、脾与肺（或肺与脾）、脾与肾（或肾与脾）、肺与肾（或肾与肺）10种关系。例如，心与肝（或肝与心）关系密切：心主血，肝藏血，前者功能正常，后者才有血可藏；后者藏有血，前者才能主血，而且后者有疏泄调畅气机的功能，促进全身血液流行，利于前者主血。又如，肝与肾（或肾与肝）关系密切：肝藏血，肾藏精，精、血可以互生、互相转化，即精能生血、血能生精，故有肝肾同源之说。若肾精亏损，可导致肝血不足，可能出现小孩发育迟缓、智力低下，成人男子精少不育，女子闭经不孕等病症；若肝血亏虚，亦可导致肾精不足，可能出现肝阳上亢，引起头痛、高血压、脑溢血、脑血栓等疾病。五脏之间不但紧密相关，而且五脏与人体的五腑、五体、五液、五官和情绪等都紧密相关（见表3-5）。例如，患有口涎过多、外溢的疾病，可以通过治疗脾脏而痊愈；患有膀胱不能约束的遗尿症，可用补肾气的方法获得疗效。

实际上，在中医领域即使是同一组织器官也讲究内部的阴阳相关性。以肾为例，只有肾阴、肾阳两者平衡，才能使其生理正常活动。若不平衡超过了一定的范围，无论是肾阴虚还是肾阳虚都是病态，前者常见于遗精、消渴、尿血、血淋等证，即慢性肾炎、慢性肝炎、糖尿病、肺结核、肝硬化等疾病；后者常见畏寒肢冷、阳痿早泄、哮喘水肿等证，即慢性肾炎、肾功能衰竭、慢性肠炎、慢性心衰等疾病。[①]

中医认为，人体组织器官之间的紧密相关、彼此制约、互为消长、相互转化等，又与天地、与社会密切相连，构成一个整体。

三、中医个性化原则

中医既是整体性医学、相关性医学，又是个性化医学。所谓个性化原则，即中医讲究因人、因时、因地的“三因制宜”原则。

1. 因人制宜原则

因人制宜，指要根据患者年龄、性别、体质、生活习惯等个体的差异进行辨证论治。（1）年龄。不同年龄的人具有不同的生理和病理特点：小孩生长旺

① 《中国大百科全书·中医》卷，北京：中国大百科全书出版社，2000年版，第282—283页。

盛，但气血未定，脏腑娇嫩；易寒易热，易虚易实，病情变化较快，药效反应也较速；故小孩用药剂量宜轻，疗程宜短，忌用猛药和大治大补之药。老人生机减退，气血亏虚；患病多为虚证，也有虚实夹杂；用药剂量要比青壮年轻，宜多用补益药剂，慎用猛药峻剂。（2）性别。男女性别不同，生理和病理特点也各不相同，一定要从实况出发进行辨证论治。女子以血为本，以肝为先天，有月经期、妊娠期、哺乳期、更年期、绝经期等不同的生理时期，用药也应有所不同。如在月经期、妊娠期，要慎用或禁用祛瘀破血、滑利走窜、带有一定毒性的药剂。（3）体质。因为先天条件和后天环境的不同，个体体质很不相同，通常有体质强弱之分、寒热之偏，故而辨证诊断、治疗用药亦应有所不同。一般来说，体质强壮者用药剂量应相对重些，体质瘦弱者用药剂量相对要轻些；偏于阳盛或阴虚者应慎用辛温燥热之剂，偏于阳虚或阴盛者要慎用寒凉伤阳之药。

2. 因时制宜原则

因时制宜，指要根据时令季节的特点进行辨证论治。自然界的四时气候、昼夜昏沉的变化，会影响六淫邪气、疠气的产生，影响脏腑、经络的功能，影响气、血、津液的盛衰，影响人体的生理活动和病理变化。例如，四时气候的不同，各季节的常见病、多发病便各不相同，一般说春易伤风，夏易伤暑，秋易伤燥，冬易伤寒。即使是同一种病，不同季节也呈现不同的特点。例如感冒病，若在夏季，因雨水多、湿气大，故此时感冒多兼湿邪，临床表现为肢体沉重、呕恶腹胀、苔厚而腻，治疗须兼以化湿；若在秋季，则雨水少，燥气盛，故感冒多兼燥邪，临床表现为鼻干咽燥、干咳少痰、苔薄少津，治疗须兼以润燥。[①]

3. 因地制宜原则

因地制宜，指要根据不同的地域环境特点进行辨证论治。不同的地域环境，水土环境不同、气候条件不同，生活习惯不同，饮食口味不同，地域人群易患疾病的种类、轻重等也不相同。例如，同患外感风寒感冒，在中国西部、北部严寒地区常用剂量较重的辛温解表药，如麻黄、桂枝等湿热功效较强的解表药；在中国东南部温热地区则用剂量较轻的辛温解表药，

① 《中国大百科全书·中医》卷，北京：中国大百科全书出版社，2000年版，第266页。

如荆芥、防风、生姜等温热功效较弱的解表药[①]。至于一些地域的地方病，例如大骨节病（俗称柳拐子病）、克山病（俗称吐黄水病）、地方性甲状腺肿大（俗称大脖子病）、地方性氟中毒（包括氟斑牙、氟骨症）等，都与当地的水土、饮食等紧密相关，应因地制宜地辨证论治，对症下药。

中医既是人学，又是仁学。唯有了解人况、天时、地情，按“三宜”原则认真开展辨证论治，才能真正做到治病救人。把人当成机器，不问“三宜”，以为一种疾病只能按一种方法治疗、开一种药方，是背离人学、仁学原则的，亦是不可能治好病的，还可能发生医疗事故。

第三节 中国传统建筑是生态建筑

人类和野生动物都会自觉或不自觉地选择栖身之地，这是其生存繁衍的必然需要。人类的智商高于动

① 参考《中国大百科全书·中医》卷，北京：中国大百科全书出版社，2000年版，第266页。

物，在选择居处上更为智慧，亦更为讲究。如中国人自古讲究风水，在漫长的历史实践中逐步形成一门学问——风水学（又称堪舆学）。2007年，国家人力资源和社会保障部在规范职称和职业技能鉴定考核中，明确列出“建筑环境风水策划师（评估师）”，这在中华人民共和国成立以来尚属首次，清晰地表明了国家对中国传统建筑环境风水学的肯定①。

一、独具特色的中国传统木结构建筑体系

中国传统建筑（广义范围包括园林、城市规划、桥梁等）自古讲究环境风水。在风水学的影响下，中国传统建筑无论是皇家建筑还是民居建筑，都追求与地形、山水、植被、气候等自然景观与现象的和谐统一，故而都是生态性建筑。公元1000年前后，中国传统木结构建筑趋于成熟，形成完整而独特的、源远流长的、在世界上独一无二的中国传统木结构建筑体系。例如，传今经典建筑——五台山佛光寺和南禅寺、应县木塔、蓟县独乐寺、天坛祈年殿等，全然不

① 家舜：《建筑环境学》，北京：中央编译出版社，2014年版，第1页。

同于西方的石结构建筑体系。

根据考古挖掘的材料，早在距今约7000年前的浙江余姚河姆渡遗址中已发现一批生态式建筑遗迹——干栏式建筑遗迹。依据遗迹的桩木排列和走向，推算出至少有6幢干栏式建筑。6幢干栏式建筑形态各异，其中有一幢长度达23米多。此类建筑第一层不住人，用来豢养家畜；第二层才住人，能够起到防潮湿、防水淹、防虫蛇、防野兽等作用；屋顶为“人”字形，以适应南方地区湿热、雨多、蚊多、蛇多、兽多的环境。而且当时已出现生态性的建筑技术——榫头和卯口，即榫卯技术①②。榫卯结构，一凸一凹，一转一折，妙在“和合”，既牢固、简约，又内敛、美观，不用一根“钉子”。河姆渡遗址的干栏式建筑和榫卯技术一直为后世继承，直至当今。距今约6000年前的陕西西安半坡遗址，总面积约5万平方米，坐落在渭河的支流浐河的两级阶地之上，地势较高而平缓，土壤肥沃，取水方便，适宜居住和农耕，即使浐河水位暴涨也没有水淹的危险；建筑遗迹的门多向南开，

---

① 《中国大百科全书·考古》卷，北京：中国大百科全书出版社，1986年版，第188—191页。

② 牟永抗：《试论河姆渡文化》，载《中国考古学会第一次年会论文集》，北京：文物出版社，1980年版。

说明当时人们已掌握日照、风寒与门向的关系[①]。2021年在湖南常德澧县鸡叫城遗址发现距今4700年前的，体量之大（单层面积达500平方米）、等级之高、结构之规整、保存之完好都是罕见的完整木结构建筑基础[②]。

商周是中国传统建筑大发展时期，亦是中国传统建筑体系形成时期[③]。最具代表性的建筑是陕西岐山南麓的周原建筑遗址，其中的岐山县凤雏村先周建筑遗址，房基南北长45.2米、东西宽32.5米，是一所矩形平面的两进院落（图3-4）[④]；房屋都建在夯土房基上，下有基石，房柱深埋基中；墙下部夯土筑成，上部由垛泥建成，墙中有木柱；中轴线纵贯院落南北，大门在南面正中；屋顶局部铺瓦，瓦下有瓦钉或瓦环，系于檩或苇束上；前后都有陶制排水管或卵石砌的下水道。该遗址表明：早在西周于公元前1046年立国之前，已形成木构架、中轴左右对称、院落式布局的组

① 中国科学院自然科学史所地学史组：《中国古代地理学史》，北京：科学出版社，1984年版，第2页。

② 《4700年前完整木结构建筑基础出土》，载《光明日报》，2021年10月12日。

③ 《中国大百科全书·建筑·园林·城市规划》卷，北京：中国大百科全书出版社，1988年版，第556页。

④ 《中国大百科全书·建筑·园林·城市规划》卷，北京：中国大百科全书出版社，1988年版，第588页。

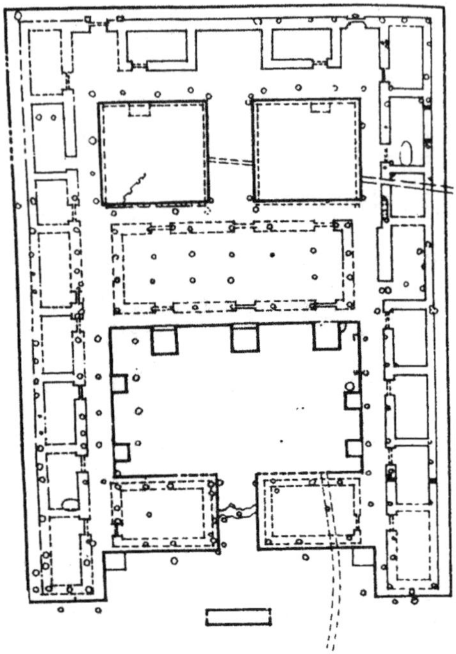

图3-4 凤雏先周建筑遗址平面图

群建筑体系。诚如中国工程院院士、建筑史家傅熹年所言："中国古代建筑是世界上最古老的建筑体系之一，有7000年以上实物可考的历史。3000年前已形成以木构架为主要结构、以封闭的院落为基本的群体布置方式的独特风格。""中国古代木结构技术居于当时世界的最高水平，在群组布局、园林和城市规划上也独树一帜"[①]。

① 《中国大百科全书·考古》卷，北京：中国大百科全书出版社，1986年版，第661—665页。

二、多样的中国传统民居

中国疆域辽阔，横跨边缘热带、亚热带、温带、寒温带，气候多样；地形地貌多样，有平原、丘陵、盆地、高原、山地，山地又包括低山、中山、高山，以至世界上最高的山峰；河流众多，海岸线漫长，植被多样；加上历史久长，建筑历史在7000年以上；民族众多，文化各异，必然造就中国传统民居的多样性。北方平原地区有传统的四合院，黄土高原有传统的窑洞式住宅，江南有“四水归堂”式住宅，南方广布干栏式住宅，客家山区有客家围屋，青藏高原有碉房、毡帐，内蒙古高原有蒙古包住宅等[①]。在世界民居建筑中，中国民居的“多样性最多”[②]。下面我们举例说明。

1. 四合院

中国北方传统院落住宅形式。由四面房屋合围成院而名。各地的四合院又不完全雷同。例如，现知最

① 《中国大百科全书》第2版，北京：中国大百科出版社，2009年版，第29卷，第108—110页。
② 夏方主编：《生态可持续建筑》第2版，北京：中国建筑工业出版社，2013年版，第11页。

早的完整四合院是前述的陕西岐山凤雏建筑遗迹，距今3000多年。四合院讲究中轴对称，前后有序，以院落为中心，分内院、外院，之间有门相连。外院周边有围墙；内院设大庭院，有正房、耳房和东西厢房。

四合院多为平房，院内各房较高，房间距离较大。庭院方正开敞，利于日照、采光、抗震、防风、避沙、冬季保暖、夏季通风。而且，按北京地区的风水，四合院的大门不开在中轴线上，以避免与宫殿、庙宇相同，根据“坎宅巽门”吉利之意，位于路北的四合院住宅大门开在东南隅，位于路南的四合院住宅大门则开在西北隅。①②

2. 干栏式建筑

指木（或竹）构架的底层架空、上层住人的住宅。古书中称干阑、干兰、高栏、葛栏、麻栏、阁栏等名。是用木、竹构架成的小楼，底层架空，多无遮栏，用作圈养家畜和存放农具，上层住人。中国最早的干栏式建筑是距今约7000年前的浙江余姚河姆渡遗

---

① 《中国大百科全书》第2版，北京：中国大百科出版社，2009年版，第21卷，第143—144页。

② 王彬：《北京四合院的建筑布局与居住文化》，载《光明日报》，2017年3月10日。

址。它适应南方雨多、虫多、蚊多、兽多的环境，能起到防潮湿、防水灾、防蚊蛇、防野兽的作用。现主要分布在云南、贵州、广东、广西、湖南等地区，在中国壮、瑶、京、苗、侗、水、布依、土家、傣、基诺、德昂、独龙、布朗、拉祜、佤、景颇等少数民族地区较为盛行[①]。形式多样，不同的民族和地区各不相同。例如壮族的全楼居、苗族的半边楼（俗称吊脚楼）、布依族的吊脚楼、傣族的竹楼、黎族的船型屋、傈僳族的千脚落地房等[②]。

3. 客家围屋

中国客家人聚族而居的传统大型楼式住宅。又称客家土楼、大土楼、生土楼、土楼、围屋等。外墙多为厚1米以上的承重墙，由生土夯实而成。墙内为木结构楼房，一般3~4层，最高6层。现知最大的环形土楼直径达70米，房间总数近400间[③]。最早出现于唐末客家人（中原汉人南迁人群）第二次大迁徙时期，现

① 《中国大百科全书》第2版，北京：中国大百科出版社，2009年版，第7卷，第192页。
② 《大辞海·建筑水利》卷，上海：上海辞书出版社，2014年版，第28页。
③ 《大辞海·建筑水利》卷，上海：上海辞书出版社，2014年版，第27页。

存围屋多始建于明清，沿用至今。他们聚族而居，今多分布于今福建西南山区、广东东部和北部山区、江西南部山区。那时，山区人烟稀少、野兽出没、盗匪猖獗，因而土楼有严格的风水和防卫要求：墙体坚实宏伟，下厚上窄，具有防风、防水、防火、防震、防盗、防匪的功能。这些明清时期的土楼历经多次地震都安然无恙。庭院硕大，有畜舍、水井、厅堂等，集居住、防御、祠祀功能于一体。一、二层多不住人，做仓库（尤其是贮粮功能，以防盗、匪长时间的封堵）和厨房，不朝外开窗户；三层以上做居室，朝外开小窗。大门厚实坚固，上设水槽以御火攻。有的围屋顶层外墙设有枪眼[①]。土楼都选在向阳避风之处，背山面水，并考虑与山水之间的和谐、离耕地的远近等。在设计上因地制宜，在建造风格上又因人因地而异，故而形式上丰富多彩。

土楼依山就势，巧妙地利用山间平地，就地取材，利用当地的生土、木材、鹅卵石等材料，将中国源远流长的生土夯筑技术推向极致。土楼自成系统，既可防潮保暖，又可隔热纳凉，是“天、地、人”三结合的

① 《中国大百科全书》第2版，北京：中国大百科全书出版社，2009年版，第13卷，第79页。

杰作，被誉为“东方古城堡”“世界上独一无二的、神话般的山区建筑模式”[1]。2008年，福建客家围屋被联合国教科文组织批准列入世界文化遗产名录。

4. 窑洞

中国黄土高原地区开挖成的供人居住的洞穴建筑。是一种生土建筑，利用黄土壁立不倒的特性开挖建成。窑居即穴居，在中国已有相当长的历史，距今7000—6000年的山西翼城枣园、陕西西安半坡遗址都有穴居、半穴居的建筑。分两类：（1）靠山窑。在黄土天然崖壁上开挖而成的窑洞，又称靠崖窑。它向纵深挖掘，最大进深可达20米；亦可数孔并列，或叠层开挖，宛如楼房。（2）平地窑。从地面向下垂直挖坑而成的窑洞，又称地坑院、地坑窑、天井窑、天井院、地窑等。多分布在无崖壁可利用的黄土地区。地坑多为矩形或方形，形成“地下四合院”，乃至形成地坑院村落。小村十几户、几十户；大村上百户、几百户，在河南、陕西渭北、山西运城、甘肃陇东等地

① 李哲编著：《一生必知的东方建筑事典》，呼和浩特：内蒙古人民出版社，2015年版，第92—98页。

形成中国神奇的地下村庄[①②]。大型地坑院可以几个地坑相连，形成几进院落。地坑院中的排水多采用渗井方法。院内还有厨房窑、厕所窑、水井窑、饲养窑、仓库窑等，一院一个世界。

窑洞，依山靠崖，就地取材；施工简便，造价低廉；冬季无严寒，夏无酷暑，天、地、人融为一体。现窑洞广泛分布于中国河南、山西、陕西、甘肃、青海等黄土层较厚的地区。

三、自然山水式的中国传统园林

世界园林有三大系统发源地——中国、西亚和希腊，分别形成世界三大园林体系：中国园林（又称东方园林）体系、欧洲园林（又称西方园林）体系、阿拉伯园林（又称伊斯兰园林）体系。其中，中国园林体系历史最为悠久、内涵最为丰富。[③]

西亚的亚述王国有猎苑，后演变为游乐的园林。

---

① 《中国大百科全书》第2版，北京：中国大百科全书出版社，2009年版，第26卷，第123页。

② 侯凡、侯俊杰：《人类穴居的现代遗存——地坑院》，《光明日报》，2017年2月28日。

③ 《中国大百科全书·美术》卷，北京：中国大百科全书出版社，1990年版，第1158页。

巴比伦、波斯帝国因气候干旱，水资源宝贵形成以水池为中心的庭园。这种园林为阿拉伯人继承，成为伊斯兰园林的传统。[①]

古希腊吸收古代波斯的造园艺术，发展出住宅内布局规则方整的柱廊园。古罗马继承发展为山庄园林。中世纪时，教士和王侯贵族的住宅建有柱廊环绕的庭园。文艺复兴时期，意大利发展出以别墅为中心的林园，成为意大利台地园。法国继承和发展意大利造园艺术，创造出宏伟华丽的园林——凡尔赛宫苑，称为“勒诺特尔风格”，形成西方园林。[②]

中国最早文字记载的园林，现知是《诗经·大雅·灵台》篇中记载的灵囿。灵囿是植被茂繁、鸟兽孳繁的地域，并挖沼、筑台（灵沼、灵台）而成。秦汉形成“一池三山”的宫苑范例。魏晋南北朝时，园林转向自然山水，及至唐宋时期，山水园林成熟定型[③]，从而奠定中国传统园林以自然山水见长的基础，

① 《中国大百科全书·建筑·园林·城市规划》卷，北京：中国大百科全书出版社，1988年版，概述文章“园林学”第9、11页。

② 《中国大百科全书·建筑·园林·城市规划》卷，北京：中国大百科全书出版社，1988年版，概述文章“园林学”第11—12页。

③ 《中国大百科全书·建筑·园林·城市规划》卷，北京：中国大百科全书出版社，1988年版，概述文章“园林学”第9—11页，正文第562—563页。

形成以中国传统园林为代表的东方园林风格。明清是中国山水园林大发展时期，尤其是清代。“清代最突出的建筑成就之一是造园。北京西郊的三山五园和承德避暑山庄都是新创的苑囿，规模远远大于明代。南北私家园林也蔚为大观，共同反映了古代造园艺术的最高水平”[①]。

下面我们简述中国传统园林创意的原则及其实例，以印证中国传统园林富含的生态理念。

1. 尊重自然的创意原则

园林不但是供人游憩观赏之地，而且是保护和改善生态环境之场所，所以尽管各园林有不同的样式、流派和风格，但都有其生态性功能。中国传统园林由于崇尚自然山水，故而其生态性功能更强。其创意原则可概括为以下三点：

（1）因地制宜，师法自然

这是中国传统园林创意的根本原则。利用原有山川为主，宜山则山，宜水则水。在原有地形地貌的基础上，进行掇山（用自然山石掇叠成假山的工艺）、

---

① 傅熹年：《中国古代建筑概说》，北京：北京出版社，2016年版，第17页。

理水（指河湖、池塘、渊潭、溪涧、泉瀑等水景的处理工艺）、植物配置（对乔木、灌木、藤条、花卉、草皮、竹林等配置材料，运用对植、列植、孤植、丛植、群植等配置方式，综合高低和组合、动势和均衡、起伏和韵律、层次和背景、色彩和季相等配置艺术手法）、园路工程（包括园路布局、路面设计、地面铺装等），做到基于自然，又高于自然。

（2）顺理成章，合于自然

在布置山、水时，不但山、水的位置、朝向、形况、大小、高深要符合自然，山与山之间、山与平地之间、水与水之间、水与平地之间、山与水之间等都应该顺理成章，合于自然。而且，全园山水地貌的曲折变化、高低错落，植物植被的组合起伏、色彩季相，园林建筑的高低大小、布点色调等，也都应顺理成章，合于自然。

（3）统筹兼顾，自然和谐

自然山水与人造山水之间、自然植被与人工植被之间、山水景观与植被土壤之间、建筑与建筑之间、山水与建筑之间、景点与路径之间、路径与路径之间，乃至园内与园外之间（包括如何从园外借景等），都应该统筹兼顾，自然和谐[①]。

数千年的中国传统园林，其特点是崇尚自然，又不简单地模拟自然，而是追求中国山水画和山水诗的意境，以略带写意的手法，创造更能概括自然山水之美的精髓景物。早在明代，园林艺术家计成便在专著《园治》中总结中国的传统园林特色，指出它们具有“巧于因借，精在体宜”“虽由人作，宛自天开”等特点，能保持自然的风格，实现人工美与自然美的结合[②]。

纵观东西方园林，西方园林设计者主要是建筑学家，而中国古代绝大多数园林设计者是画家、诗人，例如计成、张南垣、石涛等。1685年英国威廉·坦普尔爵士在其著作《论伊壁鸠鲁的花园：或关于造园艺术》中介绍了中国园林艺术，盛赞中国花园“其美妙无与伦比，胜过世间一切花园”，从而引发了18世纪欧洲学习中国园艺的热潮[③]。

---

① 参考《中国大百科全书·建筑·园林·城市规划》卷，北京：中国大百科全书出版社，1988年版，第517页。

② 朱立元主编：《美学大辞典》，上海：上海辞书出版社，2010年版，第335—336、第407、第774页。

③ 孙红卫：《英国花园与植物采集的谎言》，载《光明日报》，2020年1月9日。

2. 颐和园

它是中国现存最为完整、规模最大的皇家园林，也是中国现存最为完整的一座大型传统园林，集中体现了中国传统园林艺术的卓越成就。①

（1）选址

颐和园地处北京海淀区，燕山山脉转弯的汇水处。这里有万寿山（原称瓮山），为燕山山脉或说北京西山的余脉；山前即山南，地势低洼，附近的玉泉水和龙泉水在此汇集，形成瓮山泊（今昆明湖）。此处，山水相汇，森林幽深，风景极佳。金代曾在此建行宫；明代建寺庙亭台，称瓮山泊为西湖，有圆静寺等十景。②

（2）创意

颐和园是中国传统园林因地制宜、师法自然造园的佳例。

清乾隆十五年（1750）开始兴修清漪园（1888年改名颐和园），在原有山水基础上，浚深、拓宽瓮山泊，

① 《中国大百科全书·美术》卷，北京：中国大百科全书出版社，1990年版，第981页。

② 《中国大百科全书·中国地理》卷，北京：中国大百科全书出版社，1993年版，第572页。

挖出的湖泥除堆建湖中三岛和东西堤岸外，还增筑万寿山东麓。又在瓮山北麓挖出一条河（原称后溪河，今称后湖），挖出的土方沿北园墙堆筑了一列土丘。这样，原来单调的地形经过这些改造，顿然改观，形成山环水抱之势，把湖与山紧密地连成一体。此园历时15年建成。1860年被英、法侵略军焚毁，1886—1895年重建。1900年又遭八国联军破坏，1903年再次修复。

全园约290公顷，水面约占四分之三，是一座天然山水花园。园林建筑形式多样，亭、台、楼、阁、塔、坊、桥、墩、殿、堂、馆、廊等3000多间，建筑面积达55000多平方米，是仅次于故宫的中国第二大古建筑群[①]。其布局得体、错落有致、富有艺术，又是一座古建筑博物馆。

（3）布局

全园分为宫廷区和苑林区。

①宫廷区。宫廷区是典型的北方四合院风格，由殿堂、朝房、值房等多进院落的古建筑群组成，占地不多，相对独立于其后的面积广阔的苑林区。按职能又分两个小区：前面是以仁寿殿为中心的接见臣僚、

---

① 《中国大百科全书·文物·博物馆》卷，北京：中国大百科全书出版社，1993年版，第676页。

处理朝政的办公小区，后面是以乐寿堂、玉润堂为主体的帝后生活小区。

②苑林区。苑林区是以万寿山、昆明湖为主体的天然山水园区，仿江南园林建造。万寿山东西长约千米、高约60米。昆明湖南北长1930米、东西最宽处1600米，是清代皇家诸园中最大的湖[①]。蜿蜒曲折的西堤仿杭州西湖苏堤而建，犹如一条翠绿的飘带；西堤上有仿苏堤六桥建造的玉带桥等六桥。它与支堤把昆明湖分为前湖、西湖、南湖三个大小不等的水域，每个水域各有一个湖心岛。这三个湖心岛在湖面上鼎足而立，象征着中国古老传说中的东海三座仙山——蓬莱、方丈、瀛洲。由于岛、堤的衬托，湖面出现了层次，避免了单调和空疏。整个苑林区又分为两个景区：前山前湖景区和后山后湖景区。

前山前湖景区，是颐和园主苑林区，即万寿山的南坡（前山）和昆明湖区。这里湖山相接，在中部沿纵向中轴线上建有金碧辉煌的佛香阁、排云殿等中央建筑群。其中巍峨高耸的佛香阁，八面三层，仿杭州六和塔建造，是园内最大、最高的建筑物；踞山

① 周向频编著：《中外园林史》，北京：中国建筑工业出版社，2014年版，第83页。

面湖，凌驾群伦，统领全园，成为颐和园的标志性建筑。站在阁上，不但能统览园内的湖光山色、多彩多姿的建筑，而且园外玉泉山秀丽山形及其顶部玉峰塔和远处的京西群山迎面而来，园外之景与园内湖山浑然一体。它是中国园林借景手法的杰出范例。

与中央建筑群的纵向中轴线相呼应的横贯前山的数百处建筑，自然而疏朗地分布在山麓、山坡、山脊上，镶嵌在苍松翠柏之中，以烘托端庄、鲜丽的中央建筑群；这数百处散落的建筑在全长728米彩画长廊（共有273间）的贯通下，构成了一个由东向西装点在昆明湖北岸的景观带。颐和园长廊是中国园林中目前最长的游廊，廊内有画、廊外有景，成为湖山之间的一条彩带。

前山前湖景区还有一组景点是不能不提及的，即园南的十七孔桥及其桥东端的八方亭（又称廊如亭，中国现存最大的古亭）、桥西端的南湖岛（又称蓬莱岛）。十七孔桥是一座汉白玉大桥，长150余米，宽8米，是中国现存最长的古代园林桥。它桥形优美，犹如飞虹。十七孔卷洞，既体现“九重”之数，从中间最大一孔向两端数去都是“九”[①]；又表明它是最大的阳数（“九”）与最大的阴数（“八”）之和，象征着由地面的阳转入水下的阴，从人间实体世界进入水下龙宫的虚拟世界[②]。南湖岛是昆明湖三岛中最大一岛。岛上建置有龙王庙和涵虚堂两组建筑群。从全园看，南湖岛与万寿山顶上的佛香殿位置一北一南，在对景手法上呈一宾一主之态，在文化意象上则表示从天上至水底世界的完整的天地（包括地面、地下）结构，体现中国传统的天地合一、天人合一思想。

后山后湖景区，即万寿山北坡及其山麓和后湖的景区。它与前山前湖景区的宏大开广、金碧辉煌迥然不同，是一个富有山水野趣的自然幽境。后山林木葱郁，山道曲弯，景色幽邃。建筑物除中部佛寺“须弥灵境”外，散落各处，或踞山头，或倚山坡，或临水面，均与周围环境和谐地自成一体。后湖河道蜿蜒，北岸堆筑的假山障隔宫墙，与南岸的后山相呼应，形成两山夹一水的幽景。后湖中段两岸是模仿江南河街市肆的“买卖街”——苏州街。后山、后湖的东端是

① 王俊编著：《中国古代桥梁》，北京：中国商业出版社，2015年版，第122—123页。

② 于洪：《〈周易〉智慧与颐和园文化景观》，深圳：海天出版社，2012年版，第51页。

仿照江南无锡寄畅园建成的一座园中之园——谐趣园（原名惠山园）[①]。

颐和园，中国文明的伟大象征。1998年被联合国教科文组织列入世界文化遗产名录。世界遗产组织及其专家评价：它是中国风景造园艺术的杰出代表，将人造景观与自然景观和谐地融为一体；是东方园林艺术的卓越典型，是世界文明的有力象征，是“万园之园”，是人类“共享的憩息圣地”，是“我们一直期待找回世界国际金冠上丢失多年的……宝石”[②]。

从中国传统园林的创意原则及其实例——颐和园，充分说明中国传统园林的特点，“是崇尚自然，又不简单地模拟自然，而是追求中国山水画和山水诗的意境，以略带写意的手法，创造更能概括自然山水之美、之精髓的景物”[③]。

① 参考《中国大百科全书·建筑·园林·城市规划》卷，北京：中国大百科全书出版社，1988年版，第498页。

② 北京市地方志编纂委员会：《北京志·颐和园志》，北京：北京出版社，2004年版，第8—9页。

③ 《中国大百科全书·考古》卷，北京：中国大百科全书出版社，1986年版，第660页。

四、工艺精湛的中国传统桥梁

“中国是桥的故乡，自古就有‘桥的国度’之称”[①]。中国古桥的结构，最注重整体性作用，即把全桥作为一个整体考虑，不使任何部分形成孤立体。这样，桥内便有自行调整的作用，强化了桥梁的承载功能和使用年限。

中国“历史上记载最早的、具有真正建筑意义的桥梁，是距今3000多年的渭水浮桥。这是周文王为迎亲而临时搭建的”[②]。《诗经·大雅·大明》诗句，“亲迎于渭，造舟为梁”（“梁”，指今之“桥”），即是明证。数千年以来，中国传统桥梁制作技艺高超，“春秋战国时期有折边技术，汉代有桥梁软土地基小桩密植基础技术，晋代有半圆拱技术，隋代有圆弧敞肩拱桥技术，宋代有链锁纵联并列拱桥建造技术和贯木拱桥建造技术，明代有超时代的悬链线拱桥建造技术、海口大型闸桥建造技术。这些桥梁

① 王俊编著：《中国古代桥梁》，北京：中国商业出版社，2015年版，“前言”。

② 王俊编著：《中国古代桥梁》，北京：中国商业出版社，2015年版，第3页。

技术水平在当时都处于世界领先地位”[①]。其典型代表，莫过于河北赵州桥。

赵州桥，世界上现存最早、保存最好、跨度最大的敞肩式（又称空腹式）单孔圆弧形石拱桥。它“历时1400多年而依旧坚固”，其“技术之精、桥形之美也都是首屈一指的”[②]。赵州桥位于今中国河北省赵县，跨越洨河。建于隋开皇十五年至大业二年（595—606），历时12年[③]。初称赵州（赵县的当时建置）石桥，后称安济桥，因是石料所建故俗称为大石桥。全桥用石灰石建成，桥长50.83米，净跨37.02米，桥面宽9米。为隋代匠人李春所建[④]。早在很久以前，当代桥梁专家茅以升即指出：“赵州桥，建成于1300多年前，从那时起，一直用到今天，可算是古桥今用的最突出的例子。更为可贵的是，它今天还是原来老样子，并未经大改变”[⑤]。它是中国乃至世界桥梁史上的

---

① 王俊编著：《中国古代桥梁》，北京：中国商业出版社，2015年版，“前言”。

② 李哲编著：《一生必知的东方建筑事典》，呼和浩特：内蒙古人民出版社，2015年版，第57页。

③ 唐寰澄主编：《中国科学技术史·桥梁》卷，北京：科学出版社，2000年版，第248页。

④ 参考《中国大百科全书·土木》卷，北京：中国大百科全书出版社，1987年版，第676页。

⑤ 茅以升：《桥话》，载《人民日报》，1963年2月9日。

奇迹，缘于隋代工匠李春在桥梁的选址、设计、施工上的一系列创新。

1. 选址

石拱桥十分沉重，所以一般多建造在有岩石地基的地方，而赵州桥是建在砂质土壤上①。李春对洨河及其两岸的地质等情况进行实地考察后，选择在洨河两岸较为平直的地方建桥。此处砂质土下有细石层、粗石层、细砂层、黏土层，两岸由坚实的硬黄土构成，所以是比较合适的建桥地基。“赵州桥自建桥到现在，桥基仅下沉了5厘米，说明李春当初选址的正确性”②。

2. 圆弧单拱和四个小拱的设计

赵州桥桥基较浅，构造也较简单，台基仅用五层石料砌成，厚约1.55米，直接放在承重力不是很大的砂质土壤上。1400多年来，历经多次地震和战争仍无损坏，也没有明显的沉陷。如此高超的技术，即使在现代

① 唐寰澄：《世界桥梁趣谈》，北京：北京出版社，2016年版，第15—16页。

② 李哲编著：《一生必知的东方建筑事典》，呼和浩特：内蒙古人民出版社，2015年版，第57页。

也是不容易做到的[①]。

赵州桥的大拱，是一个小于半圆的一段弧形，不同于一般的石拱桥是半圆形、多边形或尖形。这样，既可以大幅度降低桥梁高度，又可以取得更大的跨度，而且在圆弧拱上可以建造一系列小拱。这是李春对拱桥技术的一个创新。赵州桥大拱的两肩上对称地架置有4个小拱：外面两个小拱（靠河岸一边）较大，净跨约4米；里面两个小拱（靠河中心一边）较小，净跨度约2.7米。这个创造性设计一举四得：（1）节约石料；（2）增加泄水通道，有助于应对洨河夏秋时节的暴发性山洪，大大增强桥梁安全性；（3）减轻桥身重量，降低地基的承重力；（4）使造型优美，整个桥型显得轻盈匀称。桥梁史专家唐寰澄指出：赵州桥“是世界上第一座不是半圆拱的、石拱上叠了4个小拱的敞肩拱桥”[②]。

李春对赵州桥又一个创新，是采取单孔长跨的设计，河心不立桥墩。中国古代桥梁多采用多孔形式，每孔跨度小，坡度平缓，便于修建，但桥墩多不利于

---

① 李哲编著：《一生必知的东方建筑事典》，呼和浩特：内蒙古人民出版社，2015年版，第58页。

② 唐寰澄：《世界桥梁趣谈》，北京：北京出版社，2016年版，第14页。

航行，且桥墩长期受水冲击易塌毁。“赵州桥的单孔设计是中国桥梁史上的空前创举”[①]。赵州桥大拱跨度达37.02米，创造当时桥梁史上大拱跨径的中国纪录和世界纪录，而且赵州桥保持这个世界纪录长达730余年，直到1339年法国建成赛兰特桥超越它[②]。

3. 运用“纵向并列砌拱法”

赵州桥的桥身由纵向28道石卷拱组成。每道石卷拱均由43块石料砌成，每块石料厚约30厘米、宽25—40厘米，重约1吨。石块与石块之间用腰铁连接，所有石块的各面又都凿有细密斜纹，以使石块之间增加摩擦系数，更紧密地贴合；道与道之间还有“勾石”“铁拉杆”等加固措施，使整个大桥坚固结实。而且，每道石卷拱都独立负担桥上的载重，一道卷拱坏了，其他各道都不受影响，极便于修复[③]。事实证明，李春发明的“纵向并列砌拱法”是一个非常了不起的创造，“明代以来先后有8卷（道，下同）外侧拱

① 李哲编著：《一生必知的东方建筑事典》，呼和浩特：内蒙古人民出版社，2015年版，第59页。
② 李哲编著：《一生必知的东方建筑事典》，呼和浩特：内蒙古人民出版社，2015年版，第57页。
③ 李哲编著：《一生必知的东方建筑事典》，呼和浩特：内蒙古人民出版社，2015年版，第59页。

圈坍落河中，均已修复，其余20卷则（至今）仍是隋代原物”[①]。

另外，赵州桥美观大方、轻盈匀称；两侧栏杆上的浮雕精美细致，具有很高的艺术价值。每边有22根望柱，柱身刻有蛟龙等图案；柱顶刻有石狮。每边有21块栏板，栏板上和柱身上的龙雕，刀法遒劲、线条明晰、千姿百态、栩栩如生[②]。被一致公认为是“隋代石雕艺术的精品”[③]。

赵州桥“建成至今已有1400年，经历了8次以上地震的影响，8次以上战争的考验，承受了无数次人畜车辆的重压，却坚固依旧”[④]，也经历了无数次洪水的冲刷。对桥梁的结构抗震有深入研究的土木专家范立础于30多年前在论述桥梁结构抗震设计时即指出：赵州桥的设计“抗震性能好”，它“地处多地震区，建桥1300多年以来，经历了多次强烈地震，犹屹立未

---

① 《中国大百科全书·土木》卷，北京：中国大百科全书出版社，1987年版，第676页。

② 王俊编著：《中国古代桥梁》，北京：中国商业出版社，2015年版，第135页。

③ 《中国大百科全书·美术》卷，北京：中国大百科全书出版社，1990年版，第31页。

④ 李哲编著：《一生必知的东方建筑事典》，呼和浩特：内蒙古人民出版社，2015年版，第58页。

毁”[①]。赵州桥是中国和世界土木工程史上一座具有划时代意义的桥梁。1991年被国际土木工程界评选为“国际历史土木工程里程碑”“世界著名古石桥”[②]。

以赵州桥为代表的中国传统桥梁，在选址上尊重自然，顺从自然；在设计与施工技术上，则因地制宜，从实际出发，注重整体、和谐的创新，具有持续发展的生命力。当代著名桥梁专家茅以升早在20世纪60年代即指出：“我国古桥的构造，最重视‘整体作用’，就是把全桥当作整体，不使任何部分形成孤立体。这样，桥内就有自行调整的作用，以强济弱，减少‘集中负荷’的影响。比如拱桥，在‘拱圈与路面之间有填土，而桥墩是从拱圈脚砌高到路面的。拱圈脚、填土和路面都紧压在墩墙上，因而路面上的重车就不仅为下面的拱圈所承载，同时还为两旁墩墙的‘被动压力’所平衡”“其他类似的例子还很多。这都说明，古代的修桥大师，由于实践经验，是很能掌握桥梁作用的运动规律的，尽管不能用科学语言来表达它。正因为这样，我国古桥比起外国古桥来，如古

① 《中国大百科全书·土木》卷，北京：中国大百科全书出版社，1987年版，第442—443页。

② 《中国大百科全书》第2版，北京：中国大百科全书出版社，2009年版，第28卷，第140页。

罗马、古希腊、埃及、波斯的古桥，都显得格外均匀和谐，恰如其分，不像它们的那样笨重。北京颐和园的十七孔桥和玉带桥都能说明这一点”[①]。

第四节 中国传统水利是生态水利

中国是世界上发展水利最早的国家之一[②]。而且，中国传统水利门类之全，水资源开发利用之广泛，从防洪、灌溉、航运，到水产养殖、改善环境等工程，无一不齐，无所不包，这是世界上许多国家包括一些文明古国所不能比拟的；中国传统水利工程兴建之多、规模之大，也是世界上少有的，从北到南全国主要水系的干支流上几乎没有一条河不曾修建过水利工程；中国传统水利工程的多样性、灵活性和适应性在世界上也是十分鲜见的[③]。

---

① 茅以升：《桥话》，载《人民日报》，1963年2月9日。
② 《中国农业百科全书》，北京：中国农业出版社，1987年版，第690页。
③ 郭涛：《传统水利的不足》，载宋正海、孙关龙主编：《中国传统文化与现代科学技术》，杭州：浙江教育出版社，1999年版，第479—482页。

早在2500多年前的春秋时期，周灵王二十二年（前550）太子晋便提出平治水土（包括水利建设）四原则：①“帅天地之度”，要遵循天地即自然条件的情况；②“顺四时之序”，要顺从时间和季节的变化；③“度民神之义”，要以解除民众的疾苦为宗旨；④“仪生物之则”，要按照客观事物的准则（或说规律）办事，特别要遵从水土之性办事。在这里，太子晋强调水利建设等水土平治工作一定要因势利导、因地制宜、因时制宜[①②]。因此，中国传统水利是生态水利。正是生态水利，巩固并发展了中国远古农业，引发新石器时代早中期的人口指数增长、城市批量出现和规模不断扩大、文明的诞生与繁荣；也正是生态水利，致使中国传统农业持续数千年不衰。

一、入选世界灌溉工程遗产项目的工程

世界灌溉工程遗产项目由国际灌溉排水委员会组

---

① 姚汉源：《中国水利史纲要》，北京：中国水利电力出版社，1987年版，第29页。

② 《中国大百科全书·水利》卷，北京：中国大百科全书出版社，1992年版，第513页。

织专家评定，自2014年开始至2022年底已评选九批。2014年评定首批世界灌溉工程遗产项目17处，中国有4处；2015年第二批16处，中国有3处；2016年第三批12处，中国有3处；2017年评定第四批13处，中国有3处；2018年第五批14处，中国有4处；2019年第六批，中国有2处；2020年第七批，中国有4处；2021年第八批，中国有3处；2022年第九批，中国有4处。截至2022年底，合计现有世界灌溉工程遗产项目140处，分布18个国家，中国有30处，占21%多（表3-6），是世界灌溉工程遗产项目最多、类型最丰富、灌溉效益最突出、分布范围最广泛的国家。[①②③④]

---

① 陈晨：《中国治水智慧何以千年不衰》，载《光明日报》，2019年9月5日。

② 《我国再添4处世界灌溉工程遗产》，载《人民日报》，2020年12月9日。

③ 《我国再添3处世界灌溉工程遗产》，载《光明日报》，2021年11月27日。

④ 《我国再添4处世界灌溉工程遗产》，载《光明日报》，2022年10月8日。

表3-6　中国现有世界灌溉工程遗产项目（30项，截至2023年9月底）

批次（年份，数量）	项目名称	始建年代	地理位置	主要功能	备注
第一批（2014，4处）	莆田木兰陂	北宋元丰六年（1083）	福建莆田市城厢区木兰村	距出海口26千米，为拒咸蓄淡灌溉工程	全长219米，用巨石砌筑的拦河坝闸
	丽水通济堰（又名浙江通济堰）	南朝梁天监四年（505）	浙江丽水市碧湖平原	灌溉农田，历久不衰，直至现代	全灌区有三大支渠，斗渠、毛渠遍布河谷平原，把多处湖泊串联蓄水
	新化紫鹊界梯田	至今2000余年	湖南娄底市新化县水车镇		由苗、瑶两族先民开凿
	乐山东风堰	清康熙元年（1662）	四川乐山青衣江夹江段左岸		

（续表）

批次（年份，数量）	项目名称	始建年代	地理位置	主要功能	备注
第二批（2015，3处）	宁波它山堰	唐大和七年（833）	浙江宁波市鄞州区鄞江镇	御咸蓄淡引水灌溉工程	在四明山与它山之间筑拦河坝，是中国首个块砌的重力型拦河滚水坝
	诸暨桔槔井灌溉工程	最早可追溯到南宋	浙江诸暨市赵家镇	灌溉农田	
	寿县芍陂（又名安丰塘）	楚庄王十六年至二十三年（公元前598—前591）。另说建于战国	安徽寿县	中国历史最悠久的大型坡塘蓄水灌溉工程	

（续表）

批次（年份，数量）	项目名称	始建年代	地理位置	主要功能	备注
第三批（2016，3处）	湖州溇港	始建于春秋，北宋时期形成完整体系	浙江湖州市	具排涝、灌溉、通航等综合功能	
	吉安槎滩陂（又名槎滩港）	南唐昇元元年（937）	江西泰和县	灌溉工程	主、副坝共长282米，高4米。最初为竹木结构，元末改为砌石结构
	关中郑国渠（又名泾阳郑国渠）	秦王政元年（公元前246）开工，前236年完工	渠首在陕西泾阳县	灌溉工程	汉代建白渠，与郑国渠合称“郑白渠”，近现代称泾惠渠

（续表）

批次（年份，数量）	项目名称	始建年代	地理位置	主要功能	备注
第四批（2017，3处）	宁夏引黄古灌区	有秦渠、汉渠、汉延渠、唐徕渠等14条古渠，延续2000多年	宁夏回族自治区	灌溉	今灌溉总面积达828万亩地
	陕西汉中三堰（山河堰、五门堰、杨填堰）	始建于西汉，有2000多年历史	陕西省汉中市汉台区、城固县	灌溉	今灌溉20多万亩地
	福建黄鞠灌溉工程	隋初至今1400多年	福建省宁德市霍童镇	农田灌溉、生活供水、水力加工等综合功能	包括龙腰渠、琵琶洞渠两个水利工程系列，今灌溉2万多亩地

（续表）

批次（年份，数量）	项目名称	始建年代	地理位置	主要功能	备注
第五批（2018，4处）	成都都江堰	始建于战国时代秦昭王后期（约公元前256—前251）	四川都江堰市（原灌县）城西	灌溉、防洪、水运和城市用水等综合工程	世界上现存历史最为悠久的无坝引水工程。灌溉30余县市，面积近千万亩
	兴安灵渠	建成于秦始皇三十三年（公元前214）	广西兴安县城北	水运、灌溉、城市用水等综合工程，现还有灌溉功能	世界上最早的越岭运河，也是世界上最早的有闸运河
	衢州姜席堰（由姜堰、席堰构成）	元至顺年间（1330—1333）	浙江衢州市龙游县	防洪、灌溉	以河道中沙洲为堰坝的大胆构思和筑堰工艺，在中国和世界治水史上极为罕见

（续表）

批次（年份，数量）	项目名称	始建年代	地理位置	主要功能	备注
第五批（2018，4处）	宜城长渠（又名白起渠）	建于公元前279年，为中国现存历史最为悠久的引水工程之一	湖北宜城市	提供农业、工业用水，年用水量达140余亿立方米	含大、中型水库各1座，小型水库14座，干渠1条，主要支渠38条，闸门499座，涵洞518个等
第六批（2019，2处）	内蒙古河套灌区	始建于秦汉，至清末开挖大小干渠40多条，13条大干渠沿用至今，最早的有2200年历史	内蒙古巴彦淖尔市	（黄河）多沙河流引水灌溉的典范，现灌溉面积约1020万亩	中国最大的一个自流引水灌区，也是中国最古老的超大型千万亩灌区之一

（续表）

批次（年份，数量）	项目名称	始建年代	地理位置	主要功能	备注
第六批（2019，2处）	江西千金陂	始建于唐咸通九年（868）	江西抚州市抚河干流上	现灌溉面积2.2万亩，同时具有水运、排涝、防洪等功能	陂长1.1千米，是中国现存规模最大的重力式干砌石江河制导工程
第七批（2020，4处）	福清天宝陂	始建于唐代天宝年间（742—756），距今1200多年	福建省福清市龙江中段	蓄淡拒咸水利工程，至今灌溉1.9万亩耕地	坝高约3.5米、长216米，其中150米为唐至明代所修筑的旧坝。为中国现存最古老的大型蓄淡拒咸水利工程
	渭南龙首渠	始建于汉武帝时代，距今2100多年	陕西省渭南市	引含沙量高的洛河水灌溉盐碱地，这种治理盐碱地的方式是一个创造	2100多年前，在隧洞施工中首创“井渠法”，被誉为中国历史上第一条地下渠。民国时期在龙首渠基础上修建洛慧渠，至今灌溉农田74.3万亩

（续表）

批次（年份，数量）	项目名称	始建年代	地理位置	主要功能	备注
第七批（2020，4处）	白沙溪三十六堰	始建于东汉，距今1900多年	浙江省金华市婺城区	堰坝引水灌溉工程，至今灌溉耕田27.8万亩	东汉时首筑白沙堰，后续百余年间陆续建成横跨45千米、水位落差168米的36座堰。至今仍有21座古堰继续发挥着引水灌溉作用
	佛山桑园围	始建于北宋，距今900多年	地跨广东省佛山市南海、顺德两区	为河口三角洲的基围水利工程，具有灌溉、防洪、排涝、水运等综合作用	为中国古代最大的基围水利工程，围堤全长64.8千米，围内土地面积265.4平方千米。是珠江三角洲灌溉农业发展的里程碑，历史上灌溉农田20多万亩，现灌溉农田6.2万亩

（续表）

批次（年份，数量）	项目名称	始建年代	地理位置	主要功能	备注
第八批（2021，3处）	里运河－高邮灌区	始于唐代，距今1200多年	江苏省高邮	现有主引水干渠105.8千米、支渠431.24米、斗渠25984米，灌溉50.46万亩	巧妙利用、合理调控河流湖泊水量进行灌溉的典范工程，形成高邮湖－里运河－高邮灌区完美的湿地农业系统
	潦河灌区	始建于唐大和年间（827—835），距今1100多年	江西省宜春市奉新县、靖安县和南昌市安义县三县境内	以灌溉为主，兼有防洪、排涝、水土保持等功能。如今灌溉33.6万亩农田，惠及人口26万，使赣西北成为粮仓	江南丘陵地区现存最为完整的灌溉水利系统，江西省最早兴建的多坝自流引水灌区

（续表）

批次（年份，数量）	项目名称	始建年代	地理位置	主要功能	备注
第八批（2021，3处）	萨迦古代蓄水灌溉系统	始建于宋元时期	西藏日喀则市萨迦县李坡山下，位于平均海拔4000米以上的藏南东北部河谷地区	建在主干河流萨迦冲曲附近，至今仍有蓄水池400多座，惠及人口30多万，推动日喀则乃至西藏经济与社会发展，使日喀则成为“世界青稞之乡”。除灌溉功能外，还有防洪功能	当今海拔最高的世界灌溉工程遗产，是开敞式引流蓄水灌溉工程
第九批（2022，4处）	通济堰灌区	公元前141年	四川成都市新津县南河、西河、金马河三河交汇之处	至今仍向成都、眉山2市4县（区）提供生活、生产、生态用水，灌溉面积52万亩	中国历史上规模最大、运用时间最长的活动坝，目前是都江堰灌区的重要组成部分

（续表）

批次（年份，数量）	项目名称	始建年代	地理位置	主要功能	备注
第九批（2022，4处）	兴化垛田灌排工程	明代中后期	江苏省里下河腹地的兴化市湖荡区	至今仍有灌溉排水、防洪抗旱、生态农业、景观旅游等效益	历史上架木浮田、垒土成垛所形成高出地面1米以上的垛田，发展出有着配套的圩堤、灌排渠道、水闸等复合灌排工程体系和独特灌溉方式的灌溉工程系统，是国内外唯一独有的高地旱田灌排工程体系
	松古灌区	始于汉代，明清时期完善	浙江松阳县松溪河流域	至今滋润松溪河两岸的16.6万亩田地	古代中小流域灌溉工程的典范。在松溪河流域依势筑堰建渠，逐步建成以松溪河主支流为水渠、堰堤密布、圳渠交错的灌溉网络。明末清初时，灌区内有古堰120处、古塘古井100余处

（续表）

批次（年份，数量）	项目名称	始建年代	地理位置	主要功能	备注
第九批（2022，4处）	上堡梯田灌溉工程	始于先秦时期，兴于秦汉时期，成熟于宋元时期，至今已有2200年历史	江西省赣州市崇义县西北部山区	不仅包括完善的农田灌溉工程（内含可持续利用的水渠蓄水工程、科学的灌排系统工程、先进的节水工程、完备的储水工程、完美的田间配套工程），而且包含良好的生态保护系统——“森林-水系-梯田-村落”山林农业生态体系	该工程以最简易的工程设施、最少的维养管护、可持续的工程管理，实现有效的自流灌溉。面积约5.1万亩，目前粮食平均亩产500多千克

这些工程之所以能延续使用至今，关键是其具有科学性、生态性、实用性，为生态水利工程的典范。在选址上，它们都能“帅天地之度”，遵从当地的生态环境，因地制宜，因势利导，充分利用现有的山水条件。例如，寿县芍陂即利用当时当地的一个天然湖泊，在湖四周筑堤，堤周长二三百里而成[①]。又如，宁波它山堰即在鄞江上游的四明山和它山之间筑堰（拦河坝）而成[②]。在设计上、施工上则能“度民神之义”（以解除民众的疾苦为其宗旨），“仪生物之则”“顺四时之序”（因地、因时制宜，按客观规律办事）。例如宁波它山堰，筑它山堰之前，海潮会沿鄞江（甬江的支流）到达甬江上游的章溪，致使当地的耕地卤化，人畜无可饮之水（淡水）。当时的人们曾这样论述：海潮“来，则沟浍皆盈；出，则河港俱涸，田不可稼，人渴于饮”[③]，民众苦不堪言。该堰的设计做到“涝则七分入江（奉化江），三分入于溪（南塘河）以泄暴流；旱则七分入溪，三分入江，以

① 姚汉源：《中国水利史纲要》，北京：中国水利电力出版社，1987年，第32页。

② 《中国大百科全书·水利》卷，北京：中国大百科全书出版社，1992年，第432页。

③ 姚汉源：《中国水利史纲要》，北京：中国水利电力出版社，1987年，第32页。

供灌溉”[①]。筑堰后，“下挡咸潮，上蓄溪水，供鄞西平原七乡数千顷农田灌溉，并通过南塘河（蓄溪水之渠）供宁波城使用”[②]。从此，鄞西平原由不毛之地变成旱涝保收的粮仓。又如，关中郑国渠是战国时代韩国水工郑国主持修建的。郑国为解决关中的旱情，根据关中西高东低的地势，决定将渠首设在仲山西麓瓠口（今泾阳县城西北），引泾水向东开渠，与北山平行，自流注入洛水。全长三百余里。由于泾水中的泥沙含量大，富有各种肥分，所以引泾水灌溉，不但解决了农作物所需的水分（当时号称灌田四万顷）；还给农作物提供了肥料，有效地提高了关中地区农作物的产量，“每亩粮食产量提高了6倍有余”[③]；而且借此改良了关中大片盐碱地，“一举三得”（灌溉、肥田、改良盐碱地）。于是，“关中土地成为没有灾荒的良田”[④]，大大地增强了秦国的国力，为秦灭六国、统一中国打下基础。2000多年前，司马迁在《史

① 《中国水利百科全书》第2版，北京：中国水利水电出版社，2006年版，第1333页。

② 《中国大百科全书·水利》卷，北京：中国大百科全书出版社，1992年版，第432页。

③ 邓晖，等：《郑国渠，治水佳话今更佳》，载《光明日报》，2023年7月28日。

④ 姚汉源：《中国水利史纲要》，北京：中国水利电力出版社，1987年版，第48页。

记》中说：“于是关中为沃野，无凶年，秦以富疆（强），卒并诸侯，因命曰郑国渠”[①]。

二、著名水利工程遗产案例

中国传统水利工程，不但有入选世界灌溉工程遗产的项目，还有入选世界文化遗产、全球重要农业文化遗产等项目。其中，最为著名的水利工程遗产莫过于2000多年前兴建的四川成都的都江堰、广西兴安的灵渠。

1. 都江堰

都江堰为世界上现存历史最悠久的无坝引水工程[②③]。始建于战国时代秦昭王后期约公元前256—前251年，由秦国蜀郡太守李冰主持兴建，历代有修补，至今仍在使用。位于四川省灌县（今都江堰市）城西，坐落在成都平原西部的岷江上。古称湔堰、都安堰，唐代更名为犍尾堰，北宋又名侍郎堰，南宋始名

① 《史记·河渠书》。

② 中国科学院自然科学史研究所编著：《中国古代重要科技发明创造》，北京：中国科学技术出版社，2016年版，第172页。

③ 《中国大百科全书·水利》卷，北京：中国大百科全书出版社，1992年版，第61页。

都江堰[①]。

岷江发源于四川北部松潘县羊膊岭，其上游沿江两岸山高谷深，江水落差大，水流湍急。进入一马平川的成都平原灌县江段，水流的冲击力更大，往往冲决堤岸，泛滥成灾，淹没农田、农舍。而且河流中夹带的大量泥沙也淤积在这里，河床被抬高，加重了水患。灌县城西南玉垒山阻挡了岷江水的东流，故而每年夏秋洪水季节，灌县东部农田无法引水灌溉，常出现大旱；西部农田又因岷江洪水泛滥，常发生洪涝[②]。经过实地考察，李冰遵循中国传统的“道法自然”整体观，制订了都江堰水利工程规划方案：整个工程分为两个系列：一是渠首工程，由鱼嘴（或称铧嘴）（分水工程）、飞沙堰（溢流排沙工程）、宝瓶口（引水工程）三个部分组成；二是干渠、支渠组成的庞大水网。其关键工程是渠首工程，三个部分分别起到分水、泄洪排沙和引水的作用，以实现“分四六，平潦旱”的总体目标。即把岷江水按四六比例分流，消除旱、涝灾害，既能解决灌县东部的大旱，又能解除灌县西部的

---

① 《中国大百科全书·文物·博物馆》卷，北京：中国大百科全书出版社，1993年版，第134页。

② 李哲编著：《一生必知的东方建筑事典》，呼和浩特：内蒙古人民出版社，2015年版，第19—20页。

洪涝[1]。

鱼嘴是在岷江江心修筑的分水堤坝，设在江心洲的顶端，形似大鱼卧伏在江中，将岷江分为内外两江，内江为引水总干渠，外江以泄洪为主。飞沙堰是修建在分水堤坝上的泄洪道，为竹笼石砌成的低堰，位于内江右岸弯道处，比河床高2米，长约180米，是内江分洪减沙进入外江的工程；岷江流量越大，其泄洪作用也越大。宝瓶口是内江的进水口，因形似瓶颈得名，位于内江左岸，利用此处的山体人工凿成，宽20米、高40米、长80米的通道，具有向下游引水灌溉作用，并防止内江洪水过多地进入成都平原。在施工上就地取材、省钱省工、简易高效，创制竹笼（装有当地的卵石）、杩槎（木三角架）、羊圈（木笼，装有卵石）、干砌卵石四种新材料。如干砌卵石的堤防和护岸，既有良好的渗透性，又有利于地表水的回归和生态环境的保护。[2]

都江堰建成后，在堰上立有三具石人作为水则（水标尺），分立于岷江及其内江、外江，以石人的

① 都江堰管理局：《都江堰》，北京：中国水利电力出版社，1986年，第66页。

② 李哲编著：《一生必知的东方建筑事典》，呼和浩特：内蒙古人民出版社，2015年版，第20—21页，

肩、足作为上、下水位的标准。这是中国乃至世界上最早的水尺。[①]

李冰等先贤顺应自然，巧妙地利用当地的地形、水流、竹木、卵石等自然资源，科学地设计了鱼嘴、飞沙堰、宝瓶口，形成一个系统、整体的治水系统。它是一个以最少的工程量实现变害为利的综合性工程，使地、水、人三者高度协和统一，至今两千多年来一直延续使用发挥其效益。都江堰不但消除了岷江水患，而且使成都平原（或说川西平原）广开稻田，形成一个有效的灌溉网，从此旱涝保收，成为天府之国、天下粮仓[②③④]。诚如约1500年前北魏郦道元在《水经注》中所说：从此，成都平原“水旱从人，不知饥馑，时无荒年，天下谓之天府也”[⑤]。

都江堰工程是中国水利史上的一颗明珠，中华传统文化的杰作，2000年被联合国教科文组织批准为世

---

① 《中国大百科全书·土木》卷，北京：中国大百科全书出版社，1987年版，第104页。

② 《中国大百科全书·土木》卷，北京：中国大百科全书出版社，1987年版，第104页。

③ 李哲编著：《一生必知的东方建筑事典》，呼和浩特：内蒙古人民出版社，2015年版，第23页。

④ 中国科学院自然科学史研究所编著：《中国古代重要科技发明创造》，北京：中国科学技术出版社，2016年，第172—173页。

⑤ 《水经·江水注》。

界文化遗产，2018年入选世界灌溉工程遗产项目。

2. 灵渠

世界上最早的越岭运河，也是世界上最早的有闸运河[①]。因在广西始安县境内，故又称兴安运河；因连接湘（湖南）、桂（广西），又称湘桂运河。它是沟通长江水系湘江与珠江水系漓江的运河。

秦于公元前221年统一六国后，为向岭南（今广东、广西、海南等）用兵，于秦始皇二十八年（公元前219）命监御史禄开凿灵渠，沟通湘江、漓江，全长约37公里。秦始皇三十三年（公元前214）竣工通航。初名秦凿渠，后因漓江上游为零水，又称零渠，唐以后称灵渠。[②]

湘江上游的海洋河和漓江支流零水上游的始安水在兴安县城北相距最近处不足1.5千米，中间仅隔有一小土岭（名太史庙山），岭宽300—500米，相对高度仅20—30米，沟通相当便利。灵渠工程就是劈开这个小土岭，引湘入漓。但因此处的海洋河（湘江支流）水位低于始

① 《中国大百科全书·交通》卷，北京：中国大百科全书出版社，1986年版，第329页。

② 《中国大百科全书》第2版，北京：中国大百科全书出版社，2009年版，第14卷，第288页。

安水（零水支流），在此建引湘入漓的工程，工程量巨大。故因地制宜，把工程东移至兴安县城东南2千米的分水村处。分水工程由铧嘴（砌石而成的分水导水堤，又名铧堤，高约6米，宽约23米，长约70米）和大、小天平（自动调节水量的石堤，分别长380、120米）组成。大小天平呈“人”字形，将海洋河水分为两支，并从这里开南渠通往漓江，开北渠归入湘江。河水约十分之三进南渠，十分之七入北渠。大、小天平既可拦水、又能泄洪，不用设闸起闸即能自动调节水量，保持渠水的相对平稳，保证渠道的通航（图3-5）①。

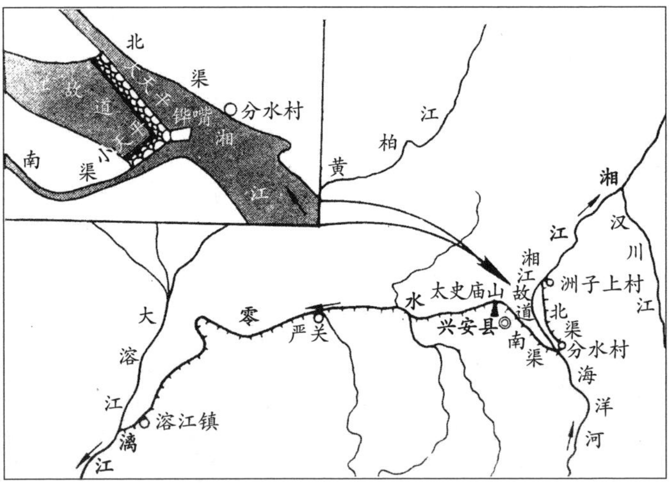

图3-5 灵渠分布示意图

① 《中国大百科全书·交通》卷，北京：中国大百科全书出版社，1986年版，第329页。

灵渠的主体工程是渠道，分南、北两渠。南渠起自铧嘴，向西北流向兴安县城。它穿越太史庙山，西流与始安水（零水支流）汇合，此为上段。此段为人工河，凿山开河，筑堤而成，长约4.5千米，宽7—14米。汇始安水后至清水河口为中段，系半人工河，由天然河道（始安水河道）扩大而成。清水河口至溶江镇附近入漓江为下段，是天然河道（零水河道）。中、下段长20多千米，宽10—60米[①][②]。南渠全长33千米[③]（另说约30千米[④]），深1.0—1.8米，可以行船。北渠开挖在湘江河谷平原上，几乎与湘江故道平行[⑤]，自铧嘴向北流，至洲子上村附近入湘江，长约3.5千米，宽13—15米[⑥]；其宽度大于南渠上段，共同起到调节水量的作用。为调整水位差，修建北渠时放弃了湘江故道，选择了曲折的渠线，以减缓水流速度，如

① 《中国大百科全书·交通》卷，北京：中国大百科全书出版社，1986年版，第329页。

② 《中国水利百科全书》第2版，北京：中国水利水电出版社，2006年版，第798页。

③ 《中国大百科全书·水利》卷，北京：中国大百科全书出版社，1992年版，第218页。

④ 《中国大百科全书·交通》卷，北京：中国大百科全书出版社，1986年版，第329页。

⑤ 《广西大百科全书·历史》卷，北京：中国大百科全书出版社，2008年版，第95—96页。

⑥ 《中国大百科全书·交通》卷，北京：中国大百科全书出版社，1986年版，第329页。

同盘山公路减缓坡度，被称为“弯道代闸”，可以人为牵挽下行船[①]。铧嘴和大、小天平将海洋河（湘江支流）水导入南、北两渠。枯水季节这个分水建筑拦截全部河水入渠，保证航行所需水量；洪水季节则成为溢流埝，将南、北两渠不能容纳的水量泄回湘江故道，起到防洪的功能[②]。

灵渠的天然比降大，南渠落差29米，北渠落差10米，不利于航行，因此灵渠又称陡河。为此，在它的水浅急流处设置陡门（现称闸门，又称船闸），可以随船的前进而启闭，调节水量，从而使船只逐级上行或下行通过渠道。往来船只“循崖而上，建瓴而下”，出现爬山越岭的奇观[③]。据记载，唐代曾设陡门（曾称斗门）18座，后改为36座，清代为32座[④]。现知陡门始于中国唐代，是人类最早的人工通航设施[⑤]。

灵渠全部工程是一个整体，由高超的测量技术、

---

① 中国科学院自然科学史研究所编著：《中国古代重要科技发明创造》，北京：中国科学技术出版社，2016年版，第177页。

② 《中国大百科全书·交通》卷，北京：中国大百科全书出版社，1986年版，第329页。

③ 《中国大百科全书·文物·博物馆》卷，北京：中国大百科全书出版社，1993年版，第320页。

④ 《中国大百科全书·交通》卷，北京：中国大百科全书出版社，1986年版，第329页。

⑤ 《大辞海·建筑水利》卷，上海：上海辞书出版社，2014年版，第251页。

与当地自然环境融为一体的总体设计和施工技术组成，兼有交通和灌溉的功能，还起到跨流域调水作用[①②]。在中国交通史上，它是中原、岭北与岭南（两广地区）重要的交通干线，对秦汉及以后在政治上统一岭南，在经济上、文化上开发和发展岭南，2000多年间都起到重要作用。直到粤汉铁路和湘桂铁路于1936年、1941年相继通车以后，灵渠的航行功能才逐渐停止。现灵渠依然具有农田灌溉、城市供水和风景游览的效益[③]。它如同跨越天河的鹊桥一样壮观奇丽，自古有“天道”之称、“世界奇观”之美誉。1986年，来自世界各国的30多位专家到此考察后，称赞“灵渠是世界古代水利建筑的明珠，陡门是世界船闸之父”[④]。

① 中国科学院自然科学史研究所编著：《中国古代重要科技发明创造》，北京：中国科学技术出版社，2016年版，第176—178页。

② 《中国水利百科全书》第2版，北京：中国水利水电出版社，2006年版，第798页。

③ 《中国大百科全书·水利》卷，北京：中国大百科全书出版社，1992年版，第218页。

④ 许亚男：《灵渠，究竟是一条怎么的渠》，载《光明日报》2023年1月3日。

第四章 中国传统文化富含生态思想和知识

在中国传统文化中，生态理念不仅贯穿于传统学术儒、释、道三家的学说和著作中、中国传统科学技术中，还充盈于中国传统神话传说、政治制度、法律规章、诗歌绘画，以及其他诸子百家的主张和著述中，并先后创造出一批优秀的神话传说、绵延数千年的虞衡制度、世界上最早的环境保护法、世界上最早的生态著述，以及中国特色的山水田园诗、山水花鸟画等。

第一节 从远古神话说起

神话包含远古人类对自然和社会各种现象的原始认识及其奇妙想象。世界上很多民族都有自己的神话，这是民族文化的萌芽，是上古时期人类智慧的遗存、世代的集体记忆。不同民族神话的特色不尽相同，反映了各不相同的民族文化。中国具有大量独具中国风格和特色的神话，它们不仅出现时间早（新石器中期的母系氏族社会已有出现）、品类多（有创世神话、日月神话、洪水神话、动植物神话、火的神话、药物神话、农事神话、财富神话等），而且富含生态哲理，具有浓重的自然性、实践性，反映了中国远古人类的生活、生产及其生态观。[①]

一、洪水和火的神话

水和火是与人类紧密相连、不可分割的两种自然存在。故而，洪水和火的神话在各民族的神话中普遍占据重要的位置。

1. 洪水神话

据《圣经》记载，上帝曾对世界和人类十分失望，认为世人自私、好斗，导致世界上充满邪恶和仇杀。他决定用洪水淹没这个丑陋的世界：命令上天连降40天大雨，洪水淹没地面上的一切生灵（人、动物、植物），前后持续了150个昼夜。但是，诺亚（又译挪亚，亚当的第九代孙）及其一家人心地善良，维护正义，因而得到了上帝的怜悯和庇护。上帝事先告知诺亚，要诺亚建造一艘巨大的方舟。诺亚建造了方

① 孙关龙：《中国神话中的自然观》，载《大众日报》2017年2月8日。

舟，并按上帝所示把妻子、儿子、儿媳和昆虫、鸟兽等地面生物雌雄各一对放进方舟。方舟停靠在亚拉腊山顶，躲过了大洪水的劫难，故而使人类和万物得以再生流传。诺亚也因此成为大洪水之后人类再生的始祖。①②③

中国不但有大洪水的传说，还有治理大洪水的故事，其中治水的故事在其他民族的神话中则是罕见的。据先秦《尚书·尧典》《孟子·滕文公上》和西汉《淮南子》《史记·夏本纪》等古籍记载，相传上古时期尧帝当政时，曾“洪水滔天，浩浩怀山襄陵，下民其忧”“洪水横流，泛滥于天下……五谷不登，禽兽逼人”。尧帝征得各部落首领同意后，任用鲧治水。鲧勤恳地为民治水，然“九年而水不息”（治理九年，然而洪水不退），治水失败。舜接帝位后，见鲧“治水无状”，于是“举鲧子禹，而使续鲧之业”（舜帝让鲧子禹即大禹，接替其父的治水大业）。大禹吸取其父以堵治水的失败教训，采取以疏为主的治

---

① 《圣经·旧约·创世记》。

② 陈颖主编：《中外神话传说总集》，北京：红旗出版社，2014年版，第707—709页。

③ 《中国大百科全书》第2版，北京：中国大百科全书出版社，2009年版，第17卷，第103页。

水方针，把洪水“注之江”“注诸海”。他“劳身焦思，居外十三年，过家门不敢入”，凿山疏河，遍“天下”山水，大洪水退了。大禹成为中国历史上的治水英雄。[①②]

上述两则大洪水故事（笔者注：当代一些专家考证认为大禹治水是历史事实[③]），相同点是东、西方在远古时代都发生了大洪水，戕害人类，宣扬人心要善、善有善报。但有一个显著的不同：《创世记》中的人类渡过大洪水的劫难，主要是靠上帝的恩赐和庇护；中国尧舜时代战胜大洪水，靠的是人们的智慧和实践，其中有失败的教训，更有成功的经验，成功是因为大禹顺从了自然规律，顺应了水流的生态习性，“疏”才能让水流动起来，真正地消除了大洪水的灾难。

2. 火的神话

世界神话中有许多关于火的故事，其中最为著名的或说流传最广的则是西方普罗米修斯“盗火”的故

① 陈颖主编：《中外神话传说总集》，北京：红旗出版社，2014年版，第189—216页。

② 《中国大百科全书·中国文学》卷，北京：中国大百科全书出版社，1986年版，第104—105页。

③ 孙关龙：《夏禹洪水期》，载宋正海、孙关龙等著：《中国古代自然灾异群发期》，合肥：安徽教育出版社，2002年版，第2—41页。

事和中国燧人氏“钻木取火”的传说。

西方神话中的普罗米修斯是正义、圣者的化身。他从天神宙斯的住处奥林匹斯山上盗来火种，藏在芦苇管中带到人间，进而教会人类用火。从此，人类能够烹熟食物，并以火驱寒、避兽。宙斯为惩罚普罗米修斯的盗火行为，把他钉在高加索山的悬崖上，并派恶鹰每天早晨去啄食他的肝脏。然而，一到夜晚，普氏的肝脏就又能重新长好。普氏被垂吊在山崖上，双膝不能弯曲，身体不能入睡，忍受饥渴、炎热、寒冻，还有肝脏被啄之苦。折磨整整持续了三万年（一说三千），但他始终不屈不挠。一天，希腊英雄赫拉克勒斯来到高加索山，射死恶鹰，砸碎锁链，解救了普罗米修斯。集智慧、善良和坚强于一身的普罗米修斯，成为自古至今西方作家、艺术家取材、歌颂的对象；在希腊雅典有专门纪念他的节日。[①②]

中国《韩非子·五蠹》《礼纬·含文嘉》《古史考》等古籍记载，远古人类茹毛饮血，“腥臊恶臭而伤害肠胃”。燧人氏为解民众之困苦，发明钻木取

① ［德］施瓦布著：《古希腊神话》，周金元译，北京：团结出版社，2016年版，第1—5页。

② 《中国大百科全书》第2版，北京：中国大百科全书出版社，2009年版，第17卷，第430页。

火，教人熟食，“以化腥臊，而民说（悦）之”，从而加速人类的体质进化，进一步从动物中分离出来；亦能防寒、驱兽[①]。《辞源》认为燧人氏是“古帝”[②]，《辞海》则说燧人氏是“传说中钻木取火的发明者”[③]，《现代汉语词典》注解燧人氏是“我国古代传说中的人物”[④]。

两则火的神话传说，都说人类从不会用火到学会用火，进而会做熟食、取暖等。然而，火的由来大不相同：一说是盗火，从天神处盗来；一说是钻木取火，在生活和生产实践中发明了火。再，一说盗火唯有神才能办到，人类是被恩赐的，这与“诺亚方舟”神话中所述上帝恩赐诺亚的精神是一脉相承的；一说神化了的人——燧人氏发明取火，燧人氏无论是“古帝”，还是传说中的“发明者”“传说中的人物”，都是被神化的人，这与大禹治水的精神是一致的。那么，哪一则神话具有生态性、实践性？显然是后者。诚如《辞海》所述：“燧人氏钻木取火”这则神话，

① 《中国大百科全书》第2版，北京：中国大百科全书出版社，2009年版，第21卷，第338—339页。

② 《辞源》，北京：商务印书馆，1987年版，第3卷，第1958页。

③ 《辞海》1999年3卷本，上海：上海辞书出版社，1999年版，第4454页。

④ 《现代汉语词典》第7版，北京：商务印书馆，2016年版，第1254页。

"反映中国原始时代从利用自然火（笔者注：如北京猿人等），进步到人工取火（笔者注：中国是钻木取火，国外分别有锯木取火、擦木取火等发明），由生食进步到熟食的情况"[①]。燧人氏发明钻木取火，既符合现代科学的原理：钻木、锯木、擦木能发热，乃至生火；又合乎中国传统文化中的五行学说：木中有火，以金克木（包括钻、锯、擦等），必有火出。

可见，"大禹治水""燧人氏钻木取火"的故事蕴含着中国传统文化尊重自然、顺从自然的生态情怀。

二、创世神话

世界是怎么产生的？天地是怎样形成的？人类是从何而来的？这是自古以来人们所关心的问题。因此，东西方神话中都有这方面内容的创世神话或说开辟性神话。例如，西方的"上帝六天创造说"，中国的"盘古开天地""女娲造人"说。

① 《辞海》1999年3卷本，上海：上海辞书出版社，1999年版，第4454页。

1. 西方上帝创造说

《圣经》认为世界最初是混浊一团的，不分天地，没有人类和万物，是上帝在六天之内创造了世界和人类。第一天创造光明，分出一天的白昼和夜晚。第二天创造空气，把天、地分开。第三天创造水体，以及花草树木、瓜果蔬菜等植物。第四天创造日、月、星辰。第五天创造昆虫鱼虾、飞禽走兽等动物。第六天用地上的泥土塑造出人类最早的始祖——亚当（原文Adham，意为“出自泥土”），并将生气吹进其身躯，使他具有灵魂；后取亚当的肋骨和肉创造出女性——夏娃，且让亚当与夏娃结成夫妻，繁衍后代。上帝又赐予亚当食用的物品，且让他管理世界万物。上帝连续用六天时间创造了人类和万物，到第七天便休息了。因而，这一天被定为“圣日”，即安息日（星期日）。①②③

① 《圣经·旧约·创世记》。

② 佘良丽主编：《中外神话故事》，北京：北京工业大学出版社，2014年版，第122—123页。

③ 《中国大百科全书》第2版，北京：中国大百科全书出版社，2009年版，第4卷，第38页；第25卷，第494页。

2. 中国盘古说、女娲说

据唐代《艺文类聚》、宋代《太平御览》所引三国吴人徐整的《三五历纪》，以及清人马骕的《绎史》所引《五运历年纪》等记录：远古时天地不分，没有人类，没有万物，世界混沌，犹如一个大鸡蛋，盘古生活在其中。盘古先用斧劈开了天、地，并以日增一丈的速度与天地同长。日复一日，年复一年，这样历经了一万八千年，天极高了，地极厚了，天地间被他撑开了九万里，他也长成为高九万里的巨人。天终于掉不下来，地也塌不下去，盘古为开天辟地耗尽了心血，于是躺下休息，睡着了。在睡梦中他还想着：光有蓝天、大地可不行，还应在天地之间造出日月山川、人类万物。然而，他累垮了，在熟睡中死去，不可能再亲手创造这些东西，于是决心把自己的躯体留给世间，化变万物：盘古的头和四肢化变为山岳，左、右眼化变成太阳、月亮，呼出的水气化变为风与云，发出的声音化变为雷电，头发和眉毛化变为天上的星星，血液化变为大地上的江河，汗水化变成为雨露，汗毛化变成为花草树木，精灵化变成虫鱼鸟兽[①②③]。从此，天上有了日月星辰，地上有了山川草木、虫鱼鸟兽，天地之间有了万物。

盘古开天辟地、用自己的身躯化造出日月星辰和山川虫鸟，为这个死寂的世界增添了生气。但是，人首蛇身的女娲总觉得孤独。她坐在池塘旁，看到了自己在水中的影子，心头的闷结忽然解开，原来世间还缺少一种与她一样、能与她交流的生物——人类。于是，她在池边抟起一团团黄泥，和上水，照着自己的影子捏成一个个小泥人。这些小泥人，有五官七窍、双手双脚。她捏好后放置地面上，这些小泥人获得灵魂，一个个都活了起来，可以行走、说话、嬉戏、劳作。由此，女娲创造了人类。她那寂寞之心一下子热乎起来，想让世界各处都有她亲手创造的人类。于是，她不停歇地劳作，捏了一个又一个，双手都捏得麻木了，顺手从藤树上折下一条藤蔓，伸入泥潭，沾上泥浆后向地上挥洒，点点泥

① 《太平御览》第2卷。

② 余良丽主编：《中外神话故事》，北京：北京工业大学出版社，2014年版，第2—3页。

③ 《中国大百科全书·中国文学》卷，北京：中国大百科全书出版社，1986年版，第608页。

浆都化变成一个个小人。[①②③]

一天，女娲来到一个地方。人烟稀少，她感到十分奇怪，昔日的生气哪儿去了？仔细察看，发现地上躺着不少小人，原来都是她先前创造出来的小人。此时，他们都已是头发雪白，寿终正寝了。女娲心中十分着急，这样下去，不断地衰老死亡，人类会灭种的。于是，她参照世上万物传宗接代的方法，把人类分出男、女，让男女配对，繁衍后代，并为人类建立婚姻制度[④⑤]（一些古籍主张另一说：人类是由女娲和伏羲相婚而产生的[⑥]）。

3. 东西方创世神话对比

东西创世神话分别反映了各自的宇宙观、生态观。两者有不少相同或相似之处：（1）最初世界都是混沌一片，没有人类和万物，没有天地。（2）尔后

① 《太平御览》第18卷。
② 余良丽主编：《中外神话故事》，北京：北京工业大学出版社，2014年版，第28—29页。
③ 《中国大百科全书·中国文学》卷，北京：中国大百科全书出版社，1986年版，第599—560页。
④ 鲍志娇编著：《神话经典系列·中国神话》，北京：中国林业出版社，2007年版，第137页。
⑤ 余良丽主编：《中外神话故事》，北京：北京工业大学出版社，2014年版，第29页。
⑥ 《风俗通义》。

都是先创造出天、地，后有山岳河流、植物动物、再有人类。都在一定程度上反映了宇宙生成论（先有宇宙，再有地球，后在地球上出现生命、有动植物，再后诞生人类）。（3）人类都由泥土变成，即都由无机物演变而来，但又与无机物的泥土不同，已具有灵性；并都分为男女，建有婚配制度，以繁殖后代。

两者亦有不少不同之处，如显著地反映出：（1）西方是一神万能论，上帝创造天地、创造万物、创造人类，且赋予亚当统治自然、统治万物的权力。上帝是万能的主宰、世界的主宰。中国则是多神多能论，盘古开天辟地、并化变世间万物，女娲创造人类（另说女娲与伏羲共创人类）；而且，盘古、女娲只是神化了的人，有头、有身，有生、有死，有人性、有情感。（2）在中国创世神话中，盘古处于天地之中，与天地同长，一直同长到他身高九万里，同时把天、地也撑开了九万里；而且，盘古机体的各个部分都能在天地中找到相应的位置，充分展现了人与天地（环境）之间密不可分的关系，充分体现了中国传统文化中天、地、人三才之道和天人合一的生态思想。女娲造人及其为人类所建立的婚姻制度（或女娲和伏羲姐弟婚创造人类[①]），反映了人类母系氏族社会及其由群婚走向对偶婚，以及历史上曾存在姐弟兄妹婚的实际情况。在西方创世神话中，上帝分别创造了天地环境和人类，环境与人除了同源之外，两者的关系一开始即是分割的、无关联的。而且，上帝赋予了亚当统治自然、统治万物的权力，从而奠定了人与自然、人与万物相对立的西方哲学观。自工业革命以来，在人与自然相对立的西方哲学观的统治和影响下，形成世界性的人类掠夺自然的狂潮，从而导致全球性的、前所未有的生态危机。

三、补天神话

更具有生态价值的是，中国神话中出现了破坏生态平衡、导致环境灾难的故事，即“共工头撞不周山”的传说；以及成功修复被严重损坏生态环境的传说，即“女娲补天”的故事。这类主题的神话在世界上似乎唯有中国才具有。

---

① 传统说法都是伏羲和女娲为“兄妹婚”。笔者认为：按“发生说”，先有母系社会，后有父系社会。女娲是母系社会的杰出代表，故改称为女娲与伏羲“姐弟婚”。

1. 共工头撞不周山

在中国古代神话中，有三位知名的挑战者、失败者：蚩尤、刑天、共工。据《淮南子》等记载：阪泉大战炎帝失败之后，其后裔共工与黄帝的曾孙颛顼之间矛盾重重。传说颛顼是整个部族的帝王，对部族百姓的疾苦漠不关心，并用强权压制各部落首领。共工为其部族内某部落的首领，与儿子后土都精通农业和水利。他提出用高地的土填平低洼地，扩大耕地，也利于灌溉的主张，遭到颛顼的强烈反对。共工在一些部落首领支持下，发动兵变。在与颛顼的战争中，共工兵败于不周山，羞愧难当，一头撞向不周山①②③。另说，残暴的水神共工听从手下的怂恿，在江河中掀起大风大浪，洪水冲毁农田，让人类在水灾中挣扎。其父火神祝融，见共工为一己之乐而不顾天下众生的性命，震怒了，发兵讨伐共工。共工被打败。失败冲

---

① 《淮南子》中的《兵略训》《天文训》。

② 陈颖主编：《中外神话传说总集》，北京：红旗出版社，2014年版，第1卷，第103—105页。

③ 余良丽主编：《中外神话故事》，北京：北京工业大学出版社，2014年版，第25—26页。

昏了头脑的共工，居然用头去撞不周山[①]。这一撞，严重地破坏了原有的生态平衡，给世间带来一场巨大的生态灾难。

不周山，位于西北方向的一座神山。它高耸入云，山体雄伟，既是一根巨大的撑天柱石，又是一座天上与人间往来的天梯：天上的神仙依靠它下到人间，人间的巫师、神人经过它上至天堂。共工力大无穷，这一怒撞响声震天，瞬间把不周山拦腰折断，山体轰塌，天柱塌崩，导致天空塌陷，西北方向出现大窟窿，随之东南方向的大地发生陷落，熊熊烈火在森林中燃烧，无尽的洪水从大地中涌出，毒蛇猛兽趁火打劫，人类遭遇灭顶之灾。

2. 女娲补天

女娲看到自己创造的人类遭受如此惨烈的灾难，痛心疾首。她痛定思痛，知道一切灾难的源头来自天上的那个大窟窿，于是立即着手修补天空。她顺从自然，从大江大河中捡取大量五色石（后人称为女娲石），把它们放到大鼎中熔炼。在高温下，小石块熔

① 余良丽主编：《中外神话故事》，北京：北京工业大学出版社，2014年版，第66—67页。

变为糊状浆体，形成七七四十九块巨大的五色石。女娲用双手托起巨石，飞上天空一块一块地修补坍塌的大窟窿，使天空恢复了原状。

更可贵的是，女娲没有就此而止步，她为了人类的持久安宁，永葆人类良好的生态环境，还做了三件事：（1）四处寻找撑天的柱子。天上的窟窿补上了，然而没有支撑的天柱，天空随时有塌陷的危险，于是她四处寻找能替代的天柱。后来，她在茫茫大海上发现一只巨型的神鳖（另说是巨型的神龟），征得神鳖的同意，用其四个巨足耸立在大地的四角，替代被毁坏的天柱。从此，天稳稳地横亘在人类的上空，再也没有坍塌的危险。（2）把毒蛇猛兽赶回原住地。天上的灾难治理好后，女娲来到人间治理地上的灾难。当时，毒蛇猛兽到处横行，戕害人类，其中来自深海的黑龙尤为凶恶，女娲带领她的子民们把黑龙杀死，杀一儆百，把毒蛇猛兽赶回大海、森林，它们再也不敢随便出来威胁和残害人类。（3）治理洪水。女娲又带领子民治理四处漫流的洪水，不但堵住地下出水的窟窿，而且疏通所有的江河，让其向东奔流，灌注到大海[①②]。至此，天地之间这一场严重的生态灾难被完全修复，人类又一次生存在安稳的新的生态平衡环境之中。“女娲补天”的故事，充分展现了中国传统文化对人类居住的生态环境的关注和爱护，对天、地及其人的珍爱。

* * *

文学史专家指出：中国的“女娲补天”“大禹治水”之类的神话传说，“足以同世界上最优秀的神话传说相媲美”[③]。

第二节 延续数千年的虞衡制度

虞衡制度，中国古代的一种官制，其宗旨是保护自然环境和合理利用自然资源，是中国古代特有的一种持续数千年的政治制度。《周礼》曰：“以九职任

① 陈颖主编：《中外神话传说总集》，北京：红旗出版社，2014年版，第17—19页。

② 《中国大百科全书·中国文学》卷，北京：中国大百科全书出版社，1986年版，第599—560页。

③ 《中国大百科全书》第2版，北京：中国大百科全书出版社，2009年版，第29卷，第216页。

万民……三曰虞衡，作山泽之材”[①]（管理民众的中央机构分为九个职业部门，其中第三个部门称为“虞衡”，主管山林、湖泽之事）。它又是一种官职，《周礼注》说：“虞衡，掌山泽之官”[②]。

一、虞衡制度肇始

据《尚书》记述，舜帝时已建有“虞”，这个世界上最早的环境保护机构。“帝曰：‘畴若予上下草木鸟兽？’佥曰：‘益哉！’帝曰：‘俞！咨益，汝作朕虞。’益拜稽首，让于朱、虎、熊、罴。帝曰：‘俞！往哉，汝谐’”[③]。这一段话的大意是说：舜帝想找一位执掌山水、动植物的官员，询问诸位部落酋长的意见，“谁能替我掌管好山野湖泽、草木鸟兽？”诸位酋长一致推举“益”（即“伯益”）。舜帝说：“好吧！益，你就担任我的虞官。”伯益拜谢舜帝，并提出让位给朱、虎、熊、罴等人担任。舜帝说：“好了，去吧！你带着他们一起管理。”

① 《周礼·天官·冢宰》。
② 《周礼注·地官·司徒》。
③ 《尚书·舜典》。

该则史料，至今缺乏直接的考古学的证据。然而，笔者认为不能因此而轻易否定该史料。因为早在距今7000—6000年前，我们的先祖浙江河姆渡人已建有富有生态价值的干栏式住房，掌握生态性建筑技术榫卯结构，使用水井及其井盖等生态性设施；陕西半坡人已选择在取水方便又不会被水所淹的河旁两级阶地上建房，已知悉门窗要面南向阳（详见本书第三章第三节）。距今7000年前，我们的先祖“在烧制陶器的柴窖中，已应用热烟上升原理用烟囱排烟”[①]。据《史记》记载，距今5000年前后的黄帝时代，黄帝便要求其部落民众“劳勤心力耳目，节用水火材料”[②]，《史记正义》对此释解为“黄帝教民，江湖陂泽山林原隰皆收采禁捕以时，用之有节，令得其利也”[③]。即说当时，黄帝已要求部落民众不要随意在江湖陂泽、山林平原、低湿之地进行收获、采集、捕猎，应遵守时令，对所收采、捕猎之物的使用要注意节用，这样可以长久地享用这些资源。五帝时代的帝喾等也号召

① 《中国大百科全书·环境科学》卷，修订版，北京：中国大百科全书出版社，2002年版，概念性文章第3页。

② 司马迁：《史记·五帝本纪》。

③ 《史记正义·五帝本纪》。

部落成员“取地之财而节用之”[①]。距今4300年前，我国的先祖已会制造和使用“陶质排水管道”[②]。据《逸周书》所载，大禹时代已有保护自然资源的法令，“禹之禁，春三月山林不登斧斤，以成草木之长；入夏三月，川泽不施网罟，以成鱼鳖之长；不麛不卵，以成鸟兽之长”[③]。商代已有不得随便在城市倾倒垃圾的法律，“殷之法，刑弃灰于道者”“殷之法，弃灰于公道者断其手”[④]（意为城市居民如果把垃圾倾倒在街道上，要受到断其手的处罚）。殷商之末，周文王颁布《伐崇令》，“毋坏屋，毋填井，毋伐树木，毋动六畜。有不如令者，死无赦”[⑤]（现不少书籍包括一些权威的工具书，都说“两周时期颁布了《伐崇令》”[⑥][⑦]，这是不妥的。首先，《伐崇令》是周文王发布的，是在周文王把周都从岐邑迁到丰邑之前；其

① 司马迁：《史记·五帝本纪》。
② 《中国大百科全书·环境科学》卷，修订版，北京：中国大百科全书出版社，2002年版，第536页。
③ 《逸周书·大聚解》。
④ 《韩非子·内储说上》。
⑤ 罗桂环，等：《中国环境保护史稿》，北京：中国环境科学出版社，1995年版，第48页。
⑥ 罗顺元：《中国传统生态思想史略》，北京：中国社会科学出版社，2015年版，第299页。
⑦ 《中国大百科全书·环境科学》卷，修订版，北京：中国大百科全书出版社，2002年版，第536页。

次，周文王是商末西部诸侯之长[①]，是西周王朝的奠基者，但不是西周时代的人。西周是文王之子周武王继位后，经牧野之战灭商之后建立的。西周王朝的第一代王是周武王”[②]）。该军令状，既保护了水源、树木，又保护了动物、居民之屋，相当全面；且十分严厉，违者则要处以死刑，且不能赦免。

以上这些生态保护措施和法令，旁证舜帝时建立“虞”的机构是可能的（舜在夏朝之前，有的书说“夏朝的舜设立了世界上最早专门管理山泽草木鸟兽的环保机构——虞”[③]，把舜说成是“夏朝的”是不对的）。而且，《史记》记载：益任虞官时成就很大，“佐舜调驯鸟兽，鸟兽多驯服”[④]；大禹继舜帝之后，益仍任虞官，“昔者禹任益虞，而上下和，草木茂”[⑤]。《汉书》也说：“伯益知禽兽”[⑥]。

又，根据：（1）记述夏朝历法和物候的《夏小

---

① 《中国大百科全书·中国历史》卷，北京：中国大百科全书出版社，1992年版，第1604页。

② 《中国大百科全书·中国历史》卷，北京：中国大百科全书出版社，1992年版，第1605页。

③ 罗顺元：《中国传统生态思想史略》，北京：中国社会科学出版社，2015年版，第298页。

④ 《史记·五帝本纪》。

⑤ 《史记·五帝本纪》。

⑥ 《汉书·地理志》。

正》有“十有二月，虞人入梁”的记载（十二月不是鱼类繁殖时季，因而虞官布置网罟之事，进行捕捞）。（2）清代黄本骥编的《历史职官表》在约200年前即指出：三代（夏、商、周）都设有“虞人”[①]。（3）《中国大百科全书》第二版亦指出：夏王朝已设有“虞人”一职，“掌山泽畜牧”[②]。因此，笔者认为夏朝设立“虞”的机构和官职是没有问题的，则延续至今约有4000年的历史。

二、虞衡制度沿革

《周礼》较为详尽地记述了周代（西周）有关虞的建制、编制、职责等一系列内容（内中有理想化的成分），包括“山虞掌山林之政令，物为之厉而为之守禁”“林衡掌巡林麓之禁令，而平其守”等。“虞”在《周礼》中，既是机构名，又是官职名；作为官职名时，也称虞师、虞人。

西周的虞，归属地官司徒领导。司徒或大司徒为

① 《历史职官表》，上海：上海古籍出版社，2005年版，第2卷，第76页。

② 《中国大百科全书》第2版，北京：中国大百科全书出版社，2009年，第28卷，第595页。

周朝的六卿之一，掌管全国农、林、牧、渔等部门的生产和税收。当时，不但中央设有虞衡机构和官职，许多地方的诸侯国也设虞衡机构和官职。包括山虞、泽虞、林衡、川衡等机构和官职，分别执掌山地、湖泽、森林、河流之政令，还设有迹人（专管田猎之地的政令）、囿人（专管君主的苑囿）、场人（专管君主的场圃）、矿人（专管矿地之政令）等[①]。可见，西周时生态环境保护的有关机构和官职设置得相当全面，分工也相当细。

春秋战国时，多数诸侯国承继西周虞衡制度的传统。例如，《管子》一书明确指出：不能守护山林湖泽草木者，不可以成为王者（“为人君者不能谨守山林菹泽草莱，不可以立为天下王”[②]）。齐国等诸侯国已认识到，“春政不禁，则百长不生；夏政不禁，则五谷不成”[③]，因而必须“以时禁发”[④]。而且以严厉的法令给予保证，“有动封山者，罪死而不赦。有犯令者，左足入，左足断；右足入，右足断”[⑤]。美

① 《周礼·地官·司徒》。
② 《管子·轻重》。
③ 《管子·七臣七主》。
④ 《管子·幼官》。
⑤ 《管子·地数》。

国一位学者把中国周朝的虞衡机构称为世界上最早的“山林局”，并研究指出：西周和春秋战国时期的虞衡机构及其法令“部分地制止了”生态环境的恶化。他写的原文如下：“早在腓尼基人定居以前，人们就迁入中国北部肥沃的、森林茂密的黄河流域。几世纪以来，迫切需要永无止境的农田，终于导致华北平原大部分地区成为无林地带。这种趋势在周朝872年之久的统治时期（前1127—前255）被部分地制止了；这一黄金时代产生了（的）肯定是世界上最早的‘山林局’，并重视森林保持的需要”[①]。

秦统一全国后，实施三公九卿制中央官制，即三公领导九个中央部门，少府是其中一个部门。少府“掌山海池泽之税，以供供养”[②]，下设有林官、陂官、湖官、苑官、畴官等。汉承秦制。《盐铁论》指出：“山海之利，广泽之畜，天地之藏也，皆宜属少府”[③]。

魏、晋和南朝的宋、齐、梁、陈，以及北朝的北魏、北齐、北周等朝代都设有虞官，掌管山泽之政。例如，北魏明元帝（409—423年在位）曾下敕：“教

① ［美］E.P.埃克霍姆著：《土地在丧失——环境压力和世界粮食前景》，黄重生译，北京：科学出版社，1982年版，第15页。

② ［东汉］班固：《汉书·百官公卿表上》。

③ ［西汉］桓宽：《盐铁论·复古》。

行虞衡，山泽作材；教行薮牧，养蕃鸟兽”[①]（命令管理山林水泽的官吏，要保护好山林湖泽资源；命令管理畜牧的官员，要管护好鸟兽的繁殖和蓄养）。永平二年（509），北魏宣武帝下诏，“诏禁屠杀含孕，以为永制”[②]（禁止屠杀已怀孕的母兽，并要成为一项永久的制度）。即使一些未设虞官的政权，对自然资源亦十分惜护，如北燕要求每一个百姓种100株桑树、20株柘树[③]。

隋唐时期，中央机构由三公九卿制演变为三省六部制。六部之一的工部，“掌天下百工、屯田、山泽之政令。其属有四：一曰工部（司），二曰屯田（司），三曰虞部（司），四曰水部（司）”[④]。工部下置的这四个司均与生态环境保护相关，其中虞部司“掌天下虞衡山泽之事，而辨其时禁”[⑤]。今人概括唐代虞部司的功能有六个方面：（1）按自然生发规律，制定时禁法令；（2）除虎豹豺狼之害；（3）绿化两京及保护其四郊三百里的生态环境，此处不得弋猎采

① 《魏书·食货志》。
② 《魏书·世宗纪》。
③ 《晋书·冯跋传》。
④ 唐玄宗御制：《大唐六典》，千葉县（日本）：広池学园事业部，昭和四十八年（1973），第156页。
⑤ 《唐六典·尚书工部·虞部郎中》。

捕；（4）保护五岳及名山，禁止樵采；（5）掌管百官蕃客的时蔬、草藁、薪炭等供应；（6）发现并上报山泽之宝[①]。唐代对珍稀动物已有一些非常有价值的保护措施：例如，开元年间（713—741）曾制订法令：鸟兽之类，有生获者，放之山野。永贞元年（805）皇帝下诏，所有珍禽异兽，都停止进献[②]。唐代对城市生态环境管理亦已有相当的水平，据文献记载，已出现专以清理垃圾、剔粪为职业的人员，“长安富民罗会，以剔粪为业”“河东人裴明礼，善于理业，收人间所弃物，积而鬻之，所以家产巨万”[③④]。这些人员以清理城市垃圾为业，既改善了城市生态环境，又因此而累积巨万家资。

宋代继承唐制，在工部下设虞部司，“掌山泽苑囿场冶之事”[⑤]。所谓场冶，即矿场和冶金。例如《宋史》记载，徽宗崇宁四年（1105）要求山泽苑囿场冶的“驰兴、废置、移併，亦令具注，上于虞部”[⑥]。据

① 卫丽：《唐代工部尚书研究》，北京：中国科学技术出版社，2016年版，第53页。

② 罗桂环，等：《中国环境保护史稿》，北京：中国环境科学出版社，1995年版，第65页。

③ 《朝野杂佥》。

④ 《太平广记》。

⑤ 《宋史·职官志（三）》。

⑥ 《宋史·食货志》。

《宋大诏令集》，北宋太祖、太宗、真宗、仁宗、神宗、徽宗和南宋高宗、孝宗等帝都下达过保护生态环境的诏令。为维护京城街道的环境卫生，宋代还设有街道司。

元代“无虞衡司设置”，是中国古代“唯一一个无这种环境保护机构的朝代”[①]。但是，元朝一些皇帝也较为重视对自然资源的保护，如元世祖忽必烈曾于至元三年（1266）、九年（1272）、十年（1273）、十八年（1281）、二十四年（1287）、二十八年（1291）六次诏禁田猎[②]。

明、清两代均在工部下设虞衡司、都水司、屯田司。例如，明代虞衡司“典山泽采捕、陶冶之事”“冬春之交，罝罛不施川泽；春夏之交，毒药不施原野。苗盛禁蹂躏，谷登禁焚燎”“凡诸陵山麓，不得入斧斤、开窖冶、置坟墓。凡帝王、圣贤、忠义、名山、岳镇、陵墓、祠庙有功德于民者，禁樵牧。凡山场、园林之利，听民取而薄征之”[③]。明代都水司，则主河湖沟渠之事。清代官制与明朝相

① 李丙寅：《中国古代环境保护》，郑州：河南大学出版社，2001年版，第140页。
② 《元史·世祖纪》。
③ 《明史·职官志》。

近，不但在工部设有虞衡司，还设有主管城市生态环境的街道厅。但是，由于人口增长过快，如清顺治十八年（1661）全国人口不到2000万人；到乾隆十八年（1753）不到100年间，人口翻了五番多，达1亿多人；至乾隆二十九年（1764），仅过11年，人口又翻了一番，达2亿多；至道光十五年（1835），人口再度翻了一番，达4亿多（表4-1）。这也造成开垦荒地、乱砍滥伐远较前代严重，许多地区水土流失严重，沙漠扩大，总体上生态环境有恶化的趋势。虞衡司等仅在局部生态环境上有些作为，例如在东北地区禁伐森林、禁开矿山等。直至清末废止虞衡司[①]。

表4-1　清代人口增长

历史纪年	公元纪年	人口数（人）
顺治十八年	1661	19203233
康熙六十年	1721	25386209
乾隆十八年	1753	102000000
乾隆二十九年	1764	205591017
嘉庆八年	1803	302850673
道光十五年	1835	401767053
道光二十一年	1841	413457313

① 李成华编著：《中国古代官职辞典》，台北：常春谢书坊，1988年版，第525—526页。

* * *

综上所述，即使我们不计舜帝时设虞的史料，从夏朝（公元前21世纪—前16世纪）至清末，中国的虞衡组织基本没有中断（仅元朝97年间没有设置）。因此，说中国的虞衡制度延续数千年是可信的。

第三节 两千多年前的环境保护法——《田律》

1975年底，在湖北省云梦县城关西部睡虎地考古工作中，发掘出12座战国末至秦代墓葬。出土了埋葬于秦始皇三十年（前217）的11号墓的《云梦秦简》（又称《秦墓竹简》《睡虎地秦墓竹简》《睡虎地秦简》《秦简》），里面记载了环境保护法——《田律》。

一、《云梦秦简》概况

《云梦秦简》共有1155枚竹简，简长23.1—27.8厘米，宽0.5—0.8厘米，大部分字迹清晰可辨。经整理，分为《编年纪》《语书》《秦律十八种》《效律》《秦律杂抄》《法律答问》《封诊式》《为吏之道》和《日历》共九类[①②]。其中，《秦律十八种》为简牍主人根据需要从18种秦律中摘录的法律条文，《效律》为核验账目、物资与度量衡方面的法律条文，《秦律杂抄》是简牍主人根据需要摘录秦律中的一个单行法规。以上三类均为秦的律文，统称《秦律二十九种》，简称《秦律》。《法律答问》或称《秦刑律答问》，是解释秦刑律的文件。《封诊式》为治狱程式，供主管治狱诉讼的官吏学习、背诵，并在审理案件中参照执行。以上五类均为秦的法律文书，统称为《云梦秦律》[③]。

上述五类法律文书共有611简，成书年代不一。《法律答问》中部分律文是秦孝公时代（前361—前338）商鞅变法时所立，其他大部分是秦昭王（前306—前251）至秦始皇（前246年登位）初期所制定。秦始皇统一六国后和秦二世时更新的法律不包括在

① 《湖北云梦睡虎地十一号秦墓发掘简报》，载《文物》，1976年第6期。

② 《湖北云梦睡虎地秦汉墓发掘简报》，载《考古》，1981年第1期。

③ 《中国大百科全书·中国历史》卷，北京：中国大百科全书出版社，1992年版，第1468—1469页。

内，“严格地说，应称为秦国法律文书。不过，从秦始皇统一到灭亡的十几年间，秦仍坚持实行统一前的政策、措施这一点来看，把它作为秦代法律文书也是可以的”①。

“我国古代的法律，现存以唐律为最早，唐以前的法律已全部散佚。这批秦法律文书……是我国时代最早、保存条目最多、内容最丰富而又有系统的定型的成文法典。它（们）的发现，是中国古代法制史上的一件大事，在世界法制史上也占有重要地位”②③。它们的发现亦表明，“秦始皇统一中国前，秦国已经有了一套具有自己特色的、完备的法规”④。

这批法律文书，“是今天所能见到的中国古代最早的法律条文”“共约有一万七千字”。它们在“每条律文后常系有律名，计有《效律》《田律》《厩苑律》《仓律》《金布律》《关市律》《工律》《徭律》……《捕盗律》《戍律》”，共20余种。“以上

① 中国社会科学院考古研究所编著：《新中国的考古发现和研究》，北京：文物出版社，1984年版，第389—393页。

② 中国社会科学院考古研究所编著：《新中国的考古发现和研究》，北京：文物出版社，1984年版，第392页。

③ 《云梦秦律简论》，载《考古学报》，1980年第1期。

④ 《中国大百科全书·法学》卷，北京：中国大百科全书出版社，1984年版，第478页。

诸律，仅《效律》首尾完具，其余皆为摘抄”“尽管出土的秦律仅是选抄了秦律一部分，但从众多的律文名目来看，知道秦律分类已臻于相当细密的程度”，也“可见秦（国）的大小官府机构，都制订有若干规章制度……有如《田律》之类，是为保护水流、山林等自然资源而制订”[①]。

二、《田律》

1975年12月，出土于湖北省云梦县睡虎地11号墓《秦律十八种》中有《田律》。其文如下：

“春二月，毋敢伐材木山林及雍（壅）堤水。不夏月，毋敢夜草为灰，取生荔、麛卵彀，毋□□□□□□毒鱼鳖，置阱罔（网），到七月而纵之。唯不幸死而伐绾（棺）享（椁）者，是不用时。邑之近皂（牛马圈）禁苑者，麛时毋敢将犬以之田（猎）。百姓犬入禁中而不追兽及捕兽者，勿敢杀；其追兽及捕兽者，杀之。河（呵，即呵责）禁所（‘河禁所’指警戒地）杀犬，皆入完公；其他禁苑

① 《中国大百科全书·中国历史》卷，北京：中国大百科全书出版社，1992年版，第1468—1469页。

杀者，食其肉而入皮。”①

这一段文字译为白话文是：春天二月，不准上山砍伐树木，不准堵塞水道。不到夏季月结束，不准烧草作肥料，不准采摘刚发芽的植物，不准捕捉幼虫、小鸟兽，不准捡拾卵蛋，不准……毒杀鱼鳖，不准设置陷阱和网罟捕捉鸟兽，直到七月秋天的来临这些禁令才可解除。唯家有不幸、死者急需棺椁者，则可不受季节的限制采用林木。居邑靠近饲养牛马地和其他禁苑者，鸟兽繁殖时节不准带犬狩猎。百姓的猎犬进入禁苑，如不追捕和不伤害苑中的鸟兽，不得随意处死；如追捕或伤害苑中的鸟兽，则要杀死。在设有专门警戒的苑区所打死的猎犬，要将该狗尸体完整地上交官府；在其他禁苑中打死的狗，则可以食吃狗肉，只上交狗皮。②

《田律》迄今虽仅见于上述的约120字，但足以证明此类法律的存在。而且，其中对树木、植被、水道、鸟兽的保护措施，是既科学又实用的。春天是万物生长的季节，草木萌发，各种飞禽走兽正值繁殖时

① 睡虎地秦墓竹简整理小组：《睡虎地秦墓竹简》，北京：文物出版社，1978年版，第26—27页。

② 参考睡虎地秦墓竹简整理小组：《睡虎地秦墓竹简》，北京：文物出版社，1978年版，第27页。

节，此时实施的保护措施最为有效。夏末秋初，花草树木生长旺盛，野生动物也已逐渐长大，此时开放禁令允许人们采伐捕猎，是比较合理的。《田律》继承了中国先秦时业已形成的“发必有时”“取之以时”的保护自然资源的传统。同时，《田律》表明我国先秦时期已有若干较为成熟的生态思想，已经把保护自然资源上升到了法律的高度。它是迄今所知中国最早的环境保护法，也是迄今所知世界上最早的环境保护法。

第四节
两千多年前的生态专篇——《管子·地员》篇

2009年出版的《中国大百科全书》第2版中，生物学史专家明确指出：“《管子·地员》篇是古代一篇杰出的植物生态学论著。它阐述了土壤与植被的关系，把全国的土壤分为上、中、下三等，每等分为六个土类，每个土类又分为五个土种，共90种土。记述了每种土所适宜生长的植物，还总结了地下水位高低与植物分布的关系以及植物在山地的垂直分布和在水边的带状分布状况。实际上就是现代植物生态学上所说的生态分布序列法则”[①]。以中国科学院原院长、院士卢嘉锡为总主编的《中国科学技术史》则称《管子·地员》篇是“最早的生态地植物学著作”[②]。

一、《管子·地员》篇出现的背景

现学术界公认《管子》是公元前5世纪—前3世纪战国时代的作品，它不是某个人的著作，而是多人所作，是当时稷下之士辑录春秋初著名的政治家、思想家管仲治理齐国的经验、学说，以及后人对管仲思想研究和解读的著作。

《管子·地员》篇生态专篇出现于战国时期不是偶然的，而是中国先秦生态思想和知识累积到相当丰富时的必然产物。当时已出现一系列富有生态思想和知识的著述，包括中国和世界现存最早的物候著述《夏小正》，中国和世界现存最早的区域地理著作、倡立水系和山系的《尚书·禹贡》，中国现存第一部山岳专著《山经》（《山海经》的主体部分），中国

---

① 《中国大百科全书》第2版，北京：中国大百科全书出版社，2009年版，第29卷，第181页。

② 卢嘉锡总主编，黄惜忱、范楚玉主编：《中国科学技术史·农学》卷，北京：科学出版社，2000年版，第65页。

现存最为古老的游记《穆天子传》，中国现存最早的军事地理专篇《孙子兵法·地形》篇[1]，以及《吕氏春秋》中的《任地》《辨土》《审时》等农业篇，等等。

即使在《诗经》《尚书》《周易》《周礼》《国语》等古籍中，亦记有大量的生态思想和知识，其广度和深度都出人意料。例如，《国语》中记有“里革断罟匡君”的事。说鲁宣公在夏天带人去泗水泛舟撒网捕鱼，大夫里革将宣公的网割断，扔到岸上，并对宣公讲解古时保护生物资源的传统。他讲：“古者，大寒降，土蛰发。水虞于是乎讲罛罶，取名鱼，登川禽，而尝之寝庙，行诸国人，助宣气也。鸟兽孕，水虫成，兽虞于是乎禁罝罗，矠鱼鳖，以为夏犒，助生阜也。鸟兽成，水虫孕，水虞于是禁罝罜麗，设阱鄂，以实庙庖，畜功用也。且夫山不槎蘖，泽不伐夭，鱼禁鲲鲕，兽长麑麌，鸟翼鷇卵，虫舍蚳蝝，蕃庶物也。古之训也。今鱼方别孕，不叫鱼长，又行网罟，贪无艺也”[2]。此段话的大意是：古时，大寒节气以后，冬眠于土中的百虫开始活动。这时，水虞官鼓

① 孙关龙：《重新认识先秦地理学的成就——兼论中国地理学发展史上一次大断裂》（在2000年第29届国际地理学大会上发言，韩国首尔）。载《地球信息科学》，2001年第2期。

② 《国语·鲁语上》。

励人们用网钩捕鱼，捕捉大鱼鳖，以送到庙宇祭祀，然后国人可以捕捞食用。这能助长阳气上升，有利水中生物繁殖、生长。鸟兽怀孕、鱼鳖成长时，兽虞官便禁止人们用鸟网、兽网捕捉鸟兽，禁止叉刺鱼鳖做夏天的鱼干，这有利于鸟兽的繁殖。鸟兽成长、鱼鳖繁殖时，水虞官也会禁止用网捕兽、捕鱼，禁止设陷阱、栽尖桩捕捉禽兽，这是为了储备资源。而且，山上刚长出的枝条不能砍伐，湖泽中的小草不能裁割，捕鱼时禁捕小鱼，捕兽时禁捕幼兽，要保护雏兽、鸟卵，捉虫时要留下虫子与幼虫，所有这些都是为了万物繁衍。上述做法都是古时传下来的训导。现在，鱼儿刚刚孕育，您不让鱼儿生长，用网捕捞，是贪婪无德啊[①]！鲁宣公听讲后，认识到自己的错误，并表示要把那个破网保存下来，以永志不忘。

又如，《周礼》中有一系列的仿生态官职，“天官”“地官”“春官”“夏官”“秋官”“冬官”。并以此六官区分六典，以六典定六职，权责分明，载入礼法，其中的职责全都与生态有关[②]。而且，书中记

---

① 参考李丙寅：《中国古代环境保护》，郑州：河南大学出版社，2001年版，第45页。

② 周延良、翟双萍：《〈周礼〉的自然生态观》，深圳：海天出版社，2015年版。

载有不同地域适宜不同动物、植物生长和活动等一系列生态论述：山林地区适宜兽类动物和柞、栗类植物生长，川泽地区适宜鱼类动物和杨、柳类植物生长，丘陵地区适宜鸟类动物和核果类植物生长，水边低平地区适宜鱼鳖类动物和豆类植物生长，平原湿润地区则适宜人类居住和芦苇类植物生长（“一曰山林，其动物宜毛物，其植物宜皂物”“二曰川泽，其动物宜鳞物，其植物宜膏物”“三曰丘陵，其动物宜羽物，其植物宜覈物”“四曰坟衍，其动物宜介物，其植物宜荚物”“五曰原隰，其动物宜羸物，其植物宜丛物”[①]）。这段有关动植物与生态环境关系的论述，“反映了当时人们已经在用生态学的观念来思考问题，观察包括人类在内的生物世界”[②]。

上述论述表明：战国时期，中国古人的生态思想和知识已相当丰富，已出现一系列富含生态思想和知识的著述，且“当时人民已经在用生态学的观念来思考问题，观察……世界”，因而此时出现生态专篇——《管子·地员》篇是必然的。

---

① 《周礼·地官·司徒》。

② 《中国大百科全书》第2版，北京：中国大百科全书出版社，2009年版，第29卷，第181页。

二、《管子·地员》篇的生态内容

《管子·地员》篇仅2222字，生态内容极其丰富。顾名思义，“地”指土地，“员”是物数，《管子·地员》篇即论述各种土地上适宜生长的物数，也就是说《管子·地员》篇从篇名开始即为生态篇。其生态内容本书分三个方面进行简述。

1. 山地植物垂直分布

《管子·地员》篇在中国和世界首载植物分布的垂直地带性：从山脚到山顶随着海拔的升高，植被类型依次交替变化。其原文记载如下：

“山之上，命之曰悬泉，其地不干，其草茹茅与莞，其木乃樠，凿之二尺乃至于泉。山之上，命曰复吕，其草鱼肠与莸，其木乃柳，凿之三尺而至于泉。山之上，命之曰泉英，其草蕲、白昌，其木乃杨，凿之五尺而至于泉。山之材，其草兢与蔷，其木乃格，凿之二七十四尺而至于泉。山之侧，其草蔏与蒌，其木乃品榆，凿之三七二十一尺而至于泉。”[①]

① 颜昌峣：《管子校释》，长沙：岳麓书社，1996年版，第467页。

夏纬瑛在1981年把这一段文字用图显示，清晰地表明了植物垂直性分布的特点，自高渐低五种植物分别为樠（落叶松）→柳（山柳）→杨（山杨）→格（槚楸）→品榆（榆枢）[①]。《中国科学技术史·农学》卷和罗顺元著作分别以表清晰示之[②③]，笔者在他们基础上做了一些修改，见表4-2。

表4-2 《管子·地员》篇描述的自山顶至山脚的植被垂直分布

地貌	估测高度	代表性植被	泉深（尺）
山之上，悬泉（最高的山顶，有泉自上流下，其地不干）	2000—3000米（约合6000—9000尺）	茹茅、莞（蘆）、樠（落叶松）	2
山之上，复吕（两山重合之高处）	1700—2200米（约合5000—6600尺）	鱼肠、莸、柳（山柳）	3
山之上，泉英（两山重合有泉处）	1500—2000米（约合4500—6000尺）	蕲、白昌、杨（山杨）	5

① 夏纬瑛：《管子·地员篇校释》，北京：农业出版社，1981年版，第29页。

② 参考卢嘉锡总主编，黄恺忱、范楚玉主编：《中国科学技术史·农业》卷，北京：科学出版社，2000年版，第122页。

③ 参考罗顺元：《中国传统生态思想史略》，北京：中国社会科学出版社，2015年版，第13页。

（续表）

地貌	估测高度	代表性植被	泉深（尺）
山之材（蔚）（低山、有杂树处）	500—1500米（约合1500—4500尺）	斻（荃）、蔷（蘼）、格（槚楸）	14
山之侧（低坡至山脚处）	50—500米（约合150—1500尺）	葍、蒌、品榆（榆枢）	21

2. 微地形植物水平分布生态系列

《管子·地员》篇又首记从陆地到水边滩地，再到浅水、深水的微地形植物水平分布生态系列。由于其地表坡度、土层厚度、地下水位高低及水域深浅不同，所生长的植物也不同，概称为“十二衰”（即十二种水平分布不同的植物）。其原文如下：

“凡草木之道，各有谷造。或高或下，各有草土。叶下于虋，虋下于苋（莞），苋下于蒲，蒲下于苇，苇下于蘿，蘿下于蒌，蒌下于荓，荓下于萧，萧下于薜，薜下于萑（蓷），萑下于茅。凡彼草物，有十二衰，各有所归。”[①]

夏纬瑛用图示其十二衰的分布图，让人一目了

① 颜昌峣：《管子校释》，长沙：岳麓书社，1996年版，第468页。

然（图4-1），他研究考证这十二种植物的今名，认为：“叶”指今荷，生长在水下；“虋”为今水生植物菱科的菱；“苋”指今生长在浅水中的莞属植物；“蒲”为今菖蒲属植物，也生长在浅水；“苇”为今芦苇，生长在水边，介于水陆之间；“雚”为今旱生的苇；“蒌”即蒌蒿，生长地稍高于雚；“荓”指今扫帚菜；“萧”指耐旱的蒿属植物；“薜”为莎草类植物，生长在较干燥的低小山坡；“萑”即蓷，为今益母草；“茅”为今白茅，生长在较干旱的高地[①]。

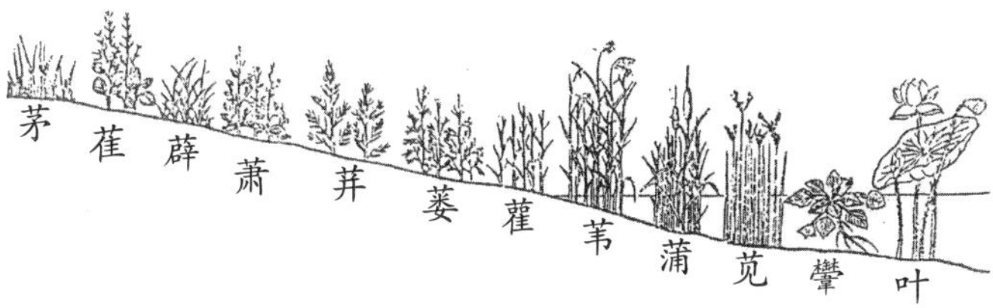

图4-1 《管子·地员》篇描述的十二衰水地植物生态分布图

3. 土壤与植物的生态关系

《管子·地员》篇是“生态地植物学著作”，因为该篇文章的核心知识是论述土壤质地与植物之间的

① 夏纬瑛：《管子·地员篇校释》，北京：农业出版社，1981年版，第37页。

生态关系。

该文首先论述"渎田"五种土壤——息土、赤垆、黄唐、斥埴、黑埴，以及各自所适宜种植的农作物、所适宜生长的野生植物和泉水的性状等。其生态关系见表4-3。①②

表4-3 渎田五土与植物的生态关系

土壤类型	地下水性状	适宜的农作物	适宜的野生植物
息徒（土）	水仓	五谷（谷粒厚实）	蚖、苍、杜、松、楚棘
赤垆（历强肥）	水白而甘	五谷、麻白布黄	白茅、雚、赤棠
黄唐	泉黄而糗	唯宜黍秫	茅、櫄杶、桑
斥埴（赤埴）	泉咸	大菽、麦	萯、雚、杞
黑埴	水黑而苦	稻、麦	苹、蓨、白棠

① 参考罗顺元：《中国传统生态思想史略》，北京：中国社会科学出版社，2015年版，第15页。

② 参考卢嘉锡总主编，董恺忱、范楚玉主编，《中国科学技术史·农学》卷，北京：科学出版社，第113页。

然后，该文论述九州十八类土壤，每类土壤又各分五种，共计九十种，“凡土物九十种”[①]，及其适宜种植的农作物。十八类土壤又按质地优劣状况，分为上、中、下三个等级，每一等级各有六类土壤。其中，对属于上上等土壤的“五粟”“五沃”“五位”描述最详，包括描述土壤的颜色、含水特征、适宜种植的农作物、适宜生长的野生植物、当地居民相应的体征等。其他土壤记述较为简略，多仅概括土质特性及其适宜种植的农作物[②]。

除上述描写土壤特性、地形高下、地下泉水与植物的生态关系外，《管子·地员》篇还涉及阳光、地下动物等生态因子与植物生态关系的论述。例如，《管子·地员》篇说：“五粟之土，若在陵在山，在隫在衍，其阴其阳，尽宜桐柞，莫不秀长”[③]。其意是说：在被称为“群土之长”[④]的五粟土上，不管是丘陵地还是山地、是高凸处还是低平处、是阴面还是阳面，都适宜种植桐树、柞树，而且都能生长良好。

---

① 颜昌峣：《管子校释》，长沙：岳麓书社，1996年版，第481页。
② 参考罗顺元：《中国传统生态思想史略》，北京：中国社会科学出版社，2015年版，第15页。
③ 颜昌峣：《管子校释》，长沙：岳麓书社，1996年版，第469页。
④ 颜昌峣：《管子校释》，长沙：岳麓书社，1996年版，第469页。

又如说，“其阴，则生之楂藜；其阳，则安树之五麻”[①]。这是说，山的阴面适宜种楂、藜，山的阳面则适合种植五麻，说明楂树、藜树是喜阴植物，五麻是喜阳植物。再如说：“粟土之次曰五沃……五沃之状，剽怸橐土，虫易全处，怸剽不白，下乃以泽。其种，大苗细苗，赨茎黑秀箭长”[②]。其大意是：次于粟土的五沃土壤，土质轻扬，各种虫豸穴居其内，形成土壤疏松而有空隙，能使土底保持湿润。所以农作物无论是大苗、小苗，都生长得非常好。按现代生态学知识，土壤动物在土壤中活动，能提高土壤空隙度，增强土壤的透气性，提高土壤的抗旱保墒能力；土壤动物对枯落物有分解功能，使有机物分解为植物能吸收的肥料，因此土壤动物有利于植物生长[③]。

夏纬瑛指出：《管子·地员》篇所述的“渎田”，指的是江（长江）、淮（淮河）、河（黄河）、济（古济水，今黄河入海的下游河道基本上是古济水河道）四渎间的田地，即今我国的黄淮海大平

---

① 颜昌峣：《管子校释》，长沙：岳麓书社，1996年版，第471页。
② 颜昌峣：《管子校释》，长沙：岳麓书社，1996年版，第471页。
③ 参考罗顺元：《中国传统生态思想史略》，北京：中国社会科学出版社，2015年版，第19页。

原[1]。我国著名自然地理学家、北京大学教授林超研究认为，《管子·地员》篇是“中国最早的土地分类著作”，其所述的植物山地垂直分布与今华北山地的植物垂直分布基本一致[2]。笔者于2000年在韩国首尔召开的第29届国际地理学大会上宣读的论文中指出，《管子·地员》篇载有“中国也是世界上最早的土地分类系统”，“载有中国和世界上最早的山地植物垂直分布记录”，在中国和世界上“首次阐述微地形自然景观的水平地带性”，它是中国和世界上“最早的土壤地理著作”，是“中国和世界上第一部综合自然地理著作”[3]。也可以说，它是中国和世界上最早的生态学专篇。而且笔者经考核发现，以后直至清末的2000多年中，没有一本（或一篇）著述在论述上述植物生态知识方面是超过它的。世界著名科技史家李约瑟曾指出：“经过对大量书籍的查阅考证，可以说……生态学、植物地理学和土壤学都诞生于东亚文化，而从

① 夏纬瑛：《管子·地员篇校释》，北京：农业出版社，1981年版，第97页。

② 林超：《中国最早的土地分类著作〈管子·地员〉篇》，载《林超地理学论文选》，北京：北京大学出版社，1993年版，第188—193页。

③ 孙关龙：《重新认识先秦地理学的成就——兼论中国地理学发展史上一次大断裂》（在2000年第29届国际地理学大会上发言，韩国首尔），载《地球信息科学》，2001年第2期。

《管子》一书着手探讨是合适的。这是流传至今的所有古代自然科学……典籍中最引人入胜的一部”[①]。

第五节 绵延约1600年的山水田园诗

中国自古是个诗的王国，仅唐一代现存“诗人3000多人”的“诗歌55000多首”[②]。汉字有表意性，单字独义，一字一音，又有四声变化，熏铸了我们的先祖在生产劳动、社会生活实践中创造的诗句，具有节奏鲜明、抑扬顿挫的艺术之美，不仅能让人朗朗上口，而且形成字数整齐划一的独特的审美效果。

早在先秦时代，“风”“骚”并称，《诗经》中的《国风》和以《离骚》为代表的《楚辞》，成为中国古代诗歌的两个典范、两个源头，分别奠定中国古代诗歌的现实主义传统和浪漫主义传统[③]。在孔子“多

① ［英］李约瑟：《中国科学技术史》第6卷，第1分册（植物学），北京：科学出版社，上海：上海古籍出版社，2006年版，第43页。

② 据清人编纂的《全唐诗》和今人所辑《全唐诗外编》统计。

③ 参考《中国大百科全书》第2版，北京：中国大百科全书出版社，2009年版，第29卷，第216页。

识于鸟兽草木”[①]、老子“道法自然”[②]思想浸润下，中国人自古还形成尊重日月山水、热爱花木鸟兽的传统[③]。于中古的魏晋南北朝时代，分别形成山水诗、田园诗，在盛唐时代则合流为山水田园诗派，并持续发展至今。

一、山水诗形成

山水诗是“以描写和歌咏大自然的山川美景为题材的诗歌”[④]。《诗经》已有大量的山水诗句，据笔者统计，“山”字在37首诗篇中，出现75次。例如，《鲁颂·閟宫》篇有“泰山巖巖”的诗句；《大雅·韩奕》篇有“奕奕梁山”的诗句；《小雅·车舝》篇有“高山仰止（之）”的诗句。《小雅·南山有台》篇则有“南山有台，北山有莱”“南山有桑，北山有杨”“南山有杞，北山有李”“南山有栲，北山有杻”“南山有枸，北山有楰”的诗句，这是一首

① 《论语·阳货》。

② 《老子·第二十五章》。

③ 孙关龙：《〈诗经〉草木虫鸟研究回顾》，载《学习与探索》，2000年第1期。

④ 《中国大百科全书》第2版，北京：中国大百科全书出版社，2009年版，第19卷，第242页。

歌颂性诗篇，描写各种各样的树木覆盖着高山，用这美好的生态环境作为起兴句，歌颂国家的安宁和“君子”的有德、有才、有寿，全诗散发着“质朴清新”之美①。“水”字在20首诗篇中，出现43次。例如，《齐风·载驱》篇有“汶水（今山东汶河）滔滔”的诗句；《魏风·伐檀》篇有“河水清且涟猗”的诗句，“河”指今黄河，即说在《诗经》时代黄河的水曾是清的，泥沙不多②；《小雅·鼓钟》篇有“淮水（今淮河）汤汤”的诗句等。还有大量记述水体的诗句，如“川”字在7首诗篇中出现8次，“江”字在5首诗篇中出现11次，“河”字在15首诗篇中出现27次，“池”字在6首诗篇中出现9次，“泽”字在5首诗篇中出现6次，“泉”字在15首诗篇中出现21次等。以上合计125次。至于涉及日月星辰、草木鸟兽的诗句则更多，如仅草木鸟兽（动植物）即达252种③。“在2500年前就记载这么多……动植物，这在世界其他国家的

---

① 参考《诗经百科辞典》，沈阳：辽宁人民出版社，1998年版，第309—311页。

② 孙关龙：《黄河名称的历史演变》，载《地理知识》，1991年第10期。

③ 《中国大百科全书》第2版，北京：中国大百科全书出版社，2009年版，第29卷，第181页。

古文献中是很罕见的”[①]。《楚辞》中也记录大量的日月山水、虫鸟花木，尤其是《楚辞·九歌》篇中。楚人所祭拜的东皇太一、东君、云中君、河泊、山鬼、湘君、湘夫人等神灵，“其实就是太阳、星辰、云气、长江、湘水、山岳等自然景观的拟人化。这些祭神的乐歌，虽是描写神灵的喜怒哀乐，但也美妙而生动地展示了楚地常为阴雨笼罩的深山密林、石泉幽篁，以及江湘洞庭烟波浩渺、芳草遍地的美景。诗中的神灵并无神的威力，却充满人的情感，与其说他们是主宰自然的神灵，毋宁说是人格化的自然。从这一点来说，将楚辞视为山水描写的先声也未尝不可”[②]。但诗家们普遍认为，《诗经》《楚辞》中的山水还只是人物和巫神“活动的自然布景，并未成为独立完整的表现对象”，原始的山水美还没有“将这种美视为独立的表现题材的意识”[③]，或者说“还不是直接对自然美的观照和欣赏”[④]。

① 《中国大百科全书》第2版，北京：中国大百科全书出版社，2009年版，第29卷，第181页。

② 葛晓音：《山水田园诗派研究》，沈阳：辽宁大学出版社，1993年版，第4页。

③ 葛晓音：《山水田园诗派研究》，沈阳：辽宁大学出版社，1993年版，第4—6页。

④ 《中国大百科全书》第2版，北京：中国大百科全书出版社，2009年版，第19卷，第242页。

现诗界公认“中国最早的一首山水诗”，是诗人、魏武帝曹操的名作《观沧海》[①]。

东临碣石，以观沧海。（东行登碣石山，观看茫茫大海）

水何澹澹，山岛竦峙。（海水浩浩荡荡，海中山岛耸立）

树木丛生，百草丰茂。（海边树林郁葱，百草茂密丰盛）

秋风萧瑟，洪波涌起。（秋风萧条凄冷，海水腾起巨浪）

日月之行，若出其中。（日月有升有降，如从海中出入）

星汉灿烂，若出其里。（银河光辉灿烂，犹由大海生出）

幸甚至哉，歌以咏志。（见此景幸运啊！故咏诗以言志）

全诗把诗人气吞宇宙的胸怀与大海包容日月星辰的情景融为一体，丛林苍苍，百草丰茂，生机盎然，同时秋风萧瑟，在歌颂永恒的时空声中深蕴着人生短

① 《中国大百科全书》第2版，北京：中国大百科全书出版社，2009年版，第19卷，第242页。

促的悲哀。魏晋以后，诗歌中直接描写山水的作品逐渐增多，晋宋之交出现“中国诗史上第一个著名的山水诗人谢灵运”[①]。

谢灵运是南北朝时期的著名诗人，东晋谢玄之孙。因仕途失意，放情于山水，创作了不少优秀的山水诗篇，扭转当时已盛行百余年的玄言诗之风，“第一个以成功的创作实践确立了山水题材的独立地位”[②]，使山水诗以其“独有的风采登上诗坛”[③]。诚如刘勰在《文心雕龙·明诗》中所言：“宋初文咏，体有因革，庄老告退，而山水方滋”。从此，诗咏山水成为中国文学史上的传统题材，产生“山水诗”这一新的流派。谢灵运视“山水”为生命，说：“夫衣食，生之所资；山水，牲之所适”[④]，写下不少山水名句。如“春晚绿野秀”（《入彭蠡湖口》）、“青绿杳深沉”（《晚出西谢堂》），同为绿色，却是两幅完全不同的画面，前者为暮春，后者为深秋。“时

① 《中国大百科全书》第2版，北京：中国大百科全书出版社，2009年版，第19卷，第242页。

② 葛晓音：《山水田园诗派研究》，沈阳：辽宁大学出版社，1993年版，第38页。

③ 《中国大百科全书》第2版，北京：中国大百科全书出版社，2009年版，第19卷，第242页。

④ 谢灵运：《游台山志并序》。

亮夕澄霁，云归日西驰。密林含余清，远峰隐半规”（《游南亭》），写落日时景象，只用“余清”两字，就把读者带入雨后山林这一特定的环境中，准确地描述了山水形象。“白云抱幽石，绿筱媚清涟”（《过始宁墅》），以拟人手法赋予大自然生命，又利用浅深、明暗的对比显示大自然丰富的色彩。“鸟鸣识夜栖，木落知风发”（《石门岩上宿》），以有声烘托无声，由动见静，细腻地写出深山的夜色。“近涧涓密石，远山映疏木。空翠强难名，渔钓易为曲”（《过白岸亭》），把老庄哲学化入山水景色之中，由景涉理[1]。其名作有《登池上楼》：

潜虬媚幽姿，飞鸿响远音。（沉潜的蛟龙姿态美妙，高飞的鸿鸟鸣声亮远）

薄霄愧云浮，栖川怍渊沉。（仰望天空愧对飞云，栖息川谷愧对潜龙）

进德智所拙，退耕力不任。（仕途德智难胜任，退隐耕田力不从）

徇禄反穷海，卧疴对空林。（为求俸禄来到荒远的海边，久病空对荒芜的林园）

① 参考《中国大百科全书·中国文学》卷，北京：中国大百科全书出版社，1986年版，第1091页。

衾枕昧节候，褰开暂窥临。（每天昏睡不知时节变化，偶尔推开窗帷向外观望）

倾耳聆波澜，举目眺岖嵚。（倾听流水的声音，眺望巍峨的山岭）

初景革绪风，新阳改故阴。（初春的阳光驱走残留的冬风，温暖的新春替代冬日的阴冷）

池塘生春草，园柳变鸣禽。（池塘长满了春草，柳树上出现了鸣鸟）

祁祁伤豳歌，萋萋感楚吟。（想起豳诗使我忧伤，吟念楚歌使我感叹）

索居易永久，离群难处心。（独居让人难捱，离群使人难以安心）

持操岂独古，无闷征在今。（坚守节操哪能限于古人，如今却在我身上得到验证）

此诗描写诗人被逐出京城至永嘉（治今浙江温州）为官、卧病一冬之后，久病初起，登楼眺望时的所见、所感。前四句是描写失意的牢骚，中四句是诗人登楼远望所见清新、自然、充满生机的春景，后三句是诗人抒发离群孤居的怀人思归的情怀。全诗不但有“池塘生春草”等名句，更重要的是通篇情景交融，不同的景物与诗人的心情有机地融合。

二、田园诗形成

田园诗是以描写和歌颂农村田园风采和田园生活为题材的诗歌。《诗经》中有大量反映田间劳动和农家生活的诗篇，例如《魏风·十亩之间》篇，描写了女子采桑的情景。还有一些诗篇全面地反映农夫一年四季耕作、采集、收获、狩猎、酿酒、祭祀的田地劳动和生活场面，例如《豳风·七月》《小雅·莆田》《小雅·大田》等诗篇。其中《豳风·七月》篇对农事的叙述尤为周详（见第二章表2-1）。正如一些专家所指出的："这些诗大多出自民间，所展示的主要是田家繁忙辛劳而不得温饱的生活……《诗经》所描写的田园与后世不同，农夫大多在公田上耕作……但它们所选取的田家生活场景都颇富典型意义，已初步为田园诗取景选材画出一个粗略的轮廓"[①]。不过，笔者对一些专家把《诗经》中这些诗歌称为"田园"诗有一点不同的意见：认为把《诗经》中这些"田园"诗称为"田间"诗似更为贴切。因为：（1）居家的园庭当时似未出现或极少出现。《郑风·将仲子》

---

① 葛晓音：《山水田园诗派研究》，沈阳：辽宁大学出版社，1993年版，第3页。

篇所说："无踰我园"诗句中的园，从诗文看是"树杞""树桑""树檀"的林园，不是居家的园庭。与后世居家的园庭相近的是当时的"囿"，有山、有水、有树、有草、有动物，但在《诗经》中仅出现一处，即《大雅·灵台》篇的诗句"王在灵囿"，指周文王的一处皇家园林[①]；秦汉时演化为皇家的"苑"，而不是居家的园庭。（2）《诗经》中这些诗歌多记述农人繁重的劳作和生活，难以有"园林"味。但是，笔者同意《诗经》中的田间诗是晋宋之间田园诗重要源头的见解。

现学术界公认中国第一篇田园文学作品，是东汉张衡的《归田赋》[②]。之所以在东汉正式出现田园文学的作品，是与当时的政策和形势密切相关的。"东汉的政策，和西汉相反，除外戚家族和特许者外，一般大臣去官就要回归乡里原籍，而且还不得私归京师"[③]。在这种政策和形势下，回归乡里成为文学艺术创作的重要内容，汉画像石、汉画像砖都广泛地涉及

① 高亨：《诗经今注》，上海：上海古籍出版社，1980年版，第393—394页。

② 王祥：《从"田园之志"到田园文学》，载《光明日报》，2017年9月4日。

③ 何兹全：《中国古代社会》，北京：北京师范大学出版社，2007年版，第338页。

田园和田园生活[①]。在这种背景下，东汉天文学家、数学家、仪器创造家（包括制作地动仪等）张衡创作了田园文学的开创性作品——《归田赋》。以后，出现西晋文学家潘岳的《闲居赋》、石崇的《思归引》。陶渊明创造性地吸收《诗经》田间诗、张衡等田园赋和魏晋玄言诗等长处，把田园赋、田园散文提高到一个新的高度，创立田园诗，从而真正创建田园文学。其田园赋的代表作为《归去来兮辞》、田园散文的代表作为《桃花源记》。《归去来兮辞》是他与官场诀别的宣言，一开头便是激愤决绝之言："归去来兮，田园将芜胡不归？既自以心为形役，奚惆怅而独悲？悟已往之不谏，知来者之可追。实迷途其未远，觉今是而昨非"[②]。这篇千古名作，至今为人传诵。

陶渊明，今江西九江人，出生于没落的仕宦家庭。8岁丧父，家道中落，靠务农为生。29—41岁间数次出仕，屡屡辞归。41岁归隐后，坚持不出，且躬耕田园，自食其力，选择了一条与当时的士大夫、读书人完全不同的人生道路，并一直坚守到离开这个世

① 王祥：《从"田园之志"到田园文学》，载《光明日报》，2017年9月4日。

② 《中国大百科全书·中国文学》卷，北京：中国大百科全书出版社，1986年版，第854页。

界的那一天。他的思想和诗歌“确实是超越了他的时代”[①]。陶氏现存诗歌125首，大致分两类：一是继承发展汉魏以来抒情言志传统的咏怀诗，二是他所开创的田园诗[②]。田园诗的代表作有：《饮酒》（二十首），其中包括后来传诵广泛的《结庐在人境》诗篇；《归园田居》，包括世人至今诵颂的《少无适俗韵》《种豆南山下》等五首。这些脍炙人口的名诗，以自然天成、平朴淡然、淳厚丰美的诗风，鞭笞污浊的社会，赞美田园风光和辛勤劳作，向往富有生活气息的理想社会——桃花源，让人耳目一新，在中国文学史上、诗歌史上创立田园诗派。

例如，《结庐在人境》诗篇（为《饮酒》组诗中的第五首）：

结庐在人境，而无车马喧。（居住在人世间，竟然没有车马喧嚣之类的烦扰）

问君何能尔，心远地自偏。（我为何能够如此，只缘心志高远意超脱）

采菊东篱下，悠然见南山。（东篱之下采摘菊

① 葛晓音：《山水田园诗派研究》，沈阳：辽宁大学出版社，1993年版，第72页。

② 《中国大百科全书·中国文学》卷，北京：中国大百科全书出版社，1986年版，第852页。

花，悠然之间望见南山）

山气日夕佳，飞鸟相与还。（傍晚的山水、夕阳多么美好，飞鸟结伴双双归巢）

此中有真意，欲辩已忘言。（这里蕴含的人生真谛，可以意会难于言传）

此诗有两层含义，一是前两句，描写摆脱世俗喧扰后的人生感悟；二是后三句，叙写南山之美和诗人采菊东篱下的乐趣——物我相泯、天人合一的真情。

又如，《归园田居》诗其一《少无适俗韵》：

少无适俗韵，性本爱丘山。（自小没有迎合世俗的习性，性格上一直爱好田园和山丘）

误落尘网中，一去三十年。（阴错阳差地陷落世俗的罗网，一别故园屈指三十载）

羁鸟恋旧林，池鱼思故渊。（笼中的鸟眷恋居住过的树林，池中的鱼思念生活过的水域）

开荒南野际，守拙归园田。（如今回乡在山南开荒种地，乐于归家耕种田园）

方宅十余亩，草屋八九间。（在住宅周围开垦十余亩田地，盖上八九间草房）

榆柳荫后檐，桃李罗堂前。（榆树、柳树掩遮着后屋的房檐，桃树、李树罗列在堂屋之前）

暧暧远人村，依依墟里烟。（远远的村落依稀可见，家家升起袅袅的炊烟）

狗吠深巷中，鸡鸣桑树颠。（狗在深巷中吠叫，鸡在桑树之顶啼鸣）

户庭无尘杂，虚室有余闲。（门庭没有尘杂之物，简朴的屋里清闲安谧）

久在樊笼里，复得返自然。（犹如长困在笼中的鸟儿，如今终于如愿地返归大自然）

此诗分四个部分。（1）开始两句以追述往事开篇，将官场斥比为“尘网”，倾吐了诗人对仕途生活的鄙弃，亦交代了诗人弃官归田的缘由。（2）接下来的两句“羁鸟恋旧林，池鱼思故渊”“开荒南野际，守拙归园田”是点题的，眷恋家乡的田园。（3）从“方宅十余亩”到“虚室有余闲”五句，诗人为我们描绘了一幅宁静和谐的田园景象。（4）最后，“久在樊笼里，复得返自然”名句，写出了诗人重返田园的喜悦心境。

三、山水田园诗派形成和发展

中国的山水诗、田园诗在晋宋之交同时出现，不是偶然的，这是两晋（西晋和东晋）玄学自然观向山水自然观转化的结果，或者说是在两晋玄学思潮催化下趋同的结果。因而，山水诗、田园诗也必然由分趋合，化合出中国山水田园诗派。

1. 两晋玄学自然观向山水自然观的转向

中国山水诗、田园诗的旨趣都是回归自然，与天地冥合为一。但是从先秦以后，直到晋宋之交以前，在中国人的视野中，“自然”是一个抽象概念，指一切非人为的、天然的存在，既包括自然界，也包含山水、人的自然天性等。两晋时代，外戚、宗室争权夺利，互相杀伐，酿成“八王之乱”；又因民族矛盾加剧，引起匈奴、羯、氐、羌、鲜卑五族入侵，致使北方中国成为战场。东晋偏安江左，内乱迭起。两晋的政治生态环境十分险恶，许多文人名士都因卷入这些内斗的旋涡而断送性命。当时的文人名士难以发声，社会上流行的是玄言、归隐、逍遥、老庄哲学、佛学的循空思想，形成玄学及其玄言诗、归隐诗、游仙诗等。玄言诗、归隐诗、游仙诗对山水的钟情、田园的向往，促成人们从玄学自然观向山水自然观的转化。在这里，山水与田园都成为世人体悟自然之美的审美对象，所不同的只是居家为田园，出外为山水[①]。因此，于晋宋之间同时孕育出中国的山水诗和田园诗，不是偶然的。

具体来说，陶渊明年长谢灵运20岁，他的田园诗绝大多数作于39岁之后，即晋安帝元兴二年（403）以后。谢灵运的山水诗主要作于晋安帝义熙八年（412）之后。可见，陶渊明创立的田园诗与谢灵运创造的山水诗在时间上也就差10年左右[②]。无论是陶渊明的“久在樊笼里，复得返自然”（《归园田居》）诗句，还是谢灵运的“池塘生春草，园柳变鸣禽”（《登池上楼》）诗句，其基本精神都是回归自然、与天地冥化，都是富有生态性的诗篇。

2. 山水田园诗派的形成

（1）陶氏田园诗与谢氏山水诗是两种诗体

陶渊明的田园诗和谢灵运的山水诗，都为中国文学和诗歌界做出了里程碑式的贡献，他们的基本精神也是一致的，都为返归自然。然而，他们两者的诗

① 参考葛晓音：《山水田园诗派研究》，沈阳：辽宁大学出版社，1993年版，第17—31页。

② 葛晓音：《山水田园诗派研究》，沈阳：辽宁大学出版社，1993年版，第73页。

意、诗风差异很大，生态意境和生态美感亦大不相同，是两种诗体。陶渊明对自然的态度主要是融合感悟，故其开创的田园诗是以抒写炽爱山丘田园的天性和感悟自然的意趣为主，能把实有之景与意中之景融为胸中的一片天趣，创造出浑融完整、旨深无尽的生态意境和生态美感。谢灵运对自然的态度主要是返归观赏，其开创的山水诗以客观地表现自然美为主，他认为山水是供人消闲游玩的场所和对象。谢氏亦有将山水与抒情相互融合的意识，但由于实际情感没有达到融圆的高度，在艺术表现上终还是情景两分，生态意境表层化，缺乏深厚的生态美感。

陶渊明41岁归隐后，坚持不出世，且自食其力，躬耕田园，再贫、再穷也不改其初衷。在“复得返自然”之乐后，又从“晨出肆微勤，日入负来还”“四体诚乃疲”“田家岂不苦”（《庚戌岁九月中于西田获早稻》）的辛勤劳动中，实实在在地体验了农民的艰辛。从田家乐到田家苦，是陶氏思想的一大飞跃。并在这一认识的基础上，他悟出民生以勤为先，以衣食为端，才能返璞归真，走真正的人生道路。《庚戌岁九月中于西田获早稻》篇曰：“人生归有道，衣食固其端，孰是都不营，而以求自安”；《劝农》篇曰："民生在勤，勤则不匮"[①]。他反对当时尔虞我诈、争权夺利的智斗，反对当时玄言空谈、鄙视劳动的智巧，主张力耕的自然有为论，是第一个主张把农事题材引入诗歌领域的诗人，也是第一个发现田园风光之美的诗人[②]。这是他与两晋玄学自然观的根本区别，也是他超越所在的时代之处。文学评论专家指出：陶渊明的田园文学与张衡的《归田赋》"有了质的区别。无论是在辞赋还是在诗里，陶渊明笔下都不会出现'仰飞纤缴，俯钓长流；触矢而毙，贪饵吞钩；落云间之逸禽，悬渊沉之魦鰡'这样血淋淋的文字。在张衡的眼里，因为仍然延续着汉大赋的意识，鱼、鸟只是满足人们口腹之欲的物（品）；而在陶渊明眼里，鱼、鸟已与人融为一体，成为追求自由人格的隐喻和象征。毫无疑问，陶渊明的田园才是真正的田园，其笔下的田园文学才是真正的田园文学。从张衡到陶渊明，之间仍有漫长的路要走，不仅要翻过潘岳的《闲居赋》、石崇的《思归引》，更要翻过横

① 参考葛晓音：《山水田园诗派研究》，沈阳：辽宁大学出版社，1993年版，第72—79页。

② 参考《中国大百科全书》第2版，北京：中国大百科全书出版社，2009年版，第22卷，第52页。

亘在他们之间的那道意识上的鸿沟”[①]。谢灵运的诗冲破了玄学藩篱，鲜丽清新，“如初发芙蓉，自然可爱”[②]，开创中国的山水诗，难能可贵。然而他还没有完全摆脱玄学、玄言诗的影响，依然鄙视劳动、鄙视劳者。因此谢氏的山水诗无法达到陶氏田园诗的高度。

（2）盛唐时两种诗体合流

谢灵运以后，山水诗发展迅猛，风格也从典雅工丽、深典重涩转进为清俊流利、秀丽自然，进入一个新的发展阶段。其中谢朓的山水诗起了承上转进的作用。谢朓为南朝齐诗人，谢灵运的侄辈，因与谢灵运同以山水诗见长，史称二人为“二谢”，谢灵运为大谢，谢朓为小谢。小谢的山水诗抒发了思想情感，玄言诗的影响已消除，把景物描写和情感抒发自然地结合，如“天际识归舟，云中辨江树”（《之宣城郡出新林浦向板桥》）、“朔风吹飞雨，萧条江上来”（《观朝雨》）、“鱼戏新荷动，鸟散余花落”（《游东田》）等，体现了清俊秀丽的新诗体。李白很欣赏谢朓的诗，“蓬莱文章建安骨，中间小谢又清

① 王祥：《从“田园之志”到田园文学》，载《光明日报》，2017年9月4日。

② 《南史·颜延之传》。

发”（《宣州谢朓楼饯别校书叔云》）、“三山怀谢朓，水澹望长安”（《三山望金陵寄殷淑》）、“我吟谢朓诗上语，朔风飒飒吹飞雨”（《酬殷明佐见赠五云表歌》）。谢朓不但影响了李白，而且影响唐代一代诗风。①

相反，由于陶渊明的田园诗超越了当时的时代，艺术上又相当完美。但在“南北朝并不很受重视，刘勰《文心雕龙》根本没有提到他，钟嵘《诗品》仅把他的诗列入中品……到了唐代，他才开始受到广泛的重视”②。隋唐之际的王绩“承继陶渊明田园诗的传统，为唐代田园诗派的发展做出了重要的贡献”，而且还 “开创了田园中的山水诗”，代表作有《野望》《在京思故园见乡人遂以为问》等诗篇③。

在南北朝分道而行的山水诗、田园诗，在唐初王绩处出现合流的端倪。但“王绩以后，田园诗在初唐沉寂了近一百年”④，造成“初唐山水诗单向发展的局

① 参考《中国大百科全书·中国文学》卷，北京：中国大百科全书出版社，1986年版，第1092页。

② 《中国大百科全书·中国文学》卷，北京：中国大百科全书出版社，1986年版，第854页。

③ 葛晓音：《山水田园诗派研究》，沈阳：辽宁大学出版社，1993年版，第89—100页。

④ 葛晓音：《山水田园诗派研究》，沈阳：辽宁大学出版社，1993年版，第102页。

面”①。直到盛唐开元年间，出现了“真正在实践上继承陶诗艺术的……王维和孟浩然”②，才形成山水诗与田园诗的合流。两者的合流，“不仅表现在诗人对两类题材的兼容并包，还表现为在精神实质方面的深层次的合流，包括山水诗的生态意境、生态美感的变革，才有可能与陶渊明的田园诗真正趋同”③。

合流的代表人物在盛唐为孟浩然、王维，中唐为韦应物、柳宗元。孟浩然，典型的盛世隐士，40岁后漫游吴越，穷极山水之胜，善于挖掘自然和生活之美。他从“题材和精神旨趣两个方面将田园隐逸和山水行旅结合起来，使陶渊明的感受和谢灵运的观赏融为一体”“继陶渊明所开创的以意为主、由情见景的意境和平淡自然的风格之后，又形成了情景交融、意在象外的意境和素淡清旷的风格”“因而在王维之前，将盛唐山水田园诗的发展推向了高潮，并代表南方山水田园诗的最高成就，与北方的王维构成了盛唐

① 葛晓音：《山水田园诗派研究》，沈阳：辽宁大学出版社，1993年版，第156页。

② 葛晓音：《山水田园诗派研究》，沈阳：辽宁大学出版社，1993年版，第86页。

③ 葛晓音：《山水田园诗派研究》，沈阳：辽宁大学出版社，1993年版，第156页。

山水田园派的两座高峰”[1]。名作有《春晓》《临洞庭》《夏日南亭怀辛大》《过故人庄》等，留有“春眠不觉晓，处处闻啼鸟。夜来风雨声，花落知多少”（《春晓》）、“气蒸云梦泽，波撼岳阳城”（《望洞庭湖赠张丞相》）等千古佳句。

王维多才多艺，能诗善画，擅长书法，精通音律。王维的诗现存376首，最具特色的是山水田园诗，如《终南山》《华岳》《山居秋暝》《青溪》《过香积寺》《蓝田山石门精舍》等山水名诗，《赠裴十迪》《春中田园作》《新晴野望》《渭川田家》《田家》《淇上田园即事》《田园乐》等田园名诗[2]，还有一系列脍炙人口的佳句，如“大漠孤烟直，长河落日圆”（《使至塞上》）、“日落江湖白，潮来大地青”（《送邢桂州》）、“山中一半雨，树杪百重泉”（《送梓州李使君》）、“明月松间照，清泉石上流”（《山居秋暝》）、“远树带行客，孤城当落晖”（《送綦毋潜落第还乡》）、“声喧乱石中，色静深松里”（《青溪》）、“泉声咽危石，日色冷青

① 葛晓音：《山水田园诗派研究》，沈阳：辽宁大学出版社，1993年版，第216页。

② 《中国大百科全书·中国文学》卷，北京：中国大百科全书出版社，1986年版，第906页。

松”（《过香积寺》）、“闲花满岩谷，瀑水映杉松”（《韦侍郎山居》）、“渡头余落日，墟里上孤烟”（《辋川闲居赠裴秀才迪》）、“漠漠水田飞白鹭，阴阴夏木啭黄鹂”（《积雨辋川庄作》）、“行到水穷处，坐看云起时”（《终南别业》）、“空山不见人，但闻人语响”（《鹿柴》）、“林深人不知，明月来相照”（《竹里馆》）等。他的山水田园诗兼有绘画、音乐之美，以雄健或清远的笔调出色地描绘了祖国河山的美好和壮丽，苏轼赞誉为“味摩诘之诗，诗中有画；观摩诘之画，画中有诗”[①]（“摩诘”为王维的字），“用诗歌表现有声有色、有灵动生命的图画美，是王维山水田园诗的主要特点”[②]。

王维全面总结陶渊明、谢灵运以来山水田园诗发展过程中各个方面成就，以多种风格描绘了北方雄伟壮丽的大漠长河、名山胜地、雄郡大邑、山林田园等一系列优美空灵的生态环境以及士人的风雅情致，将二谢山水诗形象鲜明、重在欣赏与陶渊明田园诗意蕴深厚、重在感受两种表现方式融为一体，创造出动与静、虚与实有

① 《东坡题跋·书摩诘蓝田烟雨图》。

② 葛晓音：《山水田园诗派研究》，沈阳：辽宁大学出版社，1993年版，第251页。

机统一的和谐浑成的艺术境界。从陶、谢到王、孟，山水田园诗由分而合，选材范围不断拓展，艺术风格愈趋多样，表现技法日益前进，形成一个完整的山水田园诗歌派系——山水田园诗派。“而王维的山水田园诗就是这一诗派发展到最完美阶段的标志”[①]。

（3）山水田园诗的发展

盛唐是中国诗歌的黄金时代，也是中国山水田园诗的黄金时代。在盛唐，山水田园成为诗歌中最为普遍的题材，能写出优美的山水田园诗的诗人远不止于王维、孟浩然。他们两人是水平最高的，是该诗派的创立者，故而山水田园诗派又称王孟诗派。该诗派著名的诗人还有储光羲、祖咏、卢象、常建等[②]。其他不少诗人也为山水田园诗做出了重要贡献，留下许多名篇、名句。例如，崔颢在他的名作《黄鹤楼》中留下传世佳句“昔人已乘黄鹤去，此地空余黄鹤楼。黄鹤一去不复返，白云千载空悠悠”。王之涣在他的千古绝唱《登鹳雀楼》中有 “白日依山尽，黄河入海流。欲穷千里目，更上一层楼”。边塞诗派高适在《淇上

① 葛晓音：《山水田园诗派研究》，沈阳：辽宁大学出版社，1993年版，第251—252页。

② 葛晓音：《山水田园诗派研究》，沈阳：辽宁大学出版社，1993年版，第253页。

别业》中有名句“依依两山下，别业桑林边。庭鸭喜多雨，邻鸡知暮天”。同是边塞诗派的岑参有“山风吹空林，飒飒如有人”（《暮秋山行》）、“涧花燃暮雨，潭树暖春云”（《高冠谷口招郑鄠》）等名句。

至于李白的“日照香炉生紫烟，遥看瀑布挂前川。飞流直下三千尺，疑是银河落九天”（《望庐山瀑布》）、“朝辞白帝彩云间，千里江陵一日还。两岸猿声啼不住，轻舟已过万重山”（《早发白帝城》）、“峨眉山月半轮秋，影入平羌江水流。夜发清溪向三峡，思君不见下渝州”（《峨眉山月歌》）。杜甫的“岱宗夫如何？齐鲁青未了。造化钟神秀，阴阳割昏晓。荡胸生层云，决眦入归鸟。会当凌绝顶，一览众山小”（《望岳》）、“两个黄鹂鸣翠柳，一行白鹭上青天。窗含西岭千秋雪，门泊东吴万里船”（《绝句四首》其三）、“风急天高猿啸哀，渚清沙白鸟飞回。无边落木萧萧下，不尽长江滚滚来。万里悲秋常作客，百年多病独登台。艰难苦恨繁霜鬓，潦倒新停浊酒杯”（《登高》）。他们所描绘的雄浑高远的意境，飞扬流转的旋律，把山水田园诗推向了高潮。盛唐时代的诗仙李白、诗圣杜甫与诗佛王维，既缔造了中国古典诗歌的巅峰，又成就了中国山水田园诗的顶峰，诚如明代王世贞所述：李白、杜甫、王维的诗“三分鼎足，他皆莫及也”①。

以后，山水田园诗成就高或较高的诗人有：中唐的韦应物、柳宗元，宋代的欧阳修、苏轼、杨万里、范成大、陆游等，明清的高明、王士禛、郑燮、魏源等。其中，韦、柳，在明清诗话中被公认为与陶（渊明）、谢（灵运）、王（维）、孟（浩然）并列的山水田园诗的最高成就代表。山水田园诗派研究专家葛晓音认为：山水田园诗派，“就唐代而言，则指王、孟、韦、柳；而就中国诗歌史而言，则应以陶、谢、王、孟、韦、柳为一个完整的体系”②。

韦应物，中唐诗人。山水诗的代表作有《滁州西涧》等，田园诗的代表作有《观田家》等，有一系列名句：“漠漠帆来重，冥冥鸟去迟”（《赋得暮雨送李胄》）、“寒雨暗深更，流萤度高阁”（《寺居独夜寄崔主簿》）、“绿阴生昼静，孤花表春余”（《游开元精舍》）、“乔木生夏凉，流云吐华月”（《同德寺雨后寄元侍御李博士》）、“秋山

① ［明］王世贞：《书李白、王维、杜甫诗后》。
② 葛晓音：《山水田园诗派研究》，沈阳：辽宁大学出版社，1993年版，第349页。

起暮钟，楚雨连沧海”“独鸟下东南，广陵何处在”（《淮上即事寄广陵亲故》）等。

柳宗元，中唐文学家、哲学家、诗人，存今诗歌140多首[①]。《田家》（三首）“堪称中唐田园诗的代表作”，山水诗的名篇有《南涧中题》《江雪》《渔翁》[②]。如《江雪》篇曰：“千山鸟飞绝，万径人踪灭。孤舟蓑笠翁，独钓寒江雪。”前两句描写雪景：在辽阔无边的飞雪中，千山万岭没有了飞鸟的踪影，万径千川没有一点人的踪迹；后两句刻画了寒江独钓的渔翁形象，在荒无人烟、大雪纷飞的恶劣环境中，唯有老翁在坚持垂钓。

宋代欧阳修、苏轼、范成大、陆游等人的山水诗和田园诗“在继承唐代传统的基础上，又有新的开拓”“成功地把情、景、理有机地交融在一起，创造出富于‘理趣’的艺术境界，让人们在欣赏山水美景的同时，又得到理性的启迪”[③]。如南宋诗人范成大田园诗的代表作《四时田园杂兴》（六十首），有“蝴

① 《中国大百科全书·中国文学》卷，北京：中国大百科全书出版社，1986年版，第463—467页。

② 葛晓音：《山水田园诗派研究》，沈阳：辽宁大学出版社，1993年版，第338—346页。

③ 《中国大百科全书》第2版，北京：中国大百科全书出版社，2009年版，第19卷，第242页。

蝶双双入菜花，日长无客到田家。鸡飞过篱犬吠窦，知有行商来买茶”“昼出耘田夜绩麻，村庄儿女各当家。童孙未解供耕织，也傍桑阴学种瓜”等诗句。南宋诗人陆游的《春晚》，有“花经风雨人方惜，士在江湖道更尊”诗句，《游山西村》有名句“山重水复疑无路，柳暗花明又一村”。

*　　　　*　　　　*

有1600年历史的山水田园诗，反映了中国古人特别爱好自然的传统生态审美观。中国广大的地域，复杂多变的地形地貌，千姿百态的山山水水，为历代文人提供了取之不尽、用之不竭的创造源泉。中国长期稳定的农耕社会及其生活方式，又使人与自然形成天然的联系。儒、释、道三家天人合一的思想，持久地影响着文人雅士的自然观和人生观。而且与其他题材相比，山水田园诗的题材是最为稳定的，其他题材比如边塞、政治、军事、宗教等都可能因社会风向的变化而此消彼长，唯有山水田园能使文人雅士置身于社会旋涡之外，淡忘多变的政治风云，寻得一方安静天地，而成为永不衰竭的题材。山水田园诗又是中国发展得最为充分、最为复杂多样的诗歌，在盛唐时代已经达到炉火纯青、尽善尽美的境界。陶渊明、王维、李白、杜甫，不但在艺术上成为后世难以企及的典范，而且解决了中国生态美学中一系列的重要问题，包括虚与实、形与神、天然与人工、意境与兴象等，对宋元以后发展起来的中国山水花鸟画和园林等艺术门类产生了直接的影响。

中国山水田园诗，是艺术意境中的瑰宝、人类史上的珍品，其诗化的山水、田园，即是生态美学中的山水、田园。它以回归自然为宗旨，人的心灵在山水、田园之中得到净化、提升。

第六节 绵延约1600年的山水花鸟画

中国画是具有悠久历史、自成独特艺术风格的传统绘画。从1986年发现的甘肃秦安大地湾绘画算起，已有约7000年的历史；分别于1949年、1973年出土于长沙、距今2000多年前的战国时期的人物驭龙帛画和龙凤仕女帛画，奠定了中国传统绘画的基本样式[①]。在

① 《中国大百科全书》第2版，北京：中国大百科全书出版社，2009年版，第29卷，第95页。

长期的历史发展过程中，中国画形成人物、山水、花鸟、动物、亭台楼阁等独立门类；按其内容，分为宗教画、宫廷画、民俗画、历史画等大类；按其形式，又有壁画、装饰画、年画、屏幛（画）、卷轴（画）等形式。所用工具材料亦是为中国画特制的笔、墨、砚、纸、绢，讲究用笔、用墨，创造出工笔、写意、勾勒、没骨、设色、水墨等技法和虚实疏密、勾皴点染、干湿浓淡、阴阳向背、留白等表现手法①，进而形成重神似、不拘于形似，散点透视、不拘于时空，讲求笔墨、多水墨画，亲近自然等一系列有别于西方艺术风格的中国艺术形式，在世界美术领域中自成独特体系②③。山水画、花鸟画是中国画中最具中国特色的画科，也是最富有生态性的画科。

一、山水画形成

山水画是以自然风景为主要描绘对象的中国传统

① 王德有、陈战国主编：《中国文化百科》，长春：吉林人民出版社，1991年版，第190页。
② 《中国大百科全书》第2版，北京：中国大百科全书出版社，2009年版，第29卷，第26～27页。
③ 王德有、陈战国主编：《中国文化百科》，长春：吉林人民出版社，1991年版，第191页。

画科。广义的山水画不但包括名山大川、风景名胜、田野村庄，还包括城市园林、楼台舟桥。中国的山水画不仅表现出丰富多彩的自然美，更集中体现中国人的自然观、社会审美观、生态审美观。“是一种得到突出发展的画科”[①]。它确立于南北朝，成熟于隋唐，兴盛于五代两宋，风行于元明清，“至今亦被视为中国画中最具特色的部分”[②]。

山水图案在战国时已进入地图和帛画，以及青铜器、漆器上的装饰性绘画中；秦汉时，在壁画、木版画、漆画、画像石、画像砖等绘画中则有更多反映，但都是人物的陪衬。魏晋南北朝时，随着人们对自然美认识的发展，有了把山水自然美上升为艺术美的要求。于是，在晋宋之间，出现山水诗的同时涌现独立的山水画。它不仅以其艺术美与以形象为标记的古地图分道扬镳，而且摆脱了仅作为人物背景的从属地位。晋代顾恺之的《庐山图》、戴逵的《吴中溪山邑居图》等，已开始将自然山水作为绘画的主体了。目前美术界一致肯定，中国最早的山水画家是出现在

① 王德有、陈战国主编：《中国文化百科》，长春：吉林人民出版社，1991年版，第196页。
② 王德有、陈战国主编：《中国文化百科》，长春：吉林人民出版社，1991年版，第196页。

南北朝时期刘宋一代的宗炳和王微。很可惜，他们两人的绘画作品未能遗存，但是他们论述山水画的作品——宗炳的《画山水序》、王微的《叙画》幸运地遗留下来。这两篇著述是中国也是世界上现知最早的论述山水画的美学专篇①，标志中国山水画已开始成为独立的画科。

二、花鸟画形成

花鸟画是以动植物为主要描绘对象的中国传统画科。中国花鸟画集中体现中国古人对花草树木、虫鱼鸟兽等自然之物的审美观点，视万物有灵、有意有情，以抒发作者的情感、时代的精神，这是中国“在世界各民族同类题材的绘画中表现出十分鲜明的特色”②。其技法又十分多样，其中以描写手法划分，分为工笔花鸟画、写意花鸟画；写意花鸟画又区分为大写意花鸟画、小写意花鸟画。以运用水墨色彩的差异划分，则分为水墨花鸟画、泼墨花鸟画、设色花鸟

① 《中国大百科全书·美术》卷，北京：中国大百科全书出版社，1990年版，第698—699页。

② 《中国大百科全书》第2版，北京：中国大百科全书出版社，2009年版，第10卷，第91页。

画、白描花鸟画、没骨花鸟画等。[①]

早在距今6000年左右，在黄河流域出土的半坡遗址文化彩陶上，已绘有“奔趋的鹿、爬行的鼋（有专家称蛙或龟）和伫立的鸟”；在甘肃省秦安县王家阴洼半坡类型墓地出土的彩陶瓶上，“画着4条不同姿态的游鱼，或舒展平泳，或俯冲疾下，或相对背向地屈身翻腾，构图活泼”[②]。2000多年前，长沙出土的两幅战国帛画上已绘有龙、凤、鹤、鱼等图案[③]。1972—1974年先后出土于湖南长沙的五幅马王堆汉墓帛画，除画有人物形象外，还有龙、豹、长蛇、巨鲸、大龟、鸱鸮、翼鸟等图像；汉代的壁画、漆画中亦绘有不少花鸟（即动植物）[④]。不过，这些花鸟都是作为人物的附属出现的。两晋南北朝时，花鸟画开始独立出来。现知中国最早的独立花鸟画，是现藏于美国纳尔逊·艾京斯艺术博物馆的东汉陶仓楼上的壁画《双鸦栖树图》；现知中国的第一位花鸟画家，是南齐谢赫

---

① 《中国大百科全书》第2版，北京：中国大百科全书出版社，2009年版，第10卷，第91页。

② 《中国大百科全书·美术》卷，北京：中国大百科全书出版社，1990年版，第1166页。

③ 《中国大百科全书·美术》卷，北京：中国大百科全书出版社，1990年版，第114—115页。

④ 《中国大百科全书·美术》卷，北京：中国大百科全书出版社，1990年版，第291—292、294—295、525—526页。

《画品》中记载的东晋画家刘胤祖[①]。南北朝时已有专画花鸟的作品，如陆探微的《鸂鶒图》、顾景秀的《蝉花图》、丁光的《蝉雀》等。但花鸟画成为专门的画科则是唐代的事[②]。

中国花鸟画强调写生，以充分显现花鸟的生命力；以寓兴、写意为旨趣，做到以物寄情、托画言志；既注重形似又不拘于形似，追求“不似之似”或说“似与不似之间”，实现神似等特点。[③]

三、山水花鸟画发展

隋唐及其以后，包括山水画、花鸟画在内的中国画，获得大的发展。

1. 山水画发展

隋代展子虔的山水名画《游春图》（现藏于北京故宫博物院），是现存下来的最早的卷轴山水画，

① 《中国大百科全书·美术》卷，北京：中国大百科全书出版社，1990年版，第316页。

② 王德有、陈战国主编：《中国文化百科》，长春：吉林人民出版社，1991年版，第197页。

③ 《中国大百科全书·美术》卷，北京：中国大百科全书出版社，1990年版，第317页。

并开创青绿重彩山水画之风，直接开启唐代画家李思训、李昭道父子的金碧青绿山水画的先例，被后世誉为“唐画之祖”[①]。盛唐时李思训、李昭道父子把青绿山水画提高到新的阶段，代表作有《江帆楼门图》（传为李思训绘，至今有争议）、《海图》（李昭道绘）等[②]；“画圣”吴道子开创豪放壮美的山水画新风格[③]；张璪、王维、王墨等形成一个新画法——水墨山水画，张璪、王维（代表作《辋川图》）的“破墨”、王墨的“泼墨”等技法极大地丰富了山水画的用墨技法[④]。唐代的山水画家还有郑虔、王宰、毕宏、项容、杨炎、顾况、刘商等。在唐代画坛盛行的，则是二李的青绿山水画。

五代两宋的绘画以山水画和花鸟画的成就最大。山水画家，五代有荆浩、关仝、董源、巨然等，两宋有李成、范宽、王希孟、郭熙、米芾、李唐、马远、夏珪、赵伯驹、赵伯骕等。当时形成以荆浩、关仝、

---

① 《中国大百科全书·美术》卷，北京：中国大百科全书出版社，1990年版，第1048页。

② 《中国大百科全书·美术》卷，北京：中国大百科全书出版社，1990年版，第435、788页。

③ 《中国大百科全书·美术》卷，北京：中国大百科全书出版社，1990年版，第788、868—869页。

④ 王德有、陈战国主编：《中国文化百科》，长春：吉林人民出版社，1991年版，第193、196页。

李成、范宽等为代表的北派山水画，多绘北方山川，以大石耸立、峰峦浑厚、雪景寒林为特色；以董源、巨然等为代表的南派山水画，多绘南方山河，重水墨法，以墨线作皴表现江南山光水色的明润[①]。在宋代，虽然青绿山水画曾盛极一时，代表作有王希孟的《千里江山图》、赵伯驹的《江山秋色图》。总的来看，五代两宋的山水画以水墨写意的风格为主导，代表作有《潇湘图》（董源）、《秋山问道图》（巨然）等。

元代及以后，“中国画的发展就形成了以山水画为主的格局”；在元代山水画中，最突出的是水墨山水画向写意方向的发展[②]。其代表是“元季四大家”的黄公望、王蒙、吴镇、倪瓒。他们在元初赵孟頫“将水墨与青绿画法有机结合，一扫南宋院体积习，发展了山水画的表现技法”的基础上，各自创新风格，把中国山水画发展到一个新阶段[③]。元代还有一批山水画家，他们各有师承、自具特色，如受赵孟頫影响，师

① 王德有、陈战国主编：《中国文化百科》，长春：吉林人民出版社，1991年版，第193页。

② 王德有、陈战国主编：《中国文化百科》，长春：吉林人民出版社，1991年版，第196页。

③ 《中国大百科全书·美术》卷，北京：中国大百科全书出版社，1990年版，第1031页。

承李成等的画家盛懋、高琦、曹知白、朱德润、唐棣等；受黄公望等影响，兼师董源等的陆广、马琬、陈汝言、方从义、赵原等；学习南宋院体山水画法，师承马远等的孙君泽、丁路夫等。

明清山水画较为发达。明代山水画家有“吴门四家”（沈周、文徵明、唐寅、仇英），创立吴派山水画；戴进融合宋元，创建浙派山水画；吴伟画风豪放，形成江夏派山水画。晚明董其昌，长于山水，画风清润明秀，是后期吴派山水画画家的代表，他将唐至明代山水画家分为南北两宗的主张，对后来山水画产生深刻影响。清代承续明代董其昌宗旨的正统派画家有：“清初六家”（或称“四王吴恽”，王时敏、王鉴、王翚、王原祁、吴历、恽寿平），以龚贤为首的“金陵八家”（其他七家为樊圻、高岑、邹喆、吴宏、叶欣、谢荪、胡慥），“清初四僧”（石涛、八大山人、石溪、渐江），以金农、郑燮（郑板桥）、罗聘为代表的“扬州八怪”等，其中能贴近山水，自辟蹊径，为清代山水画创作做出较大贡献，对近现代山水画影响较大者，是“清初四僧”“扬州八怪”。如“四僧”之一的石涛，其山水画，戛然自立，“是清初最富有创造性的画家”，与石溪并称“二石”，与渐江、梅清等共创黄山派山水画，并著有“古代山水画论中最优秀的名篇”《苦瓜和尚画语录》，代表作有《搜尽奇峰打草稿》（现藏北京故宫博物院）等。[①]

2. 花鸟画发展

唐代出现一大批花鸟画家，如薛稷、郎余令、李元昌、李元婴、李湛然、冯绍正、姜皎、萧悦、梁广、殷仲容等，乃至涌现专画花鸟的名家边鸾、滕昌祐、刁光胤等，标志花鸟画在唐代开始成为专门的画科。

五代两宋是花鸟画成熟时期。出现花鸟画大家黄筌、徐熙，形成中国花鸟画两大流派。黄筌作画，工丽精致，五彩富贵，后世称之“双钩法”。徐熙作画，粗笔浓墨，有野逸之趣，创“没骨法”。徐、黄之异，“已含有工笔花鸟与写意花鸟的差别”[②]。北宋初，优秀的花鸟画家有赵昌等，赵氏代表画院体，继承黄筌画法，重“形”，有“逼真”之誉，但“生意不足”。北宋后期，崔白突破画院体黄筌规范，善于表现败荷凫雁的荒情野趣，使花鸟画带有写意味道，

① 《中国大百科全书·美术》卷，北京：中国大百科全书出版社，1990年版，第650、709、728页。

② 王德有、陈战国主编：《中国文化百科》，长春：吉林人民出版社，1991年版，第197页。

并出现第一篇花鸟画论文《花鸟叙论》[①]。此后，花鸟画家辈出，流派纷呈，风格多样。以水墨为主的写意花鸟画和水墨写意的“四君子画”（梅、兰、菊、竹）开始出现，如苏轼的《枯木怪石图》、文同的《墨竹图》、扬无咎的《四梅图》《雪梅图》、赵孟坚的《墨兰图》《岁寒三友图》等[②]。

元、明、清是花鸟画大发展时代。元代有花鸟画家王渊等，他们突破宋画院体工整纤巧的成规，融黄筌的写生法、赵孟坚和扬无咎等人的水墨法为一体，开创元代花鸟画的新风格，著名画作有《牡丹图》（现藏北京故宫博物院）、《桃竹春禽图》（藏台北“故宫博物院”）等。明代的边景昭、林良、吕纪、陆治、陈淳、周之冕、徐渭等都是有创造性的花鸟画家，尤其徐渭将草书入画，以抒发个性情感的变革，开创大写意花鸟画之风。清代，恽寿平的没骨花卉画，石涛的花鸟、兰竹画，郑板桥的兰、竹、石、松、菊画，金农的墨竹、墨梅画，虚谷的花鸟草虫画等都有创造性。尤其是八大山人朱耷的花鸟画，以寓

① 《中国大百科全书》第2版，北京：中国大百科全书出版社，2009年版，第10卷，第91页；第29卷，第100页。

② 《中国大百科全书》第2版，北京：中国大百科全书出版社，2009年版，第10卷，第91页；第29卷，第100页。

意的手法、简朴豪放的笔墨、孤傲雄奇的格调，创造出前所未有的风貌，达到笔简意赅、形神毕具的意境，代表作有《杨柳浴禽图》（现藏北京故宫博物院）、《河上花园》（现藏天津市艺术博物馆）等。

中国传统山水画、花鸟画经过千余年的发展，“形成了自立于世界民族之林的独特传统”①，并于近现代孕育产生了黄宾虹、李可染等大家②③，以及齐白石这样的大师④⑤。

齐白石不但“以花鸟草虫为大宗”，是“花鸟画大师”，他的人物画与山水画在艺术上也“毫不逊色甚至更为突出”。他的山水画“匠心独运，境界新奇而充满诗意，一扫近代山水画坛上的模拟、柔弱之风，无论在造型、笔墨和诗境、创意上都成自家风范，其格调在花鸟人物之上”“在近现代绘画史上，像齐白石这样兼具诗、书、画、印和花鸟、人物、山

① 《中国大百科全书·美术》卷，北京：中国大百科全书出版社，1990年版，第317页。

② 《中国大百科全书·美术》卷，北京：中国大百科全书出版社，1990年版，第709页。

③ 《中国大百科全书》第2版，北京：中国大百科全书出版社，2009年版，第19卷，第241—242页。

④ 《中国大百科全书·美术》卷，北京：中国大百科全书出版社，1990年版，第317页。

⑤ 《中国大百科全书》第2版，北京：中国大百科全书出版社，2009年版，第10卷，第91页。

水的全才型而又能戛戛独造的巨匠，几乎是绝无仅有的”①。2017年12月17日，在北京保利秋季艺术品拍卖会上，齐白石于1925年创作的《山水十二条屏》以 4.5亿元起拍，经68次竞拍，最终以8.1亿元落槌，加上佣金以9.315亿元成交。这是2017年中国拍卖市场最贵的艺术品，也是全球拍卖市场最贵的中国艺术品；创齐白石个人画拍卖的最高价，亦是中国书画全球拍卖的最高价②。它从市场层面肯定了齐白石山水画的艺术价值。

* * *

中国千余年传统的山水田园诗、山水花鸟画，尊重自然、出于自然，又超越自然、回归自然，给人以生态美、艺术美。“非必然与竹，山水有清音”③。中国的山水诗画都是“艺术意境中的山水”，它们从中国传统的整体观出发，以其独特的时空意识，即用散点透视（西方诗画中用的是焦点透视），以大观小或以小观大，阅览上下左右的方法，把全部景物组成一幅气韵生动、节奏和谐的艺术性诗画，注重虚中有

① 《中国大百科全书·美术》卷，北京：中国大百科全书出版社，1990年版，第317、625页。

② 曹新昊：《9.315亿元的天价神话》，载《北京晚报》，2017年12月28日。

③ ［西晋］左思：《招隐诗》。

实，实处皆虚，疏密有序，天真典雅，诗中有画，画中有诗，构成中国传统文学艺术特有的动态之美、传神之美、节奏之美，影响中国的书法艺术、篆刻艺术、建筑艺术、园林艺术、盆景艺术，乃至瓷器和丝绸的制作等[①]。人的眼界和胸襟在山水诗画中得到开拓，人的心灵在山水诗画中得到净化，从中培育人们的真朴天然的生态观和健康纯正的情操。

英国现代艺术史家苏立文说："在整个中国绘画传统中，最独特最辉煌的成就正是山水画"，认为它表征了一种不同于西方的人与自然的关系。美国现代艺术史家高居翰认为"最好的中国画是山水画"，他感慨在这些作品中"自然与艺术取得了完美的平衡"。新儒家徐复观指出：中国的风景画（主要指山水画、花鸟画），发端于魏晋时期，较西方早出现一千三四百年之久；自北宋起，山水画"居于我国千年来绘画中的主流地位"[②]。

---

① 参考张少康：《论意境的美学特征》，载《北京大学学报（哲学社会科学版）》，1983年第4期。

② 孙红卫：《中国山水到英国风色》，载《光明日报》，2019年5月14日。

第五章

『天人合一』是解决人与自然关系的基本准则

“天人合一”是中国传统文化中一个非常重要的命题。同时，这一命题之多义、复杂程度在中国传统文化中亦是不多见的。因此，不同的研究者对“天人合一”是否具有生态价值的问题上产生分歧并不奇怪。笔者认为：自然与人的合一是“天人合一”的必蕴之意，“天人合一”是解决人与自然关系的基本准则。下面我们从国学大师钱穆的“澈悟”说起。

第一节 钱穆临终前的“澈悟”

钱穆是中国历史学家、国学大师，台湾“中央研究院”院士，著有《论语要略》《孟子要略》《国学概论》《先秦诸子系年》《中国近三百年学术史》《中国文化史导论》等。其著述于1995—1998年被编订为《钱宾四先生全集》出版[①]。1990年8月30日，钱氏逝于中国台北。在辞世前不久，时满96周岁的钱穆口授，其夫人胡美琦女士笔录，写成钱氏近百年人

① 钱宾四先生全集编辑委员会编：《钱宾四先生全集》，台北：联经出版公司，1995—1998年。

生中的最后一篇文章《中国文化对人类未来可有的贡献》。此文原是应台北中华书局为庆祝其创办八十周年而作，由于钱氏骤然过世，台湾《联合报》向其夫人索要纪念性文稿，钱夫人认为：“这篇文稿，记载了他生前最后想要向国人说的话”，“以宾四（钱氏以‘穆’为名，字宾四）自己的文章，来纪念他自己，该是一件十分有意义的事。”于是，该文连同钱夫人写的《后记》一起在《联合报》上发表[①]。

一、“澈悟”之内涵

该文的核心是“澈悟”两个字，即钱氏一生对国学研究或者对中国传统文化研究的“澈悟”。具体来说，是对“天人合一”论研究的“澈悟”。据该文《前言》介绍，“天人合一”这个观点他“早年已屡次讲到”，但没有“澈悟”，1989年9月赴香港参加他亲手创建的新亚书院（现为香港中文大学一部分）四十周年庆典期间开始有此“澈悟”。据当代新儒家的代表、哈佛大学教授（现为北京大学教授，下同）

① 钱穆：《中国文化对人类未来可有的贡献》及《后记》，载《联合报》，1990年9月26日。

杜维明说，“钱夫人曾婉言相劝希望老先生不要太认真、太执着‘天人合一’的心意。但，他却坚持”[①]，且使钱夫人认识到这是“他生前最后想要向国人说的话”。于是钱夫人把它记录下来，并决定以发表这篇文稿纪念钱穆老先生过世[②]。杜维明认为，它是钱氏晚年的“一篇言简意赅的征道书”“钱先生的征道书好像张载的《西铭》，是一种表达自己心愿的宣言”[③]。笔者理解，该文实是钱氏一生认识和研究中国传统文化的宣言书。

“澈悟”者，完全醒悟或彻底理解也[④]。此处的“澈悟”，笔者认为应以“彻底理解”最为贴切。也就是说，钱氏在96岁高龄时彻底理解（澈悟）“天人合一”观，“是整个中国传统文化思想之归宿处”，是“中国文化对人类最大的贡献”，并认为中国文化能“绵延数千年不断”“因于中国传统文化精神，自古以来既能注意到不违背天，不违背自然，又能与天

① 杜维明：《如何回应钱穆先生的“澈悟”》，载《中国文化》1994年8月第10期。

② 胡美琦：《中国文化对人类未来可有的贡献》一文《后记》，载《联合报》，1990年9月26日。

③ 杜维明：《如何回应钱穆先生的“澈悟”》，载《中国文化》1994年8月第10期。

④《汉语大词典》，上海：汉语大词典出版社，2001年版，第6卷，第145页。

命自然融合一体。我以为此下世界文化之归趋，恐必将以中国传统文化为宗主”[1]。

二、“澈悟”之全文

为使读者更好地理解钱氏的“澈悟”，笔者把钱氏该文附录于下：

【前言】中国文化中，“天人合一”观，虽是我早年已屡次讲到，惟到最近始澈悟此一观念实是整个中国传统文化思想之归宿处。去年九月，我赴港参加新亚书院创校四十周年庆典，因行动不便，在港数日，常留旅社中，因有所感而思及此。数日中，专一玩味此一观念，而有澈悟，心中快慰，难以言述，我深信中国文化对世界人类未来求生存之贡献，主要亦即在此。惜余已年老体衰，思维迟钝，无力对此大体悟再作阐发，惟待后来者之继起努力。今逢中华书局建立八十周年庆，索稿于余，故将此感写出，以为祝贺。

① 钱穆：《中国文化对人类未来可有的贡献》，载《联合报》，1990年9月26日。

中国文化过去最伟大的贡献，在于对“天”“人”关系的研究。中国人喜欢把“天”与“人”配合著（着）讲。我曾说“天人合一”论，是中国文化对人类最大的贡献。

从来世界人类最初碰到的困难问题，便是有关天的问题。我曾读过几本西方欧洲古人所讲有关“天”的学术性的书，真不知从何讲起。西方人喜欢把“天”与“人”离开分别来讲。换句话说，他们是离开了人来讲天。这一观念的发展，在今天，科学愈发达，愈易显出它对人类生存的不良影响。

中国人是把“天”与“人”和合起来看。中国人认为“天命”就表露在“人生”上。离开“人生”，也就无从来讲“天命”。离开“天命”，也就无从来讲“人生”。所以中国古人认为“人生”与“天命”最高贵最伟大处，便在能把它们两者和合为一。离开了人，又从何处来证明有天。所以中国古人，认为一切人文演进都顺从天道来。违背了天命，即无人文可言。“天命”“人生”和合为一，这一观念，中国古人早有认识。我以为“天人合一”观，是中国古代文化最古老最有贡献的一种主张。

西方人常把“天命”与“人生”划分为二，他们认为人生之外别有天命，显然是把“天命”与“人生”分作两个层次、两次场面来讲。如此乃是天命，如此乃是人生。“天命”与“人生”分别各有所归。此一观念影响所及，则天命不知其所命，人生亦不知其所生，两截分开，便各失却其本义。决不如古代中国人之“天人合一”论，能得宇宙人生会通合一之真相。

所以西方文化显然需要另有天命的宗教信仰来作他们讨论人生的前提。而中国文化，既认为“天命”与“人生”同归一贯，并不再有分别，所以中国古代文化起源，亦不再需有像西方古代人的宗教信仰。在中国思想中，“天”“人”两者间，并无“隐”“现”分别。除却“人生”，你又何处来讲“天命”。这种观念，除中国古人外，亦为全世界其他人类所少有。

我常想，现代人如果要想写一部讨论中

国古代文化思想的书，莫如先写一本中国古代人的天文观，或写一部中国古代人的天文学，或人生学。总之，中国古代人，可称为抱有一种“天即是人，人即是天，一切人生尽是天命的天人合一观”。这一观念，亦可说即是古代中国人生的一种宗教信仰，这同时也即是古代中国人主要的人生观，亦即是其天文观。如果我们今天亦要效法西方人，强要把“天文”与“人生”分别来看，那就无从去了解中国古代人的思想了。

即如孔子的一生，便全由天命，细读《论语》便知。子曰:“五十而知天命”“天生德于予”。又曰：“知我者，其天乎！”“获罪于天，无所祷也。”倘孔子一生全可由孔子自己一人作主宰，不关天命，则孔子的天命和他的人生便分为二。离开天命，专论孔子个人的私生活，则孔子一生的意义与价值就减少了。就此而言，孔子的人生即是天命，天命也即是人生，双方意义价值无穷。换言之，亦可说，人生离去了天命，便全无意义价值可言。但孔子的私生活可以这样讲，别人不能。这一观念，在中国乃由孔子以后战国时代的诸子百家所阐扬。

读《庄子·齐物论》，便知天之所生谓之物。人生亦为万物之一。人生之所以异于万物者，即在其能独近于天命，能与天命最相合一，所以说“天人合一”。此义宏深，又岂是人生与天命相离远者所能知。果使人生离于天命远，则人生亦同于万物与万物无大相异，亦无足贵矣。故就人生论之，人生最大目标、最高宗旨，即在能发明天命。孔子为儒家所奉称最知天命者，其他自颜渊以下，其人品德性之高下，即各以其离于天命远近为分别。这是中国古代论人生之最高宗旨，后代人亦与此不远。这可以说是我中华民族论学分别之大体所在。

近百年来，世界人类文化所宗，可说全在欧洲。最近五十年，欧洲文化近于衰落，此下不能再为世界人类文化向往之宗主。所以可说，最近乃是人类文化之衰落期。此下世界文化又将何所归往？这是今天我们人类最值得重视的现实问题。

以过去世界文化之兴衰大略言之，西方文化一衰则不易兴，而中国文化则屡仆屡起，故能绵延数千年不断。这可说，因于中国传统文化精神，自古以来即能注意到不违背天，不违背自然，且又能与天命自然融合一体。我以为此下世界文化之归趋，恐必将以中国传统文化为宗主。此事含义广大，非本篇短文所能及，暂不深论。

今仅举“天下”二字来说，中国人最喜言“天下”。“天下”二字，包容广大，其含义即有，使全世界人类文化融合为一，各民族和平并存，人文自然相互调适之义。其他亦可据此推想。

中华民国七十九年五月端午节

钱穆在迁出素书楼之前三日

完成于外双溪之素书楼

时年九十六岁

钱氏80年的国学研究，一生勤恳，笔耕不辍，前后发表“专著80种以上”[①]，不折不扣地做到了“著

① 《中国大百科全书》第2版，北京：中国大百科全书出版社，2009年版，第17卷，第587页。

作等身”，对国学研究做出了极其重要的贡献。他涉猎方面极广，但以中国古代思想史为轴心始终没有变；思维极其敏锐，近百岁之际依然如此，还有“澈悟”，且为此“心中快慰，难以言述”[①]。诚如时任美国哈佛大学教授的杜维明所言：“钱先生以近百岁高龄还勇猛精进对中华文化的精神取向从事全面反思”，并坚持要撰写“澈悟”一文，引领“新儒家人文主义的生态转向”[②]。

第二节
近30年“天人合一”观的大讨论

钱氏的文章发表后，在国学界“受到重视而且成为知识论坛所关注的议题”[③]，特别是中国大陆的国学界不但产生了热烈回应，而且引发了“天人合一”是否具有现代生态价值的大讨论。

① 钱穆：《中国文化对人类未来可有的贡献》，《前言》，载《联合报》，1990年9月26日。
② 杜维明：《如何回应钱穆先生的“澈悟”》，载《中国文化》1994年8月第10期。
③ 杜维明：《如何回应钱穆先生的“澈悟”》，载《中国文化》1994年8月第10期。

一、国学界的热应

1991年8月，由中国艺术研究院主办、刘梦溪主编的《中国文化》杂志第4期，全文刊登钱穆在《联合报》上发表的《中国文化对人类未来可有的贡献》一文，同时刊出的还有其夫人胡美琦女士写的《后记》，“以作为本刊对这位刚逝去未久的国学大师的追念”[①]。

最先写文章回应钱氏“澈悟”的，是北京大学受人尊敬的东方学的祭酒人物、“高龄已逾八十”的季羡林教授。他“把自己几十年来精研的印度文化和体究中国思想所积聚的资源统统调动起来，为体认宾四先生征道书的义蕴创造条件”[②]，于1993年、1994年连续发表三篇长文《“天人合一”新解》[③]、《“天人合一”方能拯救人类》[④]、《关于“天人合一”思想的再

① 钱穆：《中国文化对人类未来可有的贡献》和《后记》，及其编者按，载《中国文化》1991年8月第4期。

② 杜维明：《如何回应钱穆先生的“澈悟”》，载《中国文化》1994年8月第10期。

③ 季羡林：《“天人合一”新解》，载《传统文化与现代化》，1993年第1期。

④ 季羡林：《“天人合一”方能拯救人类》，载《东方》，1993年第1期。

思考》[①]。以后，中国社会科学院原副院长、研究员李慎之[②③]，中国社会科学院研究员李存山[④]、丁守和[⑤]、蒙培元[⑥]、方克立等[⑦]，复旦大学教授蔡尚思[⑧⑨]，吉林大学教授金景芳[⑩]，清华大学教授钱逊[⑪]，中央音乐学院教授蔡仲德[⑫]，北京图书馆（今国家图书馆，下同）原馆长、研究员任继愈[⑬]，当代新儒家代表、哈佛大学

---

① 李羡林：《关于“天人合一”思想的再思考》，载《中国文化》1994年2月第9期。

② 李慎之：《中国哲学的精神》，载《传统文化与现代化》，1993年第2期。

③ 李慎之：《泛论“天人合一”——给李存山同志的一封信》，载《传统文化与现代化》，1995年第2期。

④ 李存山：《析“天人合一”》，载《传统文化与现代化》，1994年第4期。

⑤ 丁守和：《“天”“人”关系的思考》，载《传统文化与现代化》，1997年第1期。

⑥ 蒙培元：《“天人合一论”对人类未来发展的意义》，载《齐鲁学刊》，2000年第1期。

⑦ 方克立：《“天人合一”与中国古代的生态智慧》，载《社会科学战线》，2003年第4期。

⑧ 蔡尚思：《天人合一论即各家托天立论——读钱穆先生最后一篇文章有感》，载《中国文化》，1993年第8期。

⑨ 蔡尚思：《我的四点看法——关于“天人合一”及其他》，载《瞭望》1995年2月27日第9期。

⑩ 金景芳：《论天和人的关系》，载《传统文化与现代化》，1994年第2期。

⑪ 钱逊：《也谈对“天人合一”的认识》，载《传统文化与现代化》，1994年第3期。

⑫ 蔡仲德：《也谈“天人合一”——与季羡林先生商榷》，载《传统文化与现代化》，1994年第5期。

⑬ 任继愈：《试论“天人合一”》，载《传统文化与现代化》，1996年第1期。

教授杜维明（现为北京大学教授）[①]，上海师范大学教授李申[②]等发表文章，遂使“宾四先生的独白转化为处处闻啼鸟的和声了”[③]。

二、大讨论的概况

在众多回应钱氏“澈悟”的学术文章中，难能可贵的是对“天人合一”这个中国哲学和文化的基本命题发表了一系列不同的富有学术价值的见解，开展了较为深入的学术争鸣，“这对于中国文化的重建具有十分重大的意义”[④]。以上论文大致可概括为两大派：一是主张和赞同“天人合一”具有现代生态价值的，包括钱穆、季羡林、李慎之、杜维明、方克立等；一是质疑和反对“天人合一”具有现代生态价值的，包括蔡尚思、蔡仲德、任继愈、李申等[⑤]。

---

① 杜维明：《新儒家人文主义的生态转向：对中国和世界的启发》，载《中国哲学史》，2002年第2期。

② 李申：《“天人合一”不是人与自然合一》，载《中国社会科学院院报》，2005年1月20日。

③ 杜维明：《如何回应钱穆先生的“澈悟”》，载《中国文化》1994年8月第10期。

④ 李慎之：《泛论“天人合一”——给李存山同志的一封信》，载《传统文化与现代化》，1995年第2期。

⑤ 参考潘志峰：《近20年关于“天人关系”问题的研究》，载《社会科学战线》，2003年第4期。

1. 主张和赞同派

1993年，国家古籍整理规划小组主办、张岱年主编的《传统文化与现代化》刊物创刊，在创刊号上刊登季羡林长文《“天人合一”新解》。文中推崇钱氏对“天人合一”这个命题的“全新的认识”，说这个认识“实在是值得我们非常重视的”。并进一步指出：“天人合一”是“中国古代哲学主要基调”“是一个非常伟大的含义异常深远的思想”，当今全世界的明智之士都已痛感生态问题之严重，唯有“按照中国人、东方人的哲学思维，其中最主要的就是‘天人合一’的思想，同大自然交朋友，彻底改恶向善，彻底改弦更张。只有这样，人类才能继续幸福地生存下去”[①]。几乎同时，季羡林在《东方》杂志1993年创刊号上发表文章，更直白地指出“‘天人合一’方能拯救人类”，且以此作为该文的标题[②]。第二年，又发表长文《关于“天人合一”思想的再思考》，文中进一步论述了中国的“天人合一”思想，佛家的“天地

① 季羡林：《“天人合一”新解》，载《传统文化与现代化》，1993年第1期。

② 季羡林：《“天人合一”方能拯救人类》，载《东方》，1993年第1期。

与我同根，万物与我一体”，道家庄子的“天地与我同生，而万物与我为一”；补充了“日本和朝鲜的天人合一的思想”，进一步强调“天人合一的思想，是东方文明的主导思想”，是走出当前人类面临危机的“金丹灵药”[①]。

2002年，时任哈佛大学教授的杜维明在《中国哲学史》刊物上发表《新儒家人文主义的生态转向：对中国和世界的启发》长文。此文不但充分肯定钱氏的“澈悟”，不是“复述传统的智慧”，而是“全新的和彻底原创的”见解；进而联系香港唐君毅、内地冯友兰的同时期的论述，敏锐地指出他们代表着“新儒家人文主义的生态转向”。文中说：“近二十五年里，在新儒学思想家中出现一个令人关注的现象。那就是，台湾、香港和大陆（内地）的三位领衔的新儒学思想家钱穆、唐君毅和冯友兰不约而同地得出结论说，儒学传统为全人类做出的最有意义的贡献是‘天人合一’的观念。”他们三人“都在儒学传统里发现了新的活力和具有说服力的力量”，都相信“人性表现为仁爱之心和同情共感，人因此能够与万物一体。

① 季羡林：《关于“天人合一”思想的再思考》，载《中国文化》1994年2月第9期。

这不仅是儒家的理念，也是对全球共同体发出的道德命令”。对于新儒家而言，当今“最紧迫的问题是强调与自然和谐的精神”。这三位学者的出现“标志着一个回归儒家并重估儒家思想的运动”。儒学的生态转向，“意义尤其重大”，它“对于中国精神的自我认同具有重大意义”，且对“全球共同体可持续发展的未来将因此而受惠”，是“儒学对现代世界的重大贡献”。[①]

2003年，中国社会科学院研究生院院长、哲学史家方克立在《社会科学战线》杂志上发表《“天人合一”与中国古代的生态智慧》。他指出“天人合一”是“解决人与自然关系问题的基本原则”；“天人合一”与“主客二分”“天人对应”是“中西哲学观念的基本差别之一，这已是学术界的共识”；中国传统哲学中“所讲的‘天’，有意志之‘天’、命运之‘天’、义理之‘天’等含义，但不能否认，它的一个最基本的涵义就是指自然界”，即“天地之‘天’、自然之‘天’、物质之‘天’”。在中国传统哲学史上，“多数哲学家都是主张‘天人合一’

① 杜维明：《新儒家人文主义的生态转向：对中国和世界的启发》，载《中国哲学史》，2002年第2期。

的”，即便是“主张‘明于天人之分’的思想家”荀子也“不排斥和否定‘天人合一’观念”，荀子的“天人之分”与“西方的‘天人对立’思想有很大的区别”。在“天人合一”观指导下，“我们的先哲提出了许多保护自然生物资源，使其繁衍再生以造福于人类的朴素的可持续发展思想，并在一定范围内和一定程度上付诸实践。但是……远远抵不过人们为了求生存而向自然开发、索取的自发盲目力量，我国的自然生态环境在历史上已经遭到了相当严重的破坏”。“天人合一”是“中国哲学的最高生态智慧”“中国古代生态思想的哲学基础”，我们要“正确地认识和宣传”它的“现代意义”，以“创造更美好的‘人化自然’，争取达到人与自然和谐共存的高级境界”。[①]

2. 质疑和反对派

1993年、1995年，复旦大学教授蔡尚思先后发表《天人合一论即各家托天立论——读钱穆先生最后一篇文章有感》《我的四点看法——关于“天人合一”及其他》。认为“天人合一观，不是孔子一人、儒家

① 方克立：《“天人合一”与中国古代的生态智慧》，载《社会科学战线》，2003年第4期。

一家独有的。先秦诸子多有不同的天人合一观，而天人合一观又都是各家托天来创立自己的学说的”，都“是先有各种的人生观而后假托天命的”[①]。他说：“天是不大变化的，而‘人’却愈到后来变化愈大、变化愈快”，不要说“‘天’与‘人’不能合一，即同是人，今与古尚且不能合一”，并提出“生产力的变革是人类独有的进步标志。不能因为在进步的过程中带来了一些问题便反对进步、反对变革，甚至认为要向后转”“到了今天，不管谁，不管用多大的力气宣传儒家的‘天人合一’，并以此来反对人类已达到的科学技术、物质文明，也都是枉费心力的”[②]。

1994年，中央音乐学院教授蔡仲德在《传统文化与现代化》上发表《也谈“天人合一”——与季羡林先生商榷》一文。该文的主旨是“对‘天人合一’命题不宜评价过高”，认为“东方对‘天’‘人’关系有见于同，无见于异，注重‘天人合一’，注重人与自然‘浑然一体’，确有重视人与自然统一的合理因素，但它不利于认识人与自然，使人屈从于自然、个

① 蔡尚思：《天人合一论即各家托天立论——读钱穆先生最后一篇文章有感》，载《中国文化》1993年6月第8期。

② 蔡尚思：《我的四点看法——关于“天人合一”及其他》，载《瞭望》1995年2月第9期。

体屈从于群体、感性屈从于理性，同样不利于人的生存与发展”。为此该文直白地说：“在‘天人合一’命题中，不仅人与自然的关系并非真正的和谐统一，而是人对自然的顺应与屈从”[①]。

1996年，北京图书馆馆长、哲学家任继愈在《传统文化与现代化》杂志上发表《试论“天人合一”》。文中指出：“据中国哲学史的记述，春秋战国以来，天有五种含义：（1）主宰之天；（2）命运之天；（3）义理之天；（4）自然之天；（5）人格之天”。认为“我们现代人没有必要按照古人曲谱填词。‘天人合一’无论如何解释，已不能反映现代人今天所要解决的问题，任何诠释也难以做到正确无误。‘天人合一’的文章已做不下去”。因此，“‘天人合一’作为哲学史中出现过的问题，不能不研究，我们哲学工作者当前的职责用力所在是探究‘天人之际’，进一步探究天人之间究竟是什么样的关系，而不是想方设法去论证它的‘合一’或‘不合一’”[②]。

2005年，上海师范大学教授李申在《中国社会科学

---

① 蔡仲德：《也谈“天人合一”——与季羡林先生商榷》，载《传统文化与现代化》，1994年第5期。

② 任继愈：《试论“天人合一”》，载《传统文化与现代化》，1996年第1期。

院院报》上发表《“天人合一”不是人与自然合一》。该文认为，对“天人合一”，“不能根据我们当代学者对它的望文生义的理解，而应该求助于古人自己的言论。看一看，在古人的观念中，这个概念到底是什么含义”。关键则是“弄清‘天人合一’中的‘天’是什么意义。”为此，李申“从《四库全书》中共找到二百余条明确表述‘天人合一’的材料”，发现“这些‘天’，都是‘主宰的天’”，没有“一条例证”证明“天”是“自然的天”。因此，今天“在相当大的范围内”赋予“天人合一”所“从来不曾有过的人与自然和谐、保护环境、可持续发展等意义”，全“都是今人附加的，不是天人合一的本义”[①]。2013年，李申在其主编的《天人合一说》一书的《序言》中，重申从《四库全书》中找到的“二百余条明确表述‘天人合一’的材料”中，“认为‘天人合一’就是‘人与自然合一’的内容，则一条也没有找到”[②]。

2007年，中南大学哲学系教师刘立夫在《哲学研究》上发表《“天人合一”不能归约为“人与自然

① 李申：《“天人合一”不是人与自然合一》，载《中国社会科学院院报》，2005年1月20日。

② 李申主编，蒲创国选编、标点：《天人合一说》（《儒教资料类编丛书》第十三辑），北京：国家图书馆出版社，2013年版。

和谐相处”》。文中说：“近年来，很多学者把中国传统的生态智慧简单地归纳为‘天人合一’，有人甚至武断地认定‘天人合一’就是关于‘人与自然的相互关系的理论’或‘人与自然和谐相处的学说’”。他认为：“这种论点过分拔高了传统文化的生态学价值，没有顾及中国传统天人哲学的真正内涵，也没有全面、深入地研究西方现代生态学的历史渊源和现实背景，只是出于一种振兴民族传统文化的使命而以情感的认同代替理性的思考，作时髦的迎合。故不仅在理论上站不住脚，在实践上也难有所作为。”①

2015年出版的《天人之际——儒道天人观新论》一书，认为中国传统的“天人合一”具有人与自然和谐之义、在现代具有生态价值，是“误读”。该书列举庄子“天人合一”观、张载“天人合一”观、墨子“天人合一”观，说明无论是“自然之天”，还是“义理之天”“主宰之天”的天人合一，都“与生态环保无关”。进而指出“‘天人合一’论无助于中国环保问题的解决”，说“湖北云梦睡虎地出土的秦简《田律》记载：春天二月，不准到山林中砍伐木材，不

① 刘立夫：《“天人合一”不能归约为“人与自然和谐相处”》，载《哲学研究》，2007年第2期。

准堵塞水道。不到夏季，不准烧草作为肥料，不准采取刚发芽的植物”等，“纯属当时的生活经验，实不可将其比附为环保先声，这只能说是同名而异实”。①

第三节 人与自然合一是“天人合一”的必蕴之义

这个题目是取自河北省社会科学院研究员、哲学家王永祥2007年发表于《河北大学学报》的论文名②。该题目的长处是确切表达了“天人合一”的现代生态价值，且没有否认“天人合一”含义的多义性、复杂性，也没有否认“天人合一”的人与自然合一的含义在中国传统文化中一直处于从属地位的问题。故而笔者借用它作为本节的标题。

① 张永超、刘君莉：《天人之际——儒道天人观新论》，郑州：郑州大学出版社，2015年版，第77—85页。

② 王永祥：《人与自然合一是“天人合一”必蕴之要义——与李申先生商榷》，载《河北大学学报》（哲学社会科学版），2007年第1期。

一、“天人合一”自古含有生态价值

笔者研究认为：孔子、老子等是中国最早一批肯定“天”的自然性、物质性（即“自然之天”“物质之天”）的学者，他们分别首创儒、道两家的“天人合一”说。从一开始，中国传统的“天人合一”就蕴含有人与自然和谐的生态价值。

1. 自然之天

笔者一直认为，从周初由周公开端的、到春秋末由孔子完成的人文革命，在思想上初步完成了由“天帝”到“天道”的演化过程，或说由“主宰之天”到“自然之天”的演化过程，为中国人的思想和文化奠定了人文化的基础[①②]。《诗》曰：“昊天不佣”“昊天不平”“昊天不惠”“疾威上帝，其命多辟”“浩浩昊天，不骏其德”“上天之载，无声无息”“民今方殆，视天梦梦”等[③]，诉说天帝不善、不平、不惠，

① 孙关龙：《〈春秋〉科学考》，深圳：海天出版社，2015年版，第155—157页。
② 孙关龙：《孔子自然观初论》，深圳：海天出版社，2016年版，第175—183页。
③ 引自《诗经》中的《小雅·节南山》《大雅·荡》《小雅·雨无正》《大雅·文王》《小雅·正月》等篇。

邪暴缺德，由怀疑天、怨恨天到否定主宰之天[①]。

《诗经·大雅·卷阿》篇的“凤凰于飞，翙翙其羽，亦傅于天”；《周易·乾卦·爻辞》的“飞龙在天，利见大人”；《老子》第四十四章的“天道无亲”；史伯（即伯阳父）的“天地之气……阳伏而不能出，阴迫而不能蒸，于是地震”[②]（用天地阴阳的失序解释地震）；子产的“天道远，人道迩，非所及也，何以知之！”[③]（天道渺茫遥远、人是难以知晓的，而人道或说社会人事则是近在眼前的，两者是不可能相知的）；孔子的“天何言哉！四时行焉，百物生焉”[④]，庄子的“天地与我并生，万物与我为一”[⑤]；荀子的“天行有常，不为尧存，不为桀亡”[⑥]等，这些先秦古籍所论述的“天”，全都是“自然之天”或说“物质之天”[⑦]。

---

① 参考丁守和：《“天”“人”关系的思考》，载《传统文化与现代化》，1997年第1期。
② 《国语·周语上》。
③ 《左传·昭公十八年》。
④ 《论语·阳货》。
⑤ 《庄子·齐物论》。
⑥ 《荀子·天论》。
⑦ 参考王永祥：《人与自然合一是“天人合一”必蕴之要义——与李申先生商榷》，载《河北大学学报》（哲学社会科学版），2007年第1期。

2. 老子“天人合一”说

有学者认为，“《老子》提出‘道’的范畴，以天道的无为否定人的有为，否定人的智慧及其产物——文化，此可谓以‘天’灭‘人’……至邹衍创立阴阳学派，以‘五德终始’解释自然现象与社会人事，沟通天人关系，建立时空统一，包罗万象的宇宙图式，‘天人合一’的思想才得以出现”[①]。上述论点是值得商榷的。《老子》云：“人法地，地法天，天法道，道法自然”[②]。这里的“自然”是自然而然之意；“地”“天”“道”合起来可称为与“人”相对而言的“天”，即今人所言之自然或自然界。“人法地”，则“可理解为人效法自然，也就是‘人’合于‘天’。这是道家‘天人合一’的基本思想”[③]。可见老子的“天人合一”说，他的“天道”不存在“天”灭“人”的问题。亦可见不是邹衍创立阴阳学派时“‘天人合一’的思想才得以出现”。

① 蔡仲德：《也谈“天人合一”——与季羡林先生商榷》，载《传统文化与现代化》，1994年第5期。

② 《老子·第二十五章》。

③ 参考李存山：《析“天人合一”》，载《传统文化与现代化》，1994年第4期。

3. 孔子“天人合一”说

一些学者说：“孔子罕言天道，其思想重在现实人生和社会，此可谓重‘人’轻‘天’”[①]；说孔子“不言天道”，在孔子那里“天”与“人”是“分为两端”的，孟子把它们统一起来，“形成了天人合一的基本思想”[②]；“在孔子的思想中，儒家的‘天人合一’思想还没有确立”[③]。以上这些观点，笔者认为都是值得商榷的。

第一，孔子既重“人”，又重“天”。笔者曾分类收集、整理孔子散落在各种古籍中的资料，其中“数十条敬天材料”，“深感孔子敬天之情的真切、深厚，其真切之情、深厚之意可以说达到无以复加的地步”[④]。笔者在《孔子自然观初论》一书中，运用其中的30多条材料，“叙述孔子较为传统的敬天观”[⑤]。

① 蔡仲德：《也谈“天人合一”——与季羡林先生商榷》，载《传统文化与现代化》，1994年第5期。

② 钱逊：《也谈对“天人合一”的认识》，载《传统文化与现代化》，1994年第3期。

③ 李存山：《析“天人合一”》，载《传统文化与现代化》，1994年第4期。

④ 孙关龙：《孔子自然观初论》，深圳：海天出版社，2016年版，第3页。

⑤ 孙关龙：《孔子自然观初论》，深圳：海天出版社，2016年版，第3—15页。

第二，孔子并不“罕言天道”。例如，有一次鲁国国君哀公问孔子，君子怎么如此看重“天道”？孔子答曰：贵在它永无止息，如日月相从，由东到西或从西至东运行不止，这是“天道”；它持久运行，从不停息，这是“天道”；它无为而治，让万物自由地生长，这是“天道”；万物生成，各有其规律，这是“天道”（公曰：“敢问君子何贵乎天道也？”孔子曰：“贵其不已。如日月东西相从而不已也，是天道也；不闭其久，是天道也；无为而物成，是天道也；已成而明，是天道也”①）。从鲁哀公问孔子，君子何以看重“天道”，可知孔子并不“罕言天道”，更不是“不言天道”；从短短一段话44个字中，孔子用了4个“是天道也”，占有16个字，足见“孔子对反映客观规律的天道的重视和强调”②。

第三，孔子已有一套较为系统的“天人合一”观。他“敬天，亲地，尊山，乐水，崇尚生命，并重技艺，尚俭，把仁爱推广到自然界，构建了他的一套

① 《礼记·哀公问》。

② 孙关龙：《孔子自然观初论》，深圳：海天出版社，2016年版，第179页。

较为系统的天道自然观”[①]。他既奠定了儒家“天人合一”观，又在中国历史上构建了一套较为系统的天人合一观。具体阐述如下：

（1）创立人与自然和谐的天人观

孔子曰：上天有什么可以思虑担忧的呢？太阳下落，则月亮升起；月亮落降，则太阳出来，日月交替产生光明。寒冷消退，则暑热来临；暑热过去，则寒冷要来，寒暑交替形成年岁。往者退缩，来者伸展，在屈伸交替中万物生长。尺蠖（尺蛾的幼虫）收缩，为求得伸展；龙蛇蛰伏（冬眠），为保存生命……探求事物的奥秘，认识变化的规律，则是最为崇高的道德（“天下何思何虑？日往则月来，月往则日来，日月相推而明生焉。寒往则暑来，暑往则寒来，寒暑相推而岁成焉。往者屈也，来者信也，屈信相感而利生焉。尺蠖之屈，以求信也；龙蛇之蛰，以存身也……穷神知化，德之盛也”[②]）。他富有哲理地指出：“天无二日”[③]（天上不可能有两个太阳），“日中则昃，

① 孙关龙：《孔子自然观初论》，深圳：海天出版社，2016年版，第208页。
② 《周易·系辞下》。
③ 《孟子·万章上》。

月盈则食，天地盈虚，与时消息”[①]（太阳到了天中，便开始西斜；月亮盈圆之时，则开始蚀缺；天地盈满了，便开始虚蚀，一切都按时节的变化，此消彼长）。他说：上天生出万物，大地养育万物，能使万物兴盛而时时节用者，圣人也（“天生物，地养物，物备兴而时用常节，曰圣人”[②]）。在《论语·泰伯》篇中，他盛赞尧帝，说：“巍巍乎！唯天为大。唯尧则之”（巍然高大啊！天。唯有尧帝能按天的法则办事）。在《大戴礼记》中，他称颂黄帝等五帝，“以顺天地之纪……时播百谷草木……节用水火材物”[③④]（顺应天地运行的规则……教百姓按时节播种各类谷物、栽培果木蔬菜……节俭使用水、火等材物）。他还卓有远见地指出：“天之生物，必因其材而笃焉，故栽者培之，倾者覆之”[⑤]（上天滋养万物，不同的生物必根据其材质而产生不同的结果，适应者加倍发展，不适应者就会自然覆亡）。

上述孔子所言之“天”，毫无疑义指的都是自

---

① 《说苑·敬慎》。

② 《大戴礼记·诰志》。

③ 《大戴礼记·五帝德》。

④ 孙关龙：《孔子自然观初论》，深圳：海天出版社，2016年版，第7—8页。

⑤ 《礼记·中庸》。

然之天。哲学史家蒙培元指出："孔子的最大贡献，就是将天解释为自然界"[①]。孔子主张对天要"穷神知化"（探索其奥秘，认识其变化规律）、"与时消息"（一切都按上天的时节此消彼长）、"物备兴而时用常节"（使万物兴盛，且要时时节用），要"则天""顺天""培之"（适应天的规律加倍发展）等，都已含有人与自然的和谐之义。而且，孔子不但积极主张人与自然和谐之义的天人合一，还努力实践，《论语》记载他"钓而不纲，弋不射宿"[②]（钓鱼不采用系满钩的长绳，也从不射鸟巢中和归巢的鸟）；《礼记》表扬他"祖述尧舜，宪章文武，上律天时，下袭水土"[③]。金景芳教授说："谈天人合一，又能做到天人合一的，只有孔子一人"[④]。

（2）奠定"天"多义性格局

孔子把宗教的"天"转化为自然的"天"的同时，又把宗教的"天"转化为人文的"天"，从而"把神本主义扫进了历史的垃圾堆，完成了周公于

① 蒙培元：《孔子天人之学的生态意义》，载《中国哲学史》，2002年第2期。

② 《论语·述而》。

③ 《礼记·中庸》。

④ 金景芳：《论天和人的关系》，载《传统文化与现代化》，1994年第2期。

周初开创的人本主义革命，使中国社会进入人本时代”[①]。因而，孔子能在中国历史上最早明确地宣告：不谈怪异、暴力、叛乱、鬼神（“子不语怪、力、乱、神”[②]）和“敬鬼神而远之”[③]等振聋发聩的主张，从而“使中国2500年来直至今天，一直具有非宗教传统（指非全民信教的传统），没有宗教狂热，没有宗教战争，基本上也没有宗教干政等一系列现象”[④]，使我们中国人至今还在受惠。他无愧为伟大的思想家、伟大的宗教改革家。

孔子曰：“不怨天，不尤人，下学而上达，知我者其天乎”[⑤]（不怨上天，不怪他人，努力学习使我懂得了众多高深道理，了解我的唯有天也）；曰：“天之未丧斯文也，匡人其如予何”[⑥]（上天没有打算消除我继承周文化的历史使命，匡人能将我怎么样呢？）；曰：“天生德于予，桓魋其如予何”[⑦]（上

---

① 孙关龙：《孔子自然观初论》，深圳：海天出版社，2016年版，第176—183页。

② 《论语·述而》。

③ 《论语·雍也》。

④ 孙关龙：《孔子自然观初论》，深圳：海天出版社，2016年版，第205页。

⑤ 《论语·宪问》。

⑥ 《论语·子罕》。

⑦ 《论语·述而》。

天造就我不屈的品质，桓魋能把我怎样？）。“这些‘天’都是人文的‘天’”或者说义理之天，“都把‘天’看作人的精神力量的外在形式，从中得到安慰和理解，寻找信念和力量”[①]。

在《易传·文言》中，“孔子认为元、亨、利、贞，既是天的四种德行，也是人的四种德行，并且认为君子就是施行这四种德行的人。‘元者，善之长也。亨者，嘉之会也。利者，义之和也。贞者，事之干也。君子体仁足以长人，嘉会足以合礼，利物足以合义，贞固足以干事。君子行此四德者，故曰：元、亨、利、贞’”。因此，《易传·文言》中指出：“‘夫大人者，与天地合其德，与日月合其明，与四时合其序，与鬼神合其吉凶，先天而天弗违，后天而奉天时’。这就是古代著名的‘与天地合德’的天人合一思想”[②]。孔子还说过“有天德，有地德，有人德，此谓三德。三德率行，乃有阴阳”[③]等。这些“天”都是“道德之天”。

① 孙关龙：《孔子自然观初论》，深圳：海天出版社，2016年版，第10—11、178页。

② 吴忠海：《从“天人合一”看中国传统文化的价值取向》，载《齐鲁学刊》，1999年第2期。

③ 《大戴礼记·四代》。

（3）首创把仁爱推广到自然界

孔子创立人与自然和谐的天人观，不是偶然的。他在中国历史上，第一个把保护动植物提高到“天道”的高度；第一个把“仁”“孝”推广到自然界；第一个把优化环境、保护生物纳入德政，用今天的话说，把优化环境、保护生物计入官员的政绩。

“孔子首次明确指出：‘开蛰不杀，则天道也；方长不折，则恕也。恕则仁也’（春天不杀刚苏醒并开始活动的昆虫鸟兽，是合乎天道的；不折断正在生长的青草树木，是厚道的表现。厚道即是仁也）。孔子还首次明确指出：‘断一树，杀一兽，不以其时，非孝也’（砍断一棵树，杀死一只鸟兽，如果不按时节，损害树木和鸟兽的生长繁殖，则都是不道德的行为，也是对动植物的不孝）”。[①]

有一次，孔子路过弟子子路管理的卫国蒲城，见田地整齐，荒地得到开垦，认为这是子路办事严谨诚实、百姓尽力耕种的结果。进入蒲城，见城墙、民居高而整洁，树木茂盛，盛赞这是子路办事忠信宽厚、百姓辛勤劳作的成果（“子路治蒲三年，孔子过之。

① 孙关龙：《孔子自然观初论》，深圳：海天出版社，2016年版，第166页。

入其境而善之，曰：‘……入其境，田畴甚易，草莱甚辟，此恭敬以信，故其民尽力。入其邑，墉屋甚尊，树木甚茂，此忠信以宽，故其民不偷’”[①]）。孔子另一个弟子宓子贱在亶父治理三年，弟子巫马旗有一次到亶父考察，见夜里捕鱼者把捕到的一些鱼放回水中，奇怪地问：捕鱼是为了得鱼，你们把捕到的鱼放回去，为什么？捕鱼者答：宓子贱告诉我们不要捕小鱼，刚才放回去的全是小鱼。巫马旗回来报告孔子，说宓子贱的德政到了极致，百姓在夜里无人监管下都能自觉地不捕小鱼，似有严刑时刻在身旁那样，请问宓子贱的德政为何如此有效？孔子曰：我曾与宓子贱谈过，当官的首先要诚实地践行政令，那么政令一定能在百姓中推行，宓子贱在亶父一定实行了这一德政（“宓子贱治亶父……三年，巫马旗短褐衣弊裘，而往观化于亶父，见夜渔者，得则舍之。巫马旗问焉，曰：‘渔为得也，今子得而舍之，何也？’对曰：‘宓子不欲人之取小鱼也，所舍者小鱼也。’巫马旗归，告孔子曰：‘宓子之德至矣，使民暗行，若有严刑于旁。敢问宓子何以至于此？’孔子曰：‘丘

① 《韩诗外传》第6卷。

尝与之言曰，诚乎此者刑乎彼……宓子必行此术于亶父也'"[①]）。"这里，孔子于2500年前已把优化环境、保护动植物归入德政"[②]。

二、"天人合一"的多义性、复杂性

"天人合一"的多义性、复杂性，是存在于数千年中国传统文化中的一个客观事实，不能因为今天要强调和弘扬"天人合一"所蕴含的人与自然和谐的生态价值而否认它、抹杀它。

"天人合一"的多义性、复杂性主要体现在中国传统文化中"天"的多义性、复杂性。对"天"的含义，学术界分歧较大，潘志锋归纳如下："一义说，以季羡林为代表，认为'天'即大自然。二义说，以王明为代表，认为'天'一指有意志的天神，一指自然的天体。三义说，以张岱年、宋志明为代表，张岱年认为'天'一指最高主宰，二指广大自然，三指最高原理；宋志明说'天有主宰、自然、义理三种含义'。四义

① 《吕氏春秋·审应览》。

② 孙关龙：《孔子自然观初论》，深圳：海天出版社，2016年版，第166—167页。

说，以康中乾为代表，认为‘天’指意志之天、无为之天、道德之天、自然之天。五义说，以冯友兰、任继愈为代表，冯友兰认为天有五义：物质之天、主宰之天、运命之天、自然之天、义理之天。任继愈也主张天有五义：主宰之天、运命之天、义理之天、自然之天、人格之天。混沌说，以刘泽华为代表，认为‘天’是一个混沌的概念，神、本体、本原、自然、必然、命运、心性等均在其中”[①]。可见在中国传统文化中，“天”不是仅有“自然之天”“物质之天”之意，还有“命运之天”“义理之天”“道德之天”“主宰之天”等含义。

三、“天人合一”所含人与自然和谐之义在中国传统文化中的地位

“天人合一”所含人与自然和谐之义，早在春秋战国时期业已具有，且不但存在于儒、道家中，其他诸子百家（例如阴阳五行家等）中也是具有的。

① 潘志锋：《近20年关于“天人关系”问题的研究》，载《社会科学战线》，2003年第4期。

1. 阴阳五行家对“天人合一”含人与自然和谐之义的论述

反映阴阳五行家主张和思想的《管子》中的《四时》《五行》《幼官》，以及《吕氏春秋·十二纪》等篇，有不少反映人与自然和谐之义的“天人合一”论述。例如，“人与天调，然后天地之美生”[①]。此句中的“人”指人类，“天”指自然之天。其大意是说，人类的活动要与自然界的规律相协调，唯有这样的自然界（或说天地之间）才会有美好的事物产生。很显然，这是一种主张按自然规律办事的思想，含有人与自然和谐共处的生态价值[②]。又如，“阴阳者天地之大理也。四时者阴阳之大经也，刑德者四时之合也。刑德合于时则生福，诡则生祸”[③]（其大意是说：天地由阴阳生成，故阴阳是天地之大理或说是天地之根本。阴阳又形成春、夏、秋、冬四时，德合于春、夏，刑合于秋、冬。刑、德合于春、夏、秋、冬，则能生福；不合，则会生祸害）。有的哲学家认为，这

① 《管子·五行》。
② 参考李存山：《析“天人合一”》，载《传统文化与现代化》，1994年第4期。
③ 《管子·四时》。

“是阴阳五行家天人学说的基本原则”[①]。根据《汉书》“阴阳家者流，盖出于羲和之官，敬顺昊天，历象日月星辰，教授民时，此其所长也”的记载[②]，有学者提出：把古代环境保护制度与季节时令相联系，顺应天的规律，“正是阴阳五行家的特长”，进而认为是春秋战国时期的阴阳五行家“把环境保护的思想提升到‘天人之学’的高度”进行了“理论阐述”[③]。

2. 道家对“天人合一”含人与自然和谐之义的论述

在中国传统文化中道家最重视自然，也是被国外深层生态学家引用中国古代生态主张最多的一个学派（详见下一节）。

第二章第二节已述，《老子》的“人法地，地法天，天法道，道法自然”论述[④]，“人法地……”实质是人效法自然，即“人”合于“天”，含有人与自然和谐共处之意。庄子的“天地与我并生，而万物与我为

① 李存山：《析“天人合一”》，载《传统文化与现代化》，1994年第4期。

② 《汉书·艺文志》。

③ 李存山：《析“天人合一”》，载《传统文化与现代化》，1994年第4期。

④ 《老子·第二十五章》。

一”[①]的境界，也是人与自然和谐的“天人合一”论。

3. 儒家对“天人合一”含有人与自然和谐之义的论述

前面已述，孔子奠定了儒家的“天人合一”观。以后，思孟学派的《中庸》《孟子》主要继承光大孔子“天人合一”观中“道德之天”或“义理之天”的思想，并在以后2000多年的中国传统文化中占有主旨地位。荀子学派的《荀子》则继承和光大孔子“天人合一”观的“自然之天”的思想。

荀子总结先秦的“天”论或说“天人合一”论，创立“天人协调说”。他明确提出“天行有常，不为尧存，不为桀亡”[②]（天有其运行规律，不因为人事的变化而产生变化）；在“天有常道”“地有常数”，以及“明于天人之分”的前提下，肯定“天有其时，地有其财，人有其治，夫是之谓能参”[③]。他强调人是“与天地参”的主体力量，要遵循和顺应自然规律，即“顺其天政，养其天情，以全其天功”[④]（顺

① 《庄子·齐物论》。
② 《荀子·天论》。
③ 《荀子·天论》。
④ 《荀子·天论》。

应天的自然规律，养成符合天情的习惯和爱好，便能充分发挥自然规律的功效）。荀子的这种“顺天”思想，是对孔子“则天”思想的继承和发展，含有人与自然和谐相处的意义。诚如哲学家方克立所言：“荀子的天人观是一种以‘明于天人之分’为前提的‘天人合一’论。他主张‘明于天人之分’是为了反对认为‘天’有意志、可以决定人事吉凶祸福的宗教天命论，他的‘天人合一’观则表现为肯定人能‘与天地参’而又必须尊重自然规律的‘顺天’思想”[①]。遗憾的是，这种“顺天”思想“没有成为中国古代‘天人合一’思想发展的主流”[②]。

4. 人与自然和谐之义在中国古代“天人合一”思想中的地位

前面讲了，“天人合一”思想有多义性、复杂性，也说了“天人合一”的人与自然和谐之义在春秋战国时期业已具有，至今已有2000多年的历史。然而，此义在中国古代“天人合一”思想中，一直没有

① 方克立：《“天人合一”与中国古代的生态智慧》，载《社会科学战线》，2003年第4期。
② 方克立：《“天人合一”与中国古代的生态智慧》，载《社会科学战线》，2003年第4期。

占据主旨地位。占据主旨地位的，则是思孟学派的“道德之天”（有学者称为“义理之天”）。

“《中庸》和孟子的‘天人合一’思想比较接近，对后世影响也最大。《中庸》云：‘天命之谓性，率性之谓道，修道之谓教’。这就是说，天命、人性、道德、教化是一脉相通的，或者说它们是同一的”[①]。孟子主张“性善说”，认为人心生来就善，这是“天之所与我者”[②]（天所给予人的）。“孟子所谓的‘天’与《中庸》所谓的‘天命’是一个意思”，是善或仁义的根源，“这是中国古代的‘义理之天’，而非‘自然之天’”[③]。即《中庸》和孟子主张的“天人合一”，主要是“天人同德”。

汉代董仲舒在“天人同德”基础上，吸收“阴阳五行家的感应”等思想，把“义理之天”（含有“人格之天”）与“主宰之天”糅合在一起，创“天人同类”说（又称“天人同构”说），主张“天人感应”。

在中国哲学史上，正式提出“天人合一”一词的

---

① 李存山：《析“天人合一”》，载《传统文化与现代化》，1994年第4期。

② 《孟子·告子上》。

③ 李存山：《析“天人合一”》，载《传统文化与现代化》，1994年第4期。

是宋代大儒张载。他的“天”，常指世界的本原——“太虚”，认为“太虚”既是“气之本体”，又是“性之渊源”[①]。“太虚”，既是气的本然或说物质的本然，又是人类性善之渊源。张载的“天”，是在“自然之天”中含有“义理之天”。程朱（程颢、程颐、朱熹）主张“天人一也，更不分别”[②]“天人本无二，不必言合”[③]，把“‘天人合一’思想发展到极端，以至于连‘合’字也无须要了”[④]。他们认为“性即理也”，又“天人本无二”，故人性与天理通一而无二，人性即“天理”。此“天理”，朱熹又称“太极”[⑤]。它虽是生物之本、世界之源，但究其实质只是“人理”，即道德伦理。因此，程朱的“天”，则把“义理之天”置于“自然之天”之上[⑥]，把思孟学派的“天人同德”，发展为“天人同理”。

明代王阳明高扬“心”学，认为“天即良知

① 《正蒙·太和》。
② 《二程遗书》第2卷。
③ 《二程遗书》第6卷。
④ 李存山：《析“天人合一”》，载《传统文化与现代化》，1994年第4期。
⑤ 《朱子语类》第94卷。
⑥ 李存山：《析“天人合一”》，载《传统文化与现代化》，1994年第4期。

也……良知即天也”[①]，主张“心即道，道即天，知心则知道、知天”[②]，可见他的“天”是道德本体的“心”，是良知。王阳明的“天人合一”观，把思孟学派的“天人同德”发展为“天人同心”。

“由上可知，儒家的‘天人合一’思想主要是讨论道德的本原以及对这一本原的认同问题，也就是心、性、天的关系问题。儒家之‘天’有自然、主宰、义理三义……环境保护、生态平衡只可说是其‘天人合一’思想的一部分内容，而非其主旨”[③]。

综上而述，笔者认为可得到三点结论性意见：

（1）中国传统的“天人合一”观蕴含有人与自然和谐之义的思想

这是人与自然息息相关、相依共存关系的反映，是人类对大自然依赖感和亲近感的反映。在这个思想指导下，中国古代的哲学家、思想家和一些有识之士提出了众多保护自然资源、维护生态环境的原则、方法和措施，有的还上升为国家的法令和规定。确如有的学者说的，“在先秦时期已形成一套相当系统的自

① 《传习录》下。

② 《传习录》上。

③ 李存山：《析“天人合一”》，载《传统文化与现代化》，1994年第4期。

然资源和生态环境保护思想”[①]。这是中国的一笔宝贵财富，也是全人类的一笔宝贵财富。这笔财富，过去有用，现在有用，未来亦将有用。

（2）中国古代的生态环境问题不能低估

在中国古代，由于“天人合一”中的和谐思想未能占主导地位，更由于受战争、人口生存的压力等影响，中国古代生态环境的破坏是相当严重的，最为典型的是“原本土地肥沃、草木繁茂的西部地带”，变成为“沙漠和穷山恶水的贫瘠地区”[②]。这说明“农业文明并不是一首人与自然和谐统一、其乐融融的田园诗，我们对那个时代出现的生态问题也不能低估”[③]，说明“靠天吃饭的结果是导致自然环境的破坏”[④]。只有在当代，才具备了思想和物质的条件，“利用科学技术及由此而产生的巨大生产力，以改造自然的手段来达到人与环境、人与自然的和谐。这将是天人合一思想的新发展”[⑤]。

① 方克立：《“天人合一”与中国古代的生态智慧》，载《社会科学战线》，2003年第4期。
② 钱逊：《也谈“天人合一”的认识》，载《传统文化与现代化》，1994年第3期。
③ 方克立：《“天人合一”与中国古代的生态智慧》，载《社会科学战线》，2003年第4期。
④ 钱逊：《也谈“天人合一”的认识》，载《传统文化与现代化》，1994年第3期。
⑤ 钱逊：《也谈“天人合一”的认识》，载《传统文化与现代化》，1994年第3期。

（3）注意区分传统命题的原意与当今创造性新释之间的区别

今天科学技术和社会经济高度发展，同时面临人口爆炸、资源短缺、环境污染、新的疾病暴发等一系列生态问题，于是人与自然的关系被突出了，成为当前讨论天人合一思想时谈论最多的内容。“时代需要不断赋予一个古老命题以新的意义，人们依据时代的需要对传统思想做出新的诠释，这是思想史发展中合乎规律的现象；古老的命题也就在不断地诠释过程中得到发展。不过，在这样做的时候，要注意把传统命题的本来意义和我们所做的新诠释予以区别，以显出思想史发展的本来面貌”[①]。

第四节 西方现代生态伦理学的“东方转向”

钱穆临终前一年的“澈悟”（1989年9月至1990年8月），笔者认为是与西方现代生态伦理学的“东方转

① 钱逊：《也谈“天人合一”的认识》，载《传统文化与现代化》，1994年第3期。

向”密切相关的。

随着全球性生态危机的加剧，人们不得不重新认识生态系统中的人类及其生态环境，反思人与大自然的关系（即天人关系）这一古老的哲学命题。反思的一大成果是西方乃至人类的伦理学史上发生一个革命性的重大变革；即将伦理学从社会领域扩展到自然领域，从而使传统伦理学发生革命性转变和发展，形成全新的现代生态伦理学。或者说，反思的一大成果是：西方乃至人类的生态学史上发生一个重大的革命性变革，生态学从自然领域、经济领域走入哲学领域、伦理领域，从而产生全新的现代生态伦理学。具体表现为两大方面，一是由浅层生态学进化为深层生态学，二是西方现代生态伦理学的“东方转向”。

一、从浅层生态学到深层生态学

浅层生态学（Shallow Ecology）遵从西方传统的人类中心主义世界观，认为造成现代生态危机的主要根源是不合理的经济、法律规章和对自然资源开发利用的失控，故而专注于一般性污染防治和自然资源保护，关心的只是眼前的人类健康和幸福。又称表层生态学。这种生态观固守西方文化的基本模式，不触及不合理经济和法律的根本性制度问题，不涉及自然是有价值的、自然与人类是平等的等一系列核心伦理观，主要是利用原有的西方文化传统和技术优势来解决生态问题、人与自然的关系问题。因而它是浅层次或表层次的生态保护观念和措施，然而直至当今它仍是世界各国尤其是西方各国生态保护的主流。[①]

深层生态学（Deep Ecology）由挪威著名哲学家A.奈斯在1973年于《浅层与深层，长远生态运动：一个纲要》一文中提出[②]。这是当代最具革命性的生态伦理观。它以整体论世界观为基础，认为自然界的一切生物和环境都具有价值；认为人与生物及其环境都是自然界的一员，是平等的，这样才能构成复杂的、多样的生态系统；指出当今世界的生态危机，是西方固有的人类中心主义、主客二分的自然观和科技功利主义思想恶性发展的必然结果；主张深入研究造成生态危机的社会、文化和人性根源，重建人类文明新秩序[③]。

① 参考朱晓鹏：《论西方现代生态伦理学的“东方转向”》，载《社会科学》2006年第3期。

② 朱贻庭主编：《应用伦理学辞典》，上海：上海辞书出版社，2013年版，第204页。

③ 参考闫希军：《天人合一的价值本原》，北京：人民出版社，2017年版，第2页。

二、西方现代生态伦理学的“东方转向”

下面阐述“东方转向”的必然性、“东方转向”的内容、“东方转向”的启迪三个方面。

1. “东方转向”的必然性

西方现代生态伦理学面对西方传统的人类中心主义，人与自然的分离和对立，科学与其价值的分离和对立，很难从其内部突破这种传统的禁锢。他们需要借助外部的思想文化资源颠覆现当代西方工业社会的价值模式及其一系列重要思想，真正地摆脱生态危机，以实现人类社会的持续发展。

20世纪前期相对论、量子力学的出现和发展，为人们勾画了一整套和谐统一的自然图景；生命科学的新发展、系统论和耗散结构论等现代科学的诞生，为人们展现了一幅具有自组织功能的全新有机的、进化的、能自我调节的自然图景。所有这些都表明西方原有的机械论哲学及其直线型、简单型的研究模式已经过时，代之以有机论哲学及其非线性型、复杂型的研究模式；科学和技术也从分科论时代或说还原论时代进入整体论时代。

而东方传统文化，充满着整体论、有机论、和谐论以及非线性和复杂性思想。东方的人与自然有机和谐的思想，完全不同于西方传统的“人与自然相分离和对立”的观念；东方的整体论思想，人与自然是平等的，完全不同于西方传统的还原论思想和人类中心主义；东方的有机论思想，认为自然万物都有其内在价值，是有机的、有生命的，完全不同于西方传统的机械论哲学；东方的非线性、复杂性思想，完全不同于西方传统的直线型、简单型机械论、还原论模式。“正由于东方文化传统对生命和宇宙的理解，与深层生态运动的基本理念有诸多相通之处，因而能够推动西方生态运动由浅层向深层的转换”，能够突破西方传统的禁锢。现代生态伦理学的创始人施韦兹和罗尔斯顿都认为“东方传统文化是现代生态伦理学的古代先驱”[①]。于是，“东方转向”成为必然。

2. “东方转向”的内容

在被现代生态伦理学特别是深层生态学所认同和“回归”的东方传统文化中，最受重视的是道家思

① 此段引文出自朱晓鹏：《论西方现代生态伦理学的“东方转向”》，载《社会科学》，2006年第3期。

想。道家推崇自然之道，老子提出“人法地，地法天，天法道，道法自然”[①]等一系列论述，期望人们把“自然之道”作为人生的思想信念和实践指导。庄子继承并发展老子的自然之道，提出“天地与我并生，万物与我为一”[②]“与天为一”[③]“天地有大美而不言，四时有明法而不议，万物有成理而不说”[④]（认为天地、万物、万事都蕴藏着法则和规律，人们应该遵天地之美而达万物之理）等一系列主张，以把自然而然、天性自在的自然之道作为宇宙和人生的本根。道家是典型的自然主义哲学，深得现代生态理论学家的赞许。他们称赞道家思想是“传统的东亚深层生态学”[⑤]，说：“在各种伟大的传统中……只有道家提供了最深刻而且最完善的生态智慧”[⑥]。

现代生态伦理学和深层生态学也从佛学中吸收大量的生态智慧。他们吸纳“佛教中关于宇宙中的万事

---

① 《老子·第二十五章》。
② 《庄子·齐物论》。
③ 《庄子·达生》。
④ 《庄子·知北游》。
⑤ J.Baird Callicott. *Earth's Insights: A Multicultural Survey of Ecological Ethics from the Mediterranean Basin to the Australian Outback*. University of California Press, 1984:67.
⑥ ［美］F.卡普拉著：《物理学之道》，朱润生译，北京：北京出版社，1999年版，第10—11页。

万物相互关联的整体性观念、爱物护生、主张宇宙和其他一切生命跟自我之间的调和与融合的思想、克制私欲、祛除妄念、提倡俭朴生活的理想等”主张[①]。深层生态学的创始人A.奈斯说：“佛教为深层生态学提供了适当的背景或渊源联系。”他在构建深层生态学的理论中，一些关键概念（如自我实现、内在价值等）是从佛学中获得最直接的说明[②]。

“值得注意的是，与道家和佛教相比，西方学者对作为中国传统文化主流的儒家重视不够，较少探索它与现代生态伦理学的关系”[③]。笔者认为其根本原因是，我们中国学者对中国传统文化尤其是对儒学传统中的生态思想及其资料挖掘、梳理不够。也为此，笔者与乔清举教授共同主编的这套《中国传统生态文化丛书》，以肩负起系统挖掘和梳理中国传统文化中的生态知识和思想为己任，尤其是肩负起系统挖掘和梳理儒家传统中的生态知识和思想这个历史责任和时代责任。

---

① 朱晓鹏：《论西方现代生态伦理学的“东方转向”》，载《社会科学》，2006年第3期。

② 雷毅：《深层生态学思想研究》，北京：清华大学出版社，2001年版，第78页。

③ 朱晓鹏：《论西方现代生态伦理学的“东方转向”》，载《社会科学》，2006年第3期。

3. “东方转向”的启迪

笔者认为至少有以下三点。

（1）深入认识并系统挖掘和研究东方传统文化中蕴涵的生态智慧

西方现代生态伦理学的“东方转向”，使长期被忽视的东方传统文化中的自然人文主义思想及其所蕴含的生态智慧重新被激活。我们要在这基础上，深入认识中国传统文化中自然人文主义思想及其所蕴含的生态智慧，并开展系统的深入挖掘和研究工作。现代社会由于过度开发、不当发展等原因所造成的环境恶化、生态危机已是十分严重，人类的文明必须作出文化的转向，才能真正有效地改善生态环境，拯救人类和世界的未来。中国传统文化中的丰富的自然人文主义思想及其所蕴含的生态智慧，能够在这个转向中发挥独特作用。而且，在世界各国传统文化中，中国传统文化所包含的自然人文主义思想及其生态智慧最为丰富、最为系统，亦最有实用价值，理应为人类文明的转向做出贡献。

（2）要创造性梳理中国传统的自然人文主义思想及其生态智慧，做出创新性诠释和研究，为中国和世界生态环境的治理服务

这一次对中国文化的重建具有十分重大意义的“天人合一”大讨论，源自西方生态伦理学的“东方转向”，源自钱穆临终前的“澈悟”。在中国四个现代化建设中，我们传统文化研究不能总是在西方的“东方转向”后，才对某个命题感兴趣，进而开展系统的深入的研究。反思20世纪初以来，百余年的国学研究的最大教训是跛足行进，即人文国学（指国学中的社会经济、人文部分）单足行进，缺失了国学的另一半，即缺失了同样重要、同样辉煌的自然国学（指国学中的自然及其科技部分）[①②]。

国学大师钱穆在临终前的“澈悟”中，有这样一段话：“我常想，现代人如果要想写一部讨论中国古代文化思想的书，莫如先写一本中国古代人的天文观，或写一部中国古代人的天文学或人文学”；又说：“如果我们今天亦要效法西方人，强要把‘天文’与

① 孙关龙：《百余年国学研究的一大缺陷——自然国学的缺失》，见“天地人生”讲座第1225讲，2015年8月29日。

② 孙关龙、孙华：《自然国学，一门既新颖又古老的学问》，载《自然国学评论》，2018年第1号。

‘人生’分别来看，那就无从去了解中国古代人的思想了”[①]。我国当今的国学研究者如果继续维持现状，割裂“人文”与“自然”两个大方面进行研究，便是钱穆批评的“效法西方人”，“那就无从去了解中国古代人的思想了”。这怎么可能对中国传统文化进行创造性的梳理，做出创新性的发展？怎么可能研究出真正的成果，为中华民族的复兴、中国的现代化建设做出创造性的贡献？因此，中国传统文化或说国学要真正获得创新性的成果，有创新性的发展，一定要遵照钱穆教授的“澈悟”方向，把“天”与“人”和合起来研究，即把人文国学与自然国学真正地结合起来，开展国学的综合性或说整体性研究。

（3）要正确对待“东方转向”

我们不能因为西方生态伦理学的“东方转向”，而认为西方的“天人两分”分析性思维一无是处，中国的“天人合一”的整体性思维则是完美无缺的。更不应该以此认为从此进入中国人的时代。

西方的分析性思维与东方的整体性思维是相辅相成的，是互补的。世界是复杂的、多样的，不同的事物需要不同的思维，即使同一事物在其不同的发展

① 钱穆：《中国文化对人类未来可有的贡献》，载《中国文化》第4期。

阶段也需要不同的思维，有时需要以分析性思维为主，有时需要以综合性思维为主。就科学技术的发展而言，工业时代以分析性思维为主，是分析性科学时代（或称分科论科学时代、还原论科学时代），但不排斥综合性思维或说整体性思维。达尔文的进化论应该说主要是整体性思维的成果；爱因斯坦的相对论、普朗克的量子论是整体性思维的成果。现在到了“后工业时代”，确切说是生态文明时代，需要以综合性思维为主，人类进入整体论科学时代（或称综合性科学时代）。在整体论科学时代，人类也还需要分析性思维。科学发展从来是两个方向，一方面是愈来愈综合，趋向整体性发展；另一方面是愈来愈细分，趋向精细化的纵深发展，如物理学从原子论到电子论、中子论，再到粒子论，后又发展到夸克论。

至于说现已进入中国人的时代，这个说法不妥。一是不符合事实，当前西方的科学技术还远在中国之上，中国还属于发展中国家。二是不符合中国人的理念和主张，中国发达了，也不会走称雄、称霸之路。中国人自古主张的是“世界大同”，主张的是人类命运共同体，主张的是开放的多元世界，主张的是世界各国人民共享发展的成果。

第五节 “天人合一”是解决人与自然关系的基本准则

当今，人类历史发展又一次走到转折的关头，中华民族也又一次面临历史性的选择。面对这新转折的关键时期，中国如何发扬优良传统，吸取自身的和世界各国的经验、教训，走上伟大复兴的道路，不但是一个全新的历史性理论课题，亦已成为一个刻不容缓的实践问题。为此，我们要：（1）清醒地认识人类正在逐步进入新文明形态；（2）坚持走中国特色的道路；（3）努力树立生态文明价值观。

一、人类新文明形态——生态文明

人类在历经渔猎文明、农业文明、工业文明之后的今天，生态危机笼罩全球，人们一直在努力寻找一条能够从根本上克服危机的可持续发展新路。18世纪，英国工业革命开启人类工业文明新时代。这是以科学技术进步为核心的文明，衍生了专业化、规模化、全球化等完全不同于农业文明的新的生存方式，造就了比其他文明多得多的财富，然而也不可避免地爆发了以环境污染、生态破坏、资源短缺为表现形式的人类第一次全球性生态危机：包括第一次出现全球性环境污染，第一次出现全球性资源短缺，人类也第一次开始变老（人口老龄化社会开始出现）等。这预示着人类历史正在经历一次根本性的变革：工业文明开始走向衰落，一种全新的文明——生态文明正在兴起。面对全新的文明形态，我们要以生态文明统率思想，指导行动。

二、坚持走中国特色的道路

中国农业文明达到了世界古代文明的最高成就，然而在人类由农业文明向工业文明转折的关键时期，错失转型良机，以致长期落后，受辱挨打百余年。1949年10月1日，中华人民共和国成立，中国人站起来了。1978年以后改革开放，中国人开始富起来、强起来，40多年走过了西方发达国家二三百年走过的路程，然而也付出了极其沉重的代价。例如，谁也没有想到，首都北京一度会成为“雾都”“霾都”：2013

年1月共31天，其中26天被雾霾笼罩；当年空气达标率仅有175天，不到全年天数的一半；五、六级严重污染累计58天，占全年的15.9%，平均每6—7天有一次重度污染天气。更为严重的是，雾霾从北方大城市，蔓延到华中、华东、华南，乃至东北地区、海南岛，北至哈尔滨，南到海口，全国半壁江山被“霾没”，25个省（区、直辖市）遭受雾霾围困[①][②]。这是多么严重的生态灾难！[③]

中国经济发展了，GDP（国内生产总值）上去了，且跃居世界第二。然而人民群众呼吸不到新鲜空气了，喝不上干净的水了，吃不到无污染的饭菜和水果了，这完全违背了“发展为民”的初衷，也违背了

---

① 《年终盘点·最令人揪心的词：雾霾》，载《中国环境报》2013年12月31日。

② 闫海超：《应对灰霾该不该立法》，载《中国环境报》2013年2月4日。

③ 经十年治理，2022年北京的$PM_{2.5}$平均浓度30微克/立方米，比2013年的89.5微克/立方米下降66.48%。当年北京市空气质量优良天数达288天，占比接近八成，较2013年增加112天；其中一级优天数138天，较2013年增加97天。这标志北京攻克了超大城市空气质量治理的“世界难题”，被联合国环境规划署誉为“北京奇迹”（见《“北京奇迹”标注大气治理》《“世界难题”是这样攻克的》《“一微克蓝”抠得如此精准》，载《北京晚报》，2023年4月21日、4月23日、4月24日）。经“数年努力……全国339个地级及以上城市平均空气质量优良天数比例近九成，‘蓝天保卫战’取得里程碑的突破”（见《仰头尽是蓝天，推窗能见青山》，载《光明日报》2022年9月8日）。

中国共产党“全心全意为人民服务”的宗旨。中国不能再走西方工业化国家“先污染，后治理”的道路，也不能走西方把污染环境的工业和有毒有害垃圾转嫁到不发达国家之路。可喜的是，中国在世界上已率先走上了建设生态文明之路，正行进在具有中国特色的生态文明建设的广阔大道上。

2003年，中共中央、国务院发布《关于加快林业发展的决定》，提出：“建设山川秀美的生态文明社会。”“生态文明”第一次被写入中央文件。2007年，党的十七大报告第一次把生态文明作为建设社会主义的战略目标。2012年，党的十八大报告提出建设生态文明等“五位一体”的新的国家发展战略。这是在党的十七大关于经济建设、政治建设、文化建设、社会建设“四位一体”战略的基础上，总结人民群众生态省、生态市、生态县、生态村、生态户建设的经验和创造，总结一些省市“生态文明模式”的经验和创造，提出的新的国家发展战略。要求“树立尊重自然、顺应自然、保护自然的生态文明理念，把生态文明建设放在突出地位，融入经济建设、政治建设、文化建设、社会建设各方面和全过程，努力建设美丽中国，实现中华民族永续发展”。由此，国家发展战略从“四位一体”发展为“五位一体”；而且，明确指出：生态文明建设与其他“四个建设”不是简单的并列关系，应该是把生态文明建设深刻地融入和全面贯穿于其他“四个建设”的各方面和全过程。这是生态文明建设战略的全新的创造性表述，是中国国家发展战略的全新思想和全新实践。这就是新的“中国道路”。接着，十八届三中全会公报指出：“紧紧围绕建设美丽中国，深化生态文明体制改革，加快建立生态文明制度。”这是人类社会的制度创新，要创建生态文明的政治制度、经济制度、文化制度、生态环境保护制度等。这是前所未有的伟大创造，不但是对中华民族的伟大复兴，也是对人类文明的巨大促进和伟大贡献。

中国政府把建设生态文明作为国家发展战略，使建设生态文明成为国家行动、成为全社会14亿人民的重要实践，极大地推动了中国生态经济、生态文化的全面发展，这在世界上至少是至今都没有过的。面对人类文明的转折关头，中国不但率先走上建设生态文明之路，而且正在引领世界走建设生态文明之路：我国三北防护林工程被国际社会赞誉为“世界生态工程之最”，成为全球生态治理的成功典范；我国四大沙地之一的毛乌素沙地治理率超过80%，实现世界上最大面积的生态逆转，创造世界治沙史上的奇迹；塞罕坝人在曾经是林木稀疏、风水肆虐、高寒干旱的冷僻高坝，建起112万亩世界上面积最大的人工林场，获联合国环境领域的最高荣誉奖“地球卫士奖”；据统计，近10年我国是世界上森林资源增长最快最多的国家，全球新增绿化面积中有四分之一来自中国[①][②]。

三、努力树立生态文明价值观

党的十八大工作报告还第一次使用“生态价值”“生态产品”等概念，要求人们树立新的生态价值观。党的十八大的党章总纲规定：“中国共产党领导人民建设社会主义生态文明。树立尊重自然、顺应自然、保护自然的生态文明理念……为人民创造良好生活环境，实现中华民族永续发展。”这是世界政党史上第一次把生态文明写进党的章程，并明确提出要求全体党员率先“树立尊重自然、顺应自然、保护自然的生态文明理念”。

---

① 《毛乌素创造世界治沙史的奇迹》，载《光明日报》，2023年1月13日。

② 《我国成为全球生态治理典范》，载《光明日报》，2023年6月22日。

1. 要认识自然的“两大价值”“两大有限性”

“生态产品”是指自然物质生产过程中创造的产品，而不是指人类劳动生产的、在超市中能买到的绿色产品。它包括清新的空气、宜人的气候、洁净的水源和舒适的环境，以及土地、植物、动物和其他生物资源，煤炭、石油、天然气、各种金属与非金属矿藏等自然产品。

“生态价值”是指自然环境价值和自然资源价值。按过去的价值观和经典经济学的理论，自然环境、自然资源都不是劳动的产品，因此曾长期被认为不具有任何价值。面对环境恶化、生态破坏、资源枯竭的生态危机，人们经过痛苦的长期的反思，终于突破原有的思想和理论禁锢，开始认识到自然的“两大价值”“两大有限性”：自然环境是有价值的，但它对人类生存发展的承载能力是有限的；自然资源是有价值的，但它不是取之不尽、用之不竭的，而是有限的。它们是“树立尊重自然、顺应自然、保护自然的生态文明理念”的重要思想基础。

2. 高扬传统的“天人合一”观

笔者坚信“天人合一”观是解决人与自然的基本

准则。因为中国传统的“天人合一”观富含整体论、有机论、和谐论。（1）它以天人（或天地人，或天地生人）为一体的整体论思想为基础，无论是儒家的“天人合一”论，还是道家、释家的“天人合一”论，展现的都是整体论。而且，它契合当今科学技术已进入整体论科学时代的要求，必将发挥更为巨大的作用。（2）它富含有机论、和谐论。主张“生生不已”，万物都有“生”；主张彼此之间“和谐”“和而不同”，爱物护生，把“仁”“爱”推广到自然界。儒家、道家、释家的“天人合一”论，表达的内容和文字各不相同，但都是以整体论为基础，都富含有机论、和谐论。都与当代生命科学、控制论和系统论的发展是契合的。

当前，人们现有的世界观、价值观和思维方式，现有的生产方式和生活方式、准则，现有的文化以及人们行为的准则，总体上讲还是根源于工业文明的方式、准则。例如，分科论、还原论、机械论哲学和思维仍在社会上盛行，尤是在教育战线更是如此。在我国教育部的学科体系所开列的13个大类（哲学、经济学、法学、教育学、文学、历史学、理学、工学、农学、医学、军事学、管理学、艺术学）中，没有20世纪五六十年代兴起的交叉学科等大类（注：2020年教育部才增设第14个大类——交叉学科）。在110个一级学科名单中，没有综合性学科生命科学、地球科学、人类学等；国学热已有20余年，人们一再呼吁要设置“国学”学科，但至今在教育部学科系列中没有“国学”（即中国传统文化）的“户口”；生态科学、海洋科学等早已成为横断社会科学、自然科学、技术科学的综合性学科，在中国教育部学科系列中仍被限死在“理学”范畴；地质学与地质工程、生物学与生物工程、农学与农业工程、林学与林业工程等全是分割的，且都是互不相关的一级学科；中医这门已有2000多年历史的整体性学科，至今在受教育部门分科论的宰割，培养出来的人不会号脉、看苔等中医的基本功，会诊治的不会针灸，会针灸的不会诊治等。教育部学科体系的这些观点和课程早已跟不上以整体论科学时代的需求，跟不上当前处于由工业文明向生态文明转折的过渡时代的要求。早在1985年中国首届交叉科学学术讨论会上，著名学者三钱（钱学森、钱三强、钱伟长）即指出：“交叉科学是一个非常有前途、非常广阔而又重要的科学领域”“本世纪末到下一个世纪初将是一个交叉科学时代”“现在在学校里讲的，都非常强调专业，把专业看得过死。其实，科学在不断发展和变动中，固定死了就会脱离实际。现在学校里很多学科都是五十年代固定下来的，早已不符合当前国民经济建设的实际情况，一方面是很多新兴交叉学科出现了，学校里不教；另一方面是专业太旧太专，综合性不够”[①]。可见，要改变人们现有的世界观、价值观和思维方式，改变现有生产方式和生活方式、准则，改变现有文化以及人们行为的准则，是一个艰巨而长期的任务。因此，更加需要我们高扬整体论，高扬“天人合一”观，以树立整体论科学观，树立生态文明价值观。

“天人合一”观，形成于中国元典时代（或称“轴心时代”），即春秋战国时期，至今已有2000余年的历史。它是周公开创于周初至春秋末由孔子完成的人文主义革命的重大成果。它富含整体论、有机论、和谐论等。“中国的以人为本精神，在‘天人合一’思想的指导下，没有异化为人类中心主义（笔者注：在西方则异化为‘人类中心主义’）；同时，又没有抹杀人作为自然界的一员，发挥其主动性、能动

① 《迎接交叉科学的时代》（会议论文集），北京：光明日报出版社，1986年，第5、6、10页。

性，且能时刻反省自己，不去主宰、干预自然。所以中国在近代以前的2000多年中天、地、人能比较和谐地发展，人既没有成为神的奴隶，也没有成为物的奴隶。'天人合一'，人既不是神的奴隶，也不是物的奴隶，是中国传统人文精神的实质，也是中国传统文化最为宝贵的遗产”①。

诚如钱穆临终前的“澈悟”所述：“天人合一”观，“是中国古代文化最古老最有贡献的一种主张”“是中国文化对人类最大的贡献”②。它不但是“解决人与自然关系的准则”，而且是人类通向生态文明新时代的一条重要理论原则和实践准则。树立生态文明价值观，一定要高扬“天人合一”观。

*　　*　　*

纵贯全书，中国儒、道、释三家及其诸子百家都富有生态理念。中国传统科学技术富有生态性，如中国传统医学是生态医学，中国传统农业是生态农业，中国传统建筑是生态建筑，中国传统水利是生态水利。生态理念还充盈于中国传统文化的神话传说、

---

① 孙关龙：《孔子自然观初论》，深圳：海天出版社，2016年版，第205页。

② 钱穆：《中国文化对人类未来可有的贡献》，载《中国文化》1991年8月第4期。

政治制度、法律规章、诗歌绘画中。中国传统文化在着眼点、思维方式、整体论等观点上与生态文化都是相通的。中国传统文化与生态科学两者在内容上都横断各个方面，都属于综合性学科；两者的哲学基础也是同一的，都属于关系哲学。因此，我们理直气壮地说：中国传统文化在本质上是生态文化。

主要参考文献

（按出版年份排序）

［1］陆费逵、高时显等勘校. 四部备要·尔雅郭注. 上海：中华书局，1920—1936（据永怀堂本校刊，因书上没有出版时间，故把整套丛书的出版时间写上）.

［2］杨上善. 黄帝内经太素. 北京：人民卫生出版社，1955（据兰陵堂仿宋嘉祐本影印）.

［3］高亨. 诗经今注. 上海：上海古籍出版社，1980.

［4］缪启愉. 齐民要术校释. 北京：农业出版社，1982.

［5］宋元人注. 四书五经. 北京：北京市中国书店，1984.

［6］钱穆. 中国文化对人类未来可有的贡献. 中国文化，1991，4.

［7］王德有，陈战国，主编. 中国文化百科. 长春：吉林人民出版社，1991.

［8］孙关龙.论诗经中的农业.古今农业，1992，3.

［9］A.施韦兹著.敬畏生命.陈泽环译.上海：上海社会科学出版社，1992.

［10］季羡林.“天人合一”新解.传统文化与现代化，1993，1.

［11］葛晓音.山水田园诗派研究.沈阳：辽宁大学出版社.1993.

［12］罗桂环，王耀先，杨朝飞，唐锡仁.中国环境保护史稿.北京：中国环境科学出版社，1995.

［13］颜昌峣.管子校释.长沙：岳麓书社，1996.

［14］F.卡普拉.物理学之道.朱润生译.北京：北京出版社，1999.

［15］孙关龙.诗经草木虫鸟研究回顾.学习探索.2001，1.

［16］李丙寅，等.中国古代环境保护.郑州：河南大学出版社，2001.

［17］雷毅.深层生态学思想研究.北京：清华大学出版社，2001.

［18］杜维明.新儒家人文主义的生态转向：对中国和世界的启发.中国哲学史，2002，2.

［19］蒙培元.人与自然——中国哲学生态观.北

京：人民出版社，2004.

[20] 乐爱国. 道教生态学. 北京：社会科学文献出版社，2005.

[21] 唐代兴. 生态理性哲学导论. 北京：北京大学出版社，2005.

[22] 杨伯峻. 论语译注（简体本）. 北京：中华书局，2006.

[23] 吴龙辉. 孔子语录全编. 北京：北京图书馆出版社，2007.

[24] 乔清举. 泽及草木，恩至水土——儒家生态文化. 济南：山东教育出版社，2011.

[25] 孙关龙，宋正海. 中国传统文化的瑰宝——自然国学. 深圳：海天出版社，2012.

[26] 刘元春. 共生共荣——佛教生态观. 北京：宗教文化出版社，2012.

[27] 乔清举. 儒家生态思想通论. 北京：北京大学出版社，2013.

[28] 俞田荣. 中国古代生态哲学的逻辑演进. 北京：中国社会科学出版社，2014.

[29] 孙关龙. 孔子自然观初论. 深圳：海天出版社，2016.

[30] 罗顺元. 中国传统生态思想史略. 北京：中国社会科学出版社，2016.

[31] 冯沪祥. 中西环保哲学. 北京：北京大学出版社，2016.

[32] 闫希军. 天人合一的价值本原. 北京：人民出版社，2017.

索　引

A

B

C

D

H

J

M

N

O

P

W

X

Y

（本索引由彭春红同志负责编制）